중국 인터넷과 정치 개혁

- 새장 속의 자유

이민자 (李民子, Minja Lee)

2002년부터 현재까지 서울디지털대학교 중국학과 교수로 재직하고 있다. 서강대학교 사학과를 졸업하고 정치외교학과에서 석사 및 박사학위를 받았다. 중국 사회과학원(中國社會科學院) 방문학자(1999~2000), 미국 캘리포니아대학교 버클리 캠퍼스(University of California, Berkeley) 중국연구센터(Center for Chinese Studies) 방문학자(2009~2010)를 역임했다.

연구 성과로는 『중국 호구제도와 인구이동』(2007), "중국 정부의 인터넷 통제: 새장 속의 자유(2013)", "Online Activism by Smart Mobs and Political Change in Southern China (2012)" 등 저서와 다수 학술 논문이 있다. 연구 관심 영역으로 중국 농민공(農民工)과 국가-사회관계, 호구제도 개혁, 농민공 2세의 시민화, 인터넷과 중국 정치·사회 변화 등을 연구하고 있다.

서강학술총서
073

중국 인터넷과 정치 개혁
-새장 속의 자유

이민자 지음

서강대학교출판부

서강학술총서 073

중국 인터넷과 정치 개혁
- 새장 속의 자유

초판 발행 | 2015년 5월 12일
지 은 이 | 이민자
발 행 인 | 유기풍
편 집 인 | 우찬제
발 행 처 | 서강대학교출판부
등록번호 | 1978년 9월 28일 제313-2002-170호

주 소 | 서울특별시 마포구 백범로 35번지
전 화 | (02) 705-8212
팩 스 | (02) 705-8612

ISBN 978-89-7273-257-0 94300
ISBN 978-89-7273-139-9(세트)

값 17,000원

* '서강학술총서'는 SK SUPEX 기금의 후원으로 제작됩니다.

책머리에

인터넷과 중국의 변화

중국은 인터넷 사용자가 약 6억 5천만 명에 달하는 정보화 대국이자 강국이다. 이런 중국에서 인터넷과 연결된 대중저항을 이해하지 않고 정치·사회 변화를 이해하고 중국의 미래를 전망하기 힘든 상황이다. 중국에서 시민들의 온라인 활동이 공산당 일당체제의 중국 정치를 어떻게 변화시키고 있는가? 중국 정부는 온라인 공간을 어떻게 통제하고 통치 능력을 강화하기 위해 활용하는가? 인터넷으로 무장한 대중들의 집단 저항에도 불구하고 중국 사회는 어떻게 안정적으로 관리되고 있는가? 인터넷이 시민들의 표현의 자유를 촉진하여 보다 자율적인 사회를 만드는가? 혹은 인터넷은 국가와 사회 간의 공생관계를 촉진하는 수단인가? 이 책은 위 질문들에 대한 답을 찾기 위해 다양한 사례를 이용하여 인터넷의 사회·정치적 영향을 분석했다.

중국에서 인터넷은 지속적인 경제성장을 촉진하는 수단인 동시에 시민들의 언론 자유를 확대하고 더 나아가 집단 저항을 조직화하는 새로운 매체이기도 하다. 중국 시민들은 온라인 공간에서 공적 이슈화를 통해 온라인 여론을 형성하여 권리를 보호하고 표현의 자유를 확대할 수 있다. 그러나 '하나의 중국' 및 '공산당 일당체제'를 위협할 수 있는 정치적으로 민감한 이슈는 중국 정부가 철저히 통제하기 때문에 공적 이슈화되기 어렵다. 중국 정부는 다양한 인터넷 통제 기구 및 기술적 방법을 이용하여 온라인 여론을 통제하고, 정부 입장을 반영한 온라인 여론을 형성하기도 한다.

중국에서 시민의 온라인 활동은 언론 자유 및 정치과정의 민주화를 촉진한다. 정부의 온라인 활동은 사회에 대한 관리 및 통제 방식을 세련되게 만든다. 시민들의 표현의 자유는 중국 정부가 허용하는 범위 내에서만 가능하다는 점에서 '새장 속의 자유'와 비슷하다. 효과적인 온라인 통제로 인하여 중국의 온라인 공간은 '닫힌 자유로운 공간'인 셈이다. 인터넷 시대 언론 통제의 한계를 인식한 중국 정부는 '통제와 자유의 공존'이라는 유연한 대응을 통해 중국 사회를 길들이고 관리하는 방법을 터득해 가고 있다.

이 책은 모두 4부로 구성되어 있다. 1부는 중국 정보화 현황 및 정보산업화 정책을 소개한다. 정보화 강국으로 부상한 중국을 왜 우리가 주목해야 하는지를 정치·사회적 변화와의 관계를 중심으로 살펴본다. 시진핑(習近平) 정부의 강력한 언론 통제에도 불구하고 시민들의 온라인 활동이 여론을 주도해 가고 있음을 보여 준다. 또한 성공적인 정보산업화 정책이 21세기 중국의 지속적인 경제 성장의 동력임을 설명한다. 2부는 중국 정부가 인터넷을 어떻게 통제하고 활용하는지 살펴본다. 중국 정부가 국무원 산하에 다양한 인터넷 관리 및 통제 기구를 설치하고 다양한 기술적 방법을 이용하여 인터넷을 효과적으로 통제함을 보여 준다. 또한 정부가 온라인 활동에 참여하여 중국식 인터넷 문화와 정부

친화적인 온라인 여론을 형성해 가는 과정을 소개한다. 2부는 "중국 정부의 인터넷 통제: 새장 속의 자유," 『중소연구』, 제37권 제3호(2013)를 수정 · 보완했다.

3부는 인터넷이 사회 변화에 미치는 영향을 분석한다. 즉, 국가와 사회가 온라인 공간에서 각자 영역을 확대하기 위해 어떻게 경쟁하는지 소개한다. 중국에서 오프라인 언론은 엄격히 통제되지만 온라인 공간은 상대적으로 열린 공간이다. 시민들이 온라인 공간을 이용하여 어떻게 표현의 자유를 확대하고 있는지 살펴본다. 동시에 국가는 시민들의 언론 자유를 통제하기 위해 어떤 방법으로 국가 공간을 탈환해 가는지 다양한 사례를 통해 소개한다. 3부는 "중국 온라인 공간의 주도권 쟁탈전: 국가-사회의 경쟁," 『한국과 국제정치』, 제20권 제4호(2004)를 수정 · 보완했다. 4부는 디지털 정치 참여가 정치 개혁에 어떤 변화를 가져오고 있는지 분석한다. 중국 네티즌이 불공정한 행정집행 및 공무원의 부정부패를 폭로하는 사례들을 '영리한 군중(Smart Mobs)' 개념으로 설명한다. 인터넷 확산이 중국 정치과정의 민주화를 촉진하는 사례와 그 한계를 고찰한다.

이 책을 쓰면서 많은 분들의 도움을 받았다. 우선 이 책을 출판할 수 있도록 출판비와 연구비를 지원해 주신 서강학술총서 기획위원회, 출판을 맡아주신 서강대학교출판부에 감사드린다. 서강학술총서 초고의 심사를 맡아 유익한 수정 및 보완 의견을 주신 익명의 심사자들께도 감사드린다. 또한 이 책의 일부 논문을 준비할 때 연구비를 지원해 주신 경제 · 인문사회연구회에도 감사드린다. 이런 여러분들 도움 덕분에 이 책을 출간할 수 있었으나 이 책의 부족한 부분은 전적으로 필자의 책임이다. 이후 부족한 부분은 중국 전문가와 독자의 도움을 받아 수정 · 보완해 나갈 생각이다. 이 책을 출간하면서 중국 연구자로서 역할을 다시 생각해 본다. 연구한 것을 정리하여 묶어 낸다는 소박한 마음으로 책 작업을 시작했다. 후배 연구자들이 중국 인터넷 관련 기존 연구를 이해하는 데 이 책이 작은 도움이라도 되길 바란다.

2015년 4월
서울디지털대 연구실에서
이민자

목차

제3부 온라인 공간: 국가와 사회의 줄다리기

제8장 닫힌 오프라인, 열린 온라인

제9장 온라인 사회 공간 확대

제10장 온라인 국가 공간 탈환

표 및 그림 목록

제1부

중국 정보화 현황과 정보산업화 정책

제1장

왜 중국 인터넷 확산에 주목하는가?

제1장
왜 중국 인터넷 확산에 주목하는가?

1. 중국 인터넷의 정치 · 사회적 영향에 관한 논의

중국은 2014년 12월 말 기준 인터넷 사용자(網民)가 6억 4,900만 명으로 세계 최대 규모의 네티즌을 보유한 정보화 대국이다. 이런 중국이 2014년부터 "정보화 대국에서 정보화 강국으로"라는 목표를 향해 돌진하고 있다. 인터넷은 국가와 사회 모두 정치적 공간(political space)을 확대하기 위해 이용할 수 있는 수단이다. 인터넷과 연결된 대중저항을 이해하지 않고 중국의 정치·사회적 변화를 이해하는 것이 힘들어 보인다. 중국 온라인 공간에서 국가와 시민사회 간의 경쟁은 일종의 '줄다리기'와 비슷하다. 국가는 온라인 공간을 국가 공간으로 만들기 위해 '온라인 통제(online control)'를 하고, 시민들은 표현의 자유를 누릴 수 있는 시민 공간을 만들기 위해 '온라인 활동(online activism)'으로 대응한다.

중국 정부의 강력한 인터넷 통제에도 불구하고 특정 이슈 영역에서는 어떻게 '온라인 대중저항'이 조직화되고, 성공하는가? 중국인들은 어떤 방식으로 국가의 인터넷 통제에 도전하고 저항하는가? 온라인 공간에서 네티즌의 집단 저항이 중국의 정치민주화를 앞당길 수 있는가? 인터넷이 시민들의 표현의 자유를 확대하여 보다 자율적인 사회를 만드는가? 혹은 인터넷은 사회와 국가 간의 공생관계를 촉진하는 수단인가?

중국 인터넷의 정치·사회적 영향에 관한 기존 연구는 다음과 같이 상반된 주장이 제기되었다. 첫째, 중국 정부의 '온라인 통제'를 강조하는 연구에 의하면, 인터넷은 정부의 사회통제 수단에 불과하다. 인터넷은 중국의 민주화를 촉진하는 데 효과적이지 않고 오히려 국가에게 효과적인 통제 수단을 제공한다. 이런 연구는 중국과 같은 권위주의적인 일당체제 하에서 정부의 인터넷 통제를 이해해야 한다고 강조한다.[1]

둘째, 시민들의 '온라인 활동'을 강조하는 연구에 의하면, 인터넷은 중국에서 언론자유 및 시민사회 발전을 촉진할 수 있는 새로운 매체라고 본다. 이런 연구는 장기적으로 볼 때 인터넷이 정치 변화를 촉진하여 중국을 개방된 사회와 민주 정치체제로 만들 수 있다고 기대한다. 예컨대 전통 미디어(신문, TV, 방송)와 비교할 때, MSN, QQ, 블로그, 휴대폰 문자 메시지를 이용하면 국가의 직접적 통제를 벗어나 개인 간에 메시지를 직접 교환할 수 있다.[2] 구오빈 양(Guobin Yang)의 주장에 의하면, 일반 시민들이 사회 변화의 주체가 되고 있다는 점에서 인터넷은 사회혁명을 가져왔다.[3]

1 Rebecca MacKinnon, "China's 'Networked Authoritarianism'," *Journal of Democracy*, 22, No. 2 (April 2011), p. 33; Jonathan Hassid, "Safety Valve or Pressure Cooker? Blogs in Chinese Political Life," *Journal of Communication*, 62, No. 2 (April 2012), pp. 212-30; Xiao Qiang, "The Battle for the Chinese Internet," *Journal of Democracy*, 22 No. 2 (April 2011), p. 47; Gudren Wacker, "The Internet and Censorship in China," in Christopher R. Hughes and Gudrun Wacker ed. *China and Internet: Politics of the Digital Leap Forward* (London: RoutledgeCurzon, 2003), pp. 58-82.

2 Xiaoling Zhang and Yongnian Zheng (eds.), *China's Information and Communications Technology Revolution: Social changes and state responses* (London and New York: Routledge, 2009).

3 Guobin Yang, *The Power of the Internet in China: Citizen Activism Online* (NY: Columbia

이처럼 기존 연구는 인터넷이 국가-사회관계에 미치는 영향에 중점을 두었다. 즉, 인터넷이 사회통제의 수단으로서 국가의 힘을 강화시킨다는 주장과 공적 논의 활성화, 정치 감독 강화, 온라인 조직화, 온라인 저항 증가 등을 통해 사회 세력의 힘을 강화시킨다는 상반된 주장이 공존하고 있다.[4] 인터넷은 중국에서 공산당 일당체제를 유지하는 수단이 될 수도 있고, 정치 민주화를 앞당길 수도 있다.

중국 개혁 · 개방 이후 국가-사회관계에 관한 연구는 두 가지 시나리오를 중심으로 정치 · 사회적 변화를 해석하는 경향이 강했다. ① 개혁이 더 독립적이고 강력한 시민사회를 등장시켜 정치적 자유화, 더 나아가 민주화를 요구하는 환경을 조성할 것이다. 장기적으로 볼 때 국가와 사회 간의 관계가 매우 대립적이므로 사회적 압력이 기존 정치체제를 붕괴시킬 것이다. ② 중국의 민영기업 및 사회 · 경제적 단체들이 여전히 국가에 매우 의존적이기 때문에, 국가와 사회 간의 공생은 공산당이 통치하는 권위주의적 정치체제를 보다 안정시킬 것이다.[5]

이런 연구 경향은 인터넷의 정치 · 사회적 영향에 관한 중국 내의 주요 담론에도 영향을 미치고 있다. 그 구체적 내용을 소개하면 다음과 같다.

University Press, 2009), p. 213. 온라인 활동에 관한 연구는 다음 참조. Yongnian Zheng, *Technological Empowerment: The Internet, State, and Society in China* (Stanford: Stanford University Press, 2008), p. 8, p. 10; Guobin Yang, "Contention in Cyberspace," in Kevin J. O'Brien ed. *Popular Protest in China* (Cambridge, Mass.: Harvard University Press, 2008), pp. 126-143; Xiaoling Zhang and Yongnian Zheng (eds.), *China's Information and Communications Technology Revolution: Social changes and state responses*; Zixue Tai, *The Internet in China: Cyberspace and Civil Society* (New York: Routledge, 2006).

4 이런 상반된 주장에 관한 자세한 내용은 다음 참조. Yongnian Zheng, *Technological Empowerment: The Internet, State, and Society in China*, pp. 9-10; Guobin Yang, *The Power of the Internet in China: Citizen Activism Online*, pp. 26-28.

5 Harry Harding, "The contemporary Study of Chinese Politics: an Introduction," *The China Quarterly*, 1994.

첫째, 인터넷은 표현의 자유를 확대하여 이익 표출, 이익 결집, 사이버 공동체 형성, 정치 참여 촉진 등에 유리한 조건을 제공한다. 개인은 인터넷을 통해 공개적으로 정책에 대한 자신의 태도를 표현하고, 이익 표출은 민의로 모아져 온라인 여론으로 발전하기도 한다. 일부 단체는 사이버 공동체를 만들어 정치적 주장을 선전하여 정치적 영향력을 확대한다. 이메일을 통해 최근 상황을 알리고, 비슷한 주장을 지닌 정치적 사이트와 링크시켜 어떤 문제에 대한 토론을 유도하기도 한다. 전자게시판(BBS)은 타인에게 자신의 정치적 태도와 의견을 알리는 장소로 이용될 수 있다. 일부 해커들은 연합하여 정부사이트를 공격하여 어떤 정책에 대한 입장을 밝히고 국가 권위에 도전하기도 한다.[6]

둘째, 인터넷은 정치 참여의 비용을 감소시키는 동시에 정치 참여의 효능감을 극대화한다. 인터넷의 발전은 국민에게 정치 참여의 수단을 제공하여 민주화를 촉진할 수 있다. 인터넷이 확산되자 중요 국책사항이 발생하면 온라인 여론을 무시할 수 없게 되었다. 인터넷에서 순즈깡(孫志剛) 사건이 활발하게 토론된 후 거대한 인터넷 "여론장"이 형성되었고, 유랑자 수용 및 송환 규정이 폐지되었다. 이런 사례는 온라인 정치 참여의 힘과 효과를 단적으로 보여 주는 것이다. 또한 인터넷이 확산되자 국민들의 민원이 신속히 처리되고, 정부 업무의 투명도가 높아졌다. 중국 전국에는 이미 70% 이상의 지구 및 시급 정부가 인터넷 사무 처리 창구를 개설하고 있다. 국민들은 인터넷을 통해 민원 처리의 진행과정, 업무 담당자를 명확히 알 수 있고, 담당 부문 홈페이지에 접속하여 직접 자신의 의견을 건의할 수 있다.[7] 따라서 인터넷은 정치 개혁에 대해 국가가 저항할 수

6 杜洁, "互聯网 對政治參與的影向及政府對應," 『中共浙江省黨校學報』, 2003年 第1期, p. 71; 李斌, "論网絡時代的政治參與," 『討論與爭鳴』, 2004年 6月, pp. 39-40; 李俊清, "論互聯网絡在中國民主化進程中的作用," 『晋陽學刊』, 2004年 第2期, pp. 4-5.

없는 압력을 행사하는 수단이 될 수 있다.

셋째, 국가의 정보기술 독점에 의한 정보 독점 및 인터넷 통제 가능성도 내포하고 있다. 인터넷 시대 정보의 조종과 통제가 정치적 통제의 주요한 수단이 될 경우 인터넷 기술 발전으로 획득한 시민의 정치 참여의 자유에 부정적 영향을 미칠 수 있다. 만일 국가가 무제한적으로 통제 권력을 이용하면 인터넷 사용 이전보다 더욱 심각한 개인 통제도 가능할 수 있다.[8]

넷째, 미국적 색채가 강한 인터넷이 미국 문화 확산의 수단이 될 수 있다. 인터넷은 서구 문화를 확산시켜 중국의 전통적인 사상교육에 영향을 미친다. 예컨대 서방의 반중화주의 세력은 인터넷을 이용하여 중국에 대해 정치·문화적 침투를 하고 있다. 전체 사이트 중 78%, 전자상거래 사이트의 96%가 영어로 되어 있다. 70%의 사이트가 미국에서 만들어졌고, 미국적 색채를 띠고 미국 문화에 적합한 사이트이다. 인터넷은 세계 각지로 서방 문화를 확산하며 문화적 식민지를 형성하는 수단이기도 하다. 중국 사회 역시 문화적 식민주의의 도전에 직면해 있다.[9] 이와 같은 인터넷의 영향에 관한 중국학자들의 지적들은 중국 사회를 이해하는 데 중요한 함의를 지닌다고 하겠다.

2. 시진핑 정부의 사상 및 언론 통제 강화

시진핑 정부는 소련처럼 중국이 붕괴하지 않기 위해서는 언론과 사상

---

7 杜洁, "互聯网 對政治參與的影响及政府對應," p. 72.

8 婁成武·張雷, "質疑网絡民主的現實性," 『政治學研究』, 2003年 第3期, pp. 68-70.

9 方紅, "互聯网與思想政治工作創新," 『長江職工大學學報』, 第20卷 第4期, 2003, p. 22; 石磊, "互聯网絡, 言論自由, 未來政治," 『山東行政學院山東省經濟管理幹部學院』, 2004年 第 1期(總 第59期), p. 117.

통제를 강화해야 한다고 생각한다. 인터넷을 통해 서구 풍조 및 사상이 유입되고 국가와 공산당을 비판하는 경향이 강해지면 '중국식 민주'를 위협할 수 있다고 본다. 따라서 2012년 12월 28일 전국인대 상무위원회는 인터넷 통제를 강화하는 새로운 규정인 「인터넷 정보 보호의 강화 결정」을 통과시켰다.[10] 중국 언론은 이것이 국민의 사생활을 보호하고 건전한 인터넷 문화 육성에 도움이 될 것이라 했다.[11] 반면 외신들은 중국이 인터넷 통제를 강화하기 위한 법적 기반을 마련했다고 비판했다.[12]

2013년 1월 3일 발생한 『남방주말(南方週末)』 기자들의 항의 사건 후에는 사상과 언론 통제를 강화하는 중앙의 지시가 공개 혹은 비공개로 하달되었고, 이런 지시는 강력하게 집행되었다.[13] 언론 보도에 의하면, 남방주말 사건 다음날인 2013년 1월 4일 공산당 중앙 선전부는 '전국 선전부장 회의'를 개최했다. 시진핑 집권 1년에 해당하는 2013년은 사상 및 언론 통제가 어느 때보다 심한 시기였다. 예컨대 중국 당국이 『남방주말(南方周末)』 검열 사건을 계기로 개인 SNS 검열을 강화했다. 시나(新浪

10 "全國人民代表大會常務委員會 關於加强網路信息保護的決定," 『新華網』 2012年 12月 28日, http://www.xinhuanet.com (검색일: 2013. 3. 6).

11 "網路信息保護 正站在新的法治起點," 『人民網』 2012年 12月 29日, http://www.people.com.cn (검색일 2013. 3. 6).

12 Keith Bradsher, "China Toughens Its Restrictions on Use of the Internet," *New York Times*, December 28, 2012.

13 『남방주말(南方週末)』기자들의 항의 사건이란 기자들이 인터넷과 트위터를 통해 공개적으로 공산당의 검열에 항의한 '언론 항의 사건'이다. 즉 신년 특집호를 준비하는 과정에서 중국의 정치현실을 비판하는 '중국의 꿈 헌정의 꿈(中國夢憲政夢)'이 중국 당국의 검열을 거쳐 시진핑의 '중국의 꿈' 연설을 찬양하는 것으로 바뀐 것에 기자들이 항의했다. 인터넷에는 공산당을 비판하고 『남방주말(南方週末)』기자들을 지지하는 글이 넘쳐 났다. 베이징 『신경보(新景報)』는 『남방주말』 비판 논평을 게재하는 것을 거부했다. 사건의 확산 방지를 최우선으로 고려한 광둥성 정부 당국은 『남방주말』에 일정한 편집 자율권을 보장하고 항의에 참여한 기자를 처벌하지 않는다는 양보를 했다. 이런 조건 하에 편집부 기자들이 업무에 복귀함으로써 사건은 일단락되었다. 조영남, 『중국의 꿈』 (서울: 민음사, 2013), pp. 215-216.

Sina) 닷컴 관계자는 당국의 검열로 지금까지 100개 이상의 자사 미니 블로그 웨이보(微博)가 폐쇄되거나 당국을 비판하는 내용이 삭제되었다고 밝혔다.[14] 베이징시 부시장은 "베이징의 선전 및 홍보 업무 관련자 200여만 명이 의무적으로 웨이보 계정을 개설해 주요 이슈에 활발하게 의견을 개진하여 긍정적인 여론을 전국적으로 확산시키는 데 최선을 다하라"고 지시했다.[15]

2013년 4월 22일 공산당 중앙 판공청은 '중앙 9호 문건', 즉 <현재 이데올로기 영역의 상황 통보(關於當前意識形態領域情況的通報>를 하달했다. 이 문건의 핵심 내용은 다음과 같이 알려졌다. ① 민주와 헌정(憲政) 이념(공산당, 사회주의 제도, 국가정권을 전복하려는 의도), ② 보편 가치(당의 영도를 배제하고 당의 양보를 주장), ③ 시민사회(기층 당조직 밖에 새로운 정치세력을 세우려는 시도), ④ 신자유주의(국가의 거시 경제 관리 반대), ⑤ 언론 자유의 서방 언론관(언론 매체에 대한 당의 영도를 거부하며, 언론 공개를 통해 당과 사회의 혼란 조장), ⑥ 역사 허무주의(공산당과 마오쩌둥을 비판하고 부정하여 공산당의 정당성을 훼손), ⑦ 개혁·개방의 왜곡(관료 자본가계급, 국가 자본주의로 매도)이 포함된다.[16]

그런데 이런 내용과 유사한 글이 중앙당교 기관지인 『구시(求是)』 2013년 20호(10월 16일)에도 발표되었다. 즉, '중국의 꿈(中國夢)'이라는 공통의 사상 기초를 공고히 하기 위해 5가지 '잘못된 사조'를 막아야 한다. ① 자유·민주·인권 등 보편 가치다. ② '헌정 민주'다. ③ 역사 허무주의다. ④ 신자유주의다. ⑤ 개혁·개방에 대한 회의다. 이를 통해 시진핑 정

14 <이데일리>, 2014년 1월 14일. http://www.edaily.co.kr.

15 <서울신문>, 2013년 1월 19일.

16 조영남, "2013년 중국 정치의 현황과 향후 전망," 『2013 중국 정세보고』 (서울: 국립외교원 중국연구센터, 2014), p. 22.

부가 '중앙 9호 문건'을 근거로 사상과 언론을 강력히 통제하고 있음을 알 수 있다.[17]

법률 제정을 통한 인터넷 규제는 시진핑 정부의 언론 통제 강화 방침이 집행된 또 다른 사례다. 2013년 9월 9일 최고 인민법원과 최고 인민 검찰원은 인터넷 범죄에 형사법을 적용하는 규정을 발표했다. 즉 온라인에서 상대를 비방하거나 허위 사실을 유포한 내용이 500회 이상 재전달되거나 혹은 그 내용이 5,000회 이상 열람되어 그 당사자에게 피해를 입혔을 경우 형사 처벌할 수 있다.[18]

시진핑 국가 주석은 2013년 8월 19일 공산당 선전사상 간부회의를 주재한 자리에서 다음과 같이 사상통제와 온라인 여론통제를 강조했다. "① 공산당 선전기구는 새로운 매체의 공간을 장악하기 위해 강력한 인터넷 군대를 만들어 뉴미디어 여론 기반을 장악해야 한다. ② 선전간부들이 지식인을 조직하여 당의 방침을 지원해야 한다. ③ 서구사상이 보편적인 것이 아니다. 언론매체들이 이런 사상을 퍼뜨려선 안 된다." 이 회의 직후 공안 당국이 120만 명의 웨이보 팔로워를 보유한 쉐만쯔 등 정부에 비판적인 네티즌들을 대대적으로 체포했다.[19]

또한 2013년 8월 20일 공안국의 지도하에 '전담 행동 영도소조'가 구성되어 언론매체와 합동으로 인터넷상의 허위 사실 유포에 대한 대대적인 단속을 실시했다. 그 결과 약 10일 동안 전국적으로 수백 개의 인터넷 사이트가 폐쇄되었고, 파워 블로거가 대거 구속되었다.[20] 중국 당국은

---

17 조영남, "2013년 중국 정치의 현황과 향후 전망," p. 23.

18 "網絡空間應有法律規則 公民權益必須依法保護," 『求是理論網』, 2013. 10. 16. http://www.qstheory.cn (검색일: 2014년 4월 20일).

19 Cary Huang and Keith Zhai, "Xi Jinping rallies party for propaganda war on internet," *South China Morning Post,* September 4, 2013; 성연철, "인터넷 강군 양성해 뉴미디어 장악하라," <한겨레>, 2013. 09. 04.

2013년 민감한 내용의 웨이보 글을 직접 삭제했고, 영향력 있는 블로거들을 회유해 위협적 발언을 하지 않도록 하는 등 온라인 단속을 강화했다. 국가인터넷정보판공실(國家互聯網信息辦公室)은 2013년 7월부터 공업정보화부, 공안부, 문화부 등과 공동으로 단속에 나서 웹 사이트 274개를 폐쇄하고 운영자를 처벌했다.[21] 이런 중국의 사상, 언론 및 인터넷 통제는 류윈산(劉雲山)이 주도하고 시진핑이 지원하고 있다.

중국 정부가 2014년 6월 4일 천안문 사태 25주년을 앞두고 '중국판 카카오톡' 웨이신(微信) 통제도 강화했다. 중국 정부는 2014년 5월 27일부터 한 달 동안 웨이신에 대한 집중 단속에 나섰다. 웨이신 실명제도 강력하게 시행키로 했다. 웨이신 실명제는 개인이나 단체가 자신의 휴대전화 번호와 실명으로 웨이신에 가입하도록 하는 것이다. 국무원 산하 국가인터넷정보판공실은 이를 통해 루머, 폭력, 테러, 사기, 음란한 내용 등을 퍼뜨리는 행위는 물론 적대 세력이 파괴 활동을 하는 것을 엄중히 단속할 것이라고 밝혔다.[22] 또한 국가인터넷정보판공실은 공안부, 공업정보화부 등과 함께 웨이신을 운영하는 텅쉰(騰訊) 등 7개 모바일 인스턴트 메신저 회사 책임자들을 소집해 "모바일 인스턴트 메신저의 정화를 위해 앞장서겠다"는 10개항으로 된 선언문을 발표하도록 했다. 국가인터넷정보판공실은 "일부 사람들이 웨이신 같은 플랫폼을 이용해 인터넷 통신

---

20 Wang Xiangwei, "Attack on rumours a step backwards for transparency," *South China Morning Post*, September 2, 2013.

21 <동아일보>, 2013. 09. 10.

22 중국에서 웨이신 등 인스턴트 메신저는 이용자가 폭발적으로 늘어 현재 8억 명에 달한다고 런민망(人民網)이 전했다. '중국판 트위터' 웨이보(微博) 등에 대한 단속이 강화된 뒤 웨이신은 휴대전화 사용자들에게 새로운 뉴스 전달 통로로 각광 받아왔다. 대부분의 언론사가 웨이신을 통해 뉴스를 배포하고 있으며, 기업은 홍보 수단으로 활용하고 있다. 정원교, "천안문 25주년 앞두고… '중국판 카톡' 웨이신 통제," <국민일보>, 2014. 05. 29; 김동윤, "中정부 중국판 카카오 톡 검열," <한국경제>, 2014. 05. 29.

질서를 심각하게 훼손하고 공공이익을 해치고 있다."고 주장했다. 인스턴트 메신저를 갖고 있는 7개 회사는 근거 없는 소문을 막기 위해 '루머반박' 시스템도 운영하기로 했다. 테러가 이어진 신장(新疆)위구르자치구의 경우 허톈(和田) 당국이 웨이신은 물론 '중국판 메신저'인 'QQ' 사용을 금지시켰다. 중국 당국은 2014년 3월에는 정치 · 사회적 이슈를 전파하는 인기 있는 인터넷 계정 수십 개를 폐쇄시켰다.[23]

3. 중국 인터넷 확산 현황 및 특징

중국인터넷정보센터(CNNIC)의 발표에 따르면, 2014년 12월말 기준 중국의 인터넷 사용자(網民)는 약 6억 4,900만 명으로 세계 1위이며, 인터넷 보급률은 약 48%이다. 그 중 휴대폰 인터넷 사용자(手机網民)가 약 5억 명 5,700만 명으로 전체 인터넷 사용자에서 약 86%를 차지하여, 2013년 12월말 81%에 비해 5% 증가했다.[24]

중국 인터넷 사용자 증가 추세 및 보급률을 그림을 통해 살펴보면 다음과 같다.

23 *Wall Street Journal*, May 28, 2014; 정원교, "천안문 25주년 앞두고… '중국판 카톡' 웨이신 통제," <국민일보>, 2014. 05. 29.

24 中國互聯网絡信息中心, "第35次中國互聯网絡發展狀況統計報告," 2015. 01. www.cnnic.net.cn (검색일 2015년 2월 6일), pp. 25-26.

자료: 中國互聯网絡信息中心, "第35次中國互聯网絡發展狀況統計報告," 2015. 01. www.cnnic.net.cn

〈그림 1-1〉 2005~2014년 인터넷 사용자 증가 현황

웨이보(微博: 중국판 트위터) 사용자는 2012년 12월말 이후 감소 추세를 보이고 있다. 2012년 12월말 3억 900만 명(54.7)에서 2013년 12월 말 약 2억 8,100만 명(45.5%)으로 전년대비 9% 감소했다. 2014년 12월 말 2억 4,900만 명(38.4%)으로 2013년 12월말에 비해 약 7% 감소했다.[25]

여기서 주목할 점은 인터넷 사용자는 2013년에서 2014년 증가 추세인 반면 웨이보 사용자는 2012년 12월 말 약 3억 900만 명에서 2014년 12월 말 2억 4,900만 명으로 2년 동안 약 6천만 명 감소한 것이다. 왜 웨이보 사용자가 2012년 12월 말 이후 지속적인 감소 추세를 보이는지에 관해서는 2장에서 설명할 것이다.

25 中國互聯网絡信息中心, "第35次中國互聯网絡發展狀況統計報告," p. 57; 中國互聯网絡信息中心, "第33次中國互聯网絡發展狀況統計報告," 2014. 01. www.cnnic.net.cn (검색일 2014년 2월 10일), p. 10, pp. 12-13, pp. 35-36.

2012년 12월 말 이후 2014년 12월 말까지 중국 웨이보 사용자 감소 현황을 그림으로 소개하면 다음과 같다.

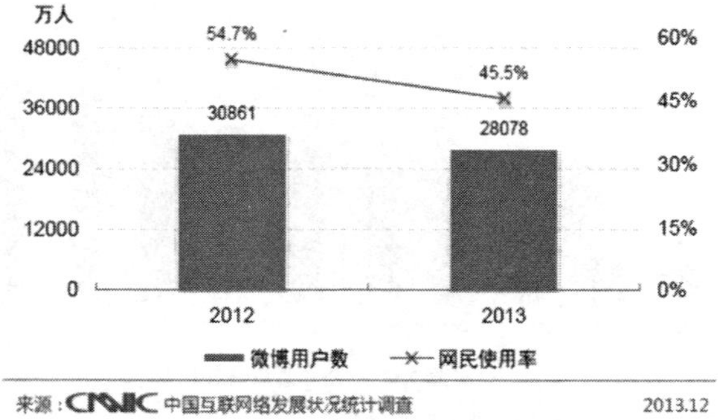

자료: 中国互联网络信息中心, "第33次中国互联网络发展狀況統計報告," 2014. 01. http://www.cnnic.net.cn

〈그림 1-2〉 2012~2013년 웨이보 사용자 감소 현황

자료: 中國互聯网絡信息中心, "第35次中國互聯网絡發展狀況統計報告," 2015. 01. www.cnnic.net.cn

〈그림 1-3〉 2013~2014년 웨이보 사용자 감소 현황

중국에서 휴대폰 네티즌 비중이 증가함에 따라 모바일 결제도 증가하고 있다. 2014년 6월 말 휴대폰 인터넷 이용자 규모는 5억 2,700만 명(전체 인터넷 사용자 중 83.4%)에서 2014년 12월 말 5억 5,700만 명(85.8%)으로 증가했다. 또한 스마트폰 의 급속한 보급에 따라 모바일 구매 및 결제가 확산되고 있다. 모바일 결제 이용자는 2013년 12월 말 1억 2,500만 명(25.1%), 2014년 6월 말 2억 500만 명, 2014년 12월 말 2억 1,700만 명(39.0%)으로 증가했다. <그림 1-4>를 보면 모바일 결제는 2013년과 비교할 때 2014년 14% 급증했다.[26]

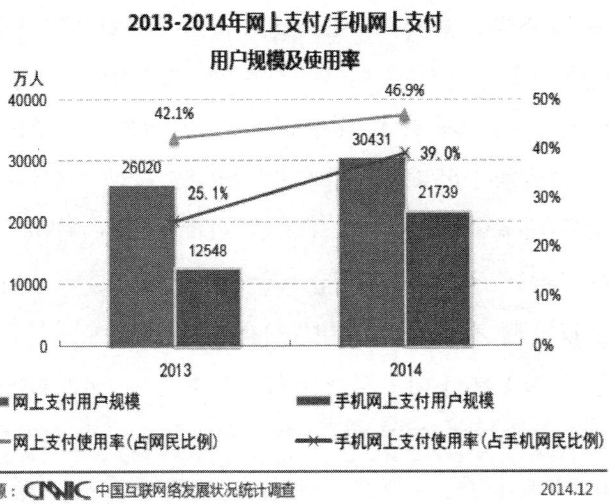

자료: 中國互聯网絡信息中心, "第35次中國互聯网絡發展狀況統計報告," 2015. 01. www.cnnic.net.cn

〈그림 1-4〉 2013~2014년 온라인 결제 및 모바일 결제 증가 현황

26 中国互联网络信息中心, "第34次 中国互联网络发展狀況統計報告," 2014. 07. www.cnnic.net.cn; 中國互聯网絡信息中心, "第35次中國互聯网絡發展狀況統計報告," p. 51.

한편, 휴대폰 네티즌은 편리성으로 인해 인스턴트 메신저를 가장 선호한다. 스마트폰 사용자들은 인터넷 뉴스 검색과 인터넷 검색을 주로 했다. 신속한 정보 유통(속보성)과 실시간 개인 간 정보 유통 급증(정보량 증가)으로 인해 중국 정부의 정보 통제가 어려워지고 있다. 휴대폰 인터넷 사용은 정치적 급변 상황에서 집회 정보 공유, 집단행동 진행상황 전달 등 동원수단이 될 수 있다는 점에서 중국 정부를 긴장시키고 있다.

2014년 12월 말 지역별 인터넷 사용자 규모를 보면, 인터넷 보급률이 높은 지역은 상대적으로 소득이 높은 대도시 및 연해지역 도시이고, 경제적 수준이 낮은 지역은 인터넷 보급률도 낮아 경제적 차이가 '정보 격차(digital devide)'에도 영향을 미치고 있다. 도시 인터넷 사용자 약 72.5%, 농촌 인터넷 사용자 27.5%로 인터넷 사용자가 정치적으로 민감한 도시에 집중되어 있다. 베이징(75%), 상하이(71%), 광동(69%), 푸젠(66%) 지역은 인터넷 보급률이 65% 이상이며, 저지앙 63%, 텐진 61%이다. 반면 소득이 낮은 대륙지역에 위치한 구이저우(貴州) 35%, 윈난(雲南) 35%, 장시(江西) 34%로서 저소득지역일수록 인터넷 보급률도 낮다.[27]

2014년 12월 말 기준 중국 인터넷 사용자의 특징은 다음과 같다. 연령별 분포를 보면, 1980년 이후 출생자라고 볼 수 있는 10대~30대가 전체의 78.1%(10대 약 22.8%, 20대 약 31.5%, 30대 23.8%)를 차지하고 있다. 그 중 20~29세 네티즌 비중이 가장 높은 31.5%이다. 남녀성별 분포는 남성 56.4%, 여성 43.6%로 남성 비율이 약 13% 높다. 직업 분포를 보면, 정부의 직접적 통제를 받지 않는 학생이 23.8%로 가장 많고, 그 다음으로 자영업자 및 자유직업(個體戶, 自由職業者) 22.3%이다. 인터넷 접속 장소는 1위 가정, 2위 직장, 3위 PC방이다.[28]

---

27 中國互聯网絡信息中心, "第35次中國互聯网絡發展狀況統計報告," pp. 29-32.

중국 네티즌은 주로 가정에서 인터넷 접속을 하며, 도시 시민, 10대~30대, 학생과 자유직업, 실시간 정보 유통이 가능한 휴대폰 인터넷 접속자 비중이 높다. 이처럼 인터넷 사용자 중 다수가 학생과 자유직업이며 실시간 정보 유통에 유능한 젊은 시민들이기 때문에 여론에 민감하게 영향을 미칠 수 있다. 중국 네티즌이 여론에 미치는 영향력을 고려하여 시진핑(習近平) 정부 역시 언론 통제를 강화하는 추세이다.

28 中國互聯网絡信息中心, "第35次中國互聯网絡發展狀況統計報告," pp. 32-34, p. 20.

제2장

웨이보와 웨이신의 영향력

제2장
웨이보와 웨이신의 영향력

1. 웨이보의 특징 및 형성

1) 웨이보의 특징

웨이보(微博, Weibo)란 마이크로 블로그(Micro Blog, 微型博客) 혹은 미니 블로그(Mini Blog)를 축약한 표현이다. 중국 정부가 2009년 서방의 SNS(Social Networking Services: 페이스북, 트위터) 사용을 금지하자, 중국 최대 포털 시나 닷컴(新浪, sina.com)이 2009년 8월 처음으로 웨이보 서비스를 시작했다. 웨이보도 트위터와 같이 140자 이내 단문을 주고받기 때문에 '중국판 트위터'라고 불린다.[1]

웨이보는 블로그에 비해 휴대폰을 이용하여 인터넷에 접속하는 사용자에게 적합하다. 웨이보는 휴대폰과 인터넷을 융합한 것으로 수시로 어느

1 중국판 트위터가 웨이보이고, 런런왕(人人網: renren.com)은 중국판 페이스북으로 주로 대학 내에서 학생들이 자료를 올려 공유하는 용도로 많이 사용된다. 이 사이트는 I love School처럼 동창 찾기에도 사용되고 있다. 중국판 유투브(You Tube)로는 여우쿠(优酷网)와 투또우(土豆网)가 있다. 중국 블로그 현황 및 역할에 관한 자세한 내용은 다음 참조. 于紹宗·于麗娜 著, 『中國博客調查』(北京: 中央編譯出版社, 2012).

곳에서나 인터넷이나 휴대폰을 이용하여 최신 정보(140자 이내)를 동시에 여러 명에게 보내고 받을 수 있다. 웨이보는 "블로그 + SNS + 휴대폰 문자 메시지"의 기능이 결합된 것이다.[2]

웨이보는 인간관계의 교류와 소통을 강화하고 있다. 사용자는 "간결하고(短), 빈번하게(頻), 빠르게(快)" 새로운 소식을 전달할 수 있다. 특히 웨이보는 핵심 뉴스의 발생 및 진행과정을 '현장 보도'하고, 뉴스의 인과 과정을 설명하는 데 인기가 높다. 단문만 사용할 수 있는 웨이보는 파편화된 뉴스를 전하지만 여론 형성에 중요한 영향을 미친다. 2010년 뉴스 매체에서 웨이보에 대한 보도가 많았으며, 많은 사건들이 웨이보를 통해 알려졌다.[3]

중국에서 대표적 웨이보는 사용자 1위 시나(新浪) 웨이보, 2위 텅쉰(腾讯) 웨이보, 3위 바이두 티에바(百度 贴吧) 등을 들 수 있다. 웨이보는 신속하게 어디에서나 정보를 전달할 수 있기 때문에 정보 유통 및 여론 형성 수단으로 주목받고 있다. 2009년 10월 차이나 유니콤(China Unicom, 中國聯通)이 아이폰(iPhone)을 중국 시장에 도입한 후 스마트폰을 이용하여 인터넷에 접속하는 사람들이 증가했다. 만리장성 방화벽으로 유명한 인터넷 검열 도구를 가진 중국 당국도 현실적으로 웨이보 관리가 쉽지 않다.[4] 웨이보는 동시간대에 많은 사람들에게 정보를 문자 및 동영상을 통해 전달할 수 있으므로 중국 정부가 한꺼번에 검열・삭제하기는 역부족이다. 웨이보에서 신속한 정보 유통은 사회 여론에 미치는 영향이 크다.[5]

---

2 李建盛 陳 華 馬春玲 主編, 『首都网絡文化發展報告 2010-2011』 (北京: 人民出版社, 2011), pp. 108-109; 尹韻工 主編, 『中國新媒體發展報告 (2011)』 (北京: 社會科學文獻出版社, 2011), pp. 158-159.

3 尹韻工 主編, 『中國新媒體發展報告 (2011)』, p. 127.

4 <人民网>, 2011年 4月 2日. 2011년 웨이보에서 주요 사건 폭로와 웨이보의 사회적 영향에 관해서는 다음 참조. 李建盛·陳華·馬春玲 主編, 『首都網絡文化發展報告 2011-2012』 (北京: 人民出版社, 2012), pp. 214-228.

중국 웨이보는 해외 SNS(트위터, 페이스북)나 중국 내 서로 다른 포털 사이트 웨이보 간의 연결이 차단된 중국 특색의 SNS이다.[6] 단일한 국제적 연결망을 지닌 트위터나 페이스북과 달리, 중국의 웨이보는 해외 SNS 사용자와 연결이 차단되기 때문에 트위터나 페이스북을 이용하여 웨이보 사용자와 소통할 수는 없다.

2) 웨이보 서비스 제공과정

중국에서 웨이보(微博) 서비스가 시작된 것은 2009년 8월이다. 2009년 말 800만 명이 웨이보 계정을 개설했고, 1년 후인 2010년 말 시나, 텅쉰(騰訊) 등 인터넷 포털을 이용하는 웨이보 사용자 수는 7,500만 명으로 10배 가까이 늘었다. 2011년 말 웨이보 사용자 수는 2억 5,000만 명으로 전 해에 비해 3배 이상 급증했고, 2012년 말에는 약 3억 900만 명에 달했다.[7]

---

5 李建盛·陳 華·馬春玲 主編, 『首都网絡文化發展報告 2010-2011』, pp. 227-229.

6 전 세계에서 서비스가 가능한 세계 주요 SNS는 페이스북(Facebook), 트위터(Twitter), 마이스페이스(MySpace) 등이다. 2009년 기준 전 세계 SNS 사용자는 8억 3천만 명으로, SNS 사용이 이메일과 같은 기존 온라인 소통방식을 변화시키고 있다. 페이스북(Facebook)은 2004년 서비스를 시작했고 2010년 7월 가입자 수가 5억 명을 초과했다. 마이스페이스, 유투브 등과 같은 HTML 기반의 SNS는 사진과 영상을 교환하는데는 적합하지만, 텍스트 기반의 SNS에 비해 모바일 통신 여건이 불리하다. 따라서 모바일 SNS 접속자에게는 트위터나 페이스북이 인기이다. 서민석, "소통방식의 변화를 주도하는 페이스북," 『SERI 경영노트』, 제75호, 삼성경제연구소, 2010년 10월 7일 참조.

7 中国互联网络信息中心, "第29次中国互联网络发展狀況統計報告," 2012. 01. http://www.cnnic.net.cn; 中国互联网络信息中心, "第31次中国互联网络发展狀況統計報告," 2013. 01. http://www.cnnic.net.cn

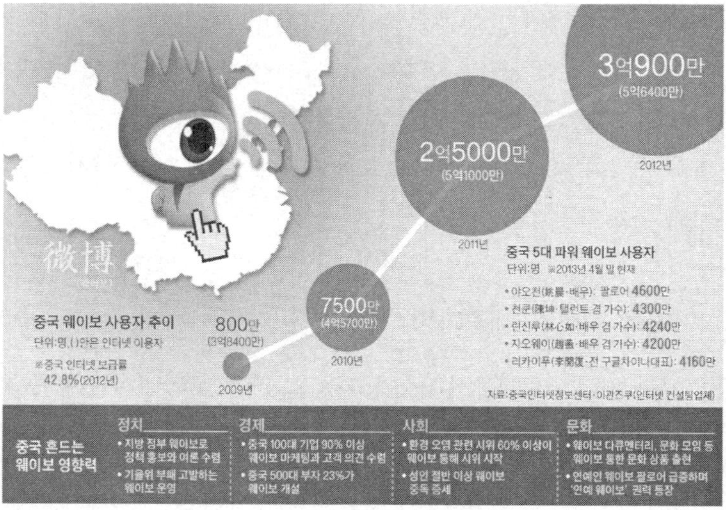

〈그림 2-1〉 2009~2012년 웨이보 사용자 증가 추이

웨이보의 기원이라 할 수 있는 트위터는 2006년 처음 미국에서 만들어졌다. 2009년 6월 이란 대선 위기 과정에서 트위터가 이란 네티즌 간의 소통 매체로서 중요한 영향력을 발휘하자 타임지 등 신문에서 '이란 위기'는 '트위터 위기'라고까지 말했다. 미국 국방장관 역시 트위터 등 SNS는 "미국의 중요한 전략 자원"이라고 하면서 관심을 모으기 시작했다. 그러자 중국 정부는 2009년 트위터 사용을 금지했고, 중국판 트위터인 웨이보는 2009년 말부터 대중화되기 시작했다.[8]

2007년 5월 미국 트위터를 모방하여 판포우왕(饭否网)에서 '판포우(饭否)'[9]라는 이름으로 서비스를 시작했고, 그 외 몇 개의 중문 웨이보 사이

8 李建盛·陳 華·馬春玲 主編, 『首都网絡文化發展報告 2009-2010』(北京: 人民出版社, 2010), pp. 217-218.

9 '판포우(饭否)'라고 부르게 된 계기는 중국인들이 사람을 만나면 가장 먼저 '밥 먹었느냐(吃了吗?)'라고 묻는 것에서 착안하여 이름을 지었다고 한다.

트가 있었다. 이것이 처음 중국판 트위터로서 웨이보(微博) 서비스를 시작한 것이다. 그 중 판포우가 가장 트위터와 비슷했고, 2009년 상반기 판포우의 사용자는 30만 명 정도로 증가하여 전망이 밝았다. 그런데 2009년 7월 신장(新疆) 우루무치(乌鲁木齐)에서 위구르인들의 집단 저항이 발생했을 때, 판포우 사용자들이 이 사건의 진행과정에 관한 최신 소식을 '판포우'를 통해 즉시 전달했다. 기자들은 우루무치 소요 발생에 관한 정보를 당일에 중국판 트위터 '판포우'를 통해 알았고, 다음날에도 우루무치 상황 변화를 검색했으나 어떤 검색결과도 얻기 못했다. 며칠 후 판포우왕 관리자는 기술적 원인으로 글을 올릴 수 없다고 발표했으나, 많은 사용자들은 민감한 사건을 올렸기 때문에 운영에 제재를 받은 것으로 추측했다. 이 추측대로 3개월 후 판포우왕의 운영은 승인을 받지 못하고 사이트는 폐쇄되었다.[10]

2009년 하반기부터 베이징의 몇 개 포털 사이트(portal site, 門戶网站)[11]에서 웨이보 개설 붐이 일었다. 2009년 8월 포털 사이트로서는 처음으로 시나닷컴(sina.com)이 시나 웨이보(新浪 微博) 서비스를 시작하여 사회저명인사와 유명 연예인의 웨이보를 만들자 가입자가 급증했다. 시나닷컴은 시나 웨이보를 만들기 위해 2009년 7월 '시나 제품 사업부'를 만들었다. 시나 웨이보가 성공을 거두자 바이두(百度), 왕이(网易) 등 다른 포털 사이트도 '웨이보'라는 이름으로 서비스를 시작했다. 2009년 11월 바이두 티에바(百度 贴吧) 사업부에서 웨이보 신제품으로 "i 티에바(i 贴吧)" 서비스를 시작했다. 2010년 1월 왕이(网易, www.163.com: netease), 소후(搜

10 郭 亮 著, 『微博将带来什么』(三河: 中華工商聯合出版社, 2010), pp. 5-7; 李建盛·陳 華·馬春玲 主編, 『首都网絡文化發展報告 2009-2010』, p. 218.

11 중국의 대표적인 포털 사이트는 新浪(sina), 网易(163), 腾讯, 搜狐(sohu), 凤凰网, MSN中国, 中国政府网 등이 있다.

狐, www.sohu.com)도 웨이보 서비스를 시작했다. 런민왕(人民网)은 2009년 12월 웨이보를 개통했으며, 2010년 2월 "후진타오" 웨이보가 만들어졌다. 이런 과정을 거쳐 시나 웨이보(新浪 微博), 런민왕 웨이보(人民网 微博), 소후 웨이보(搜狐 微博), 왕이 웨이보(网易 微博), 바이두 티에바(百度 贴吧) 등이 서비스를 시작했다. 2010년 말 중국 최대 인터넷 메신저 텅쉰 QQ(腾讯网: www.qq.com)[12]에 등록된 웨이보가 가장 인기였다. 2009년은 중국 웨이보 발전의 원년(元年)이라 하겠다. 2009년 12월 말 중국에서 비교적 유명한 웨이보 사이트는 약 30여 개였다. 2010년 2월 베이징의 웨이보 사이트는 15개로서, 전국의 46%를 차지했다. 2010년 웨이보 사이트는 1월 17개 사이트에서 12월 88개 사이트로 급증했다.[13]

2. 웨이보 영향력과 언론 자유

중국에서 웨이보는 2010년 하반기부터 정보와 뉴스를 전파하고 여론 형성에 영향을 미치는 새로운 매체로 부각되기 시작했다. 웨이보는 2010년부터 2012년 말까지 온라인 여론 형성에서 가장 영향력이 강한 매체로 주목받았다. 2010년 중국에서 이슈가 되었던 50대 중대사건 중 웨이보를 통해 최초로 알려진 것이 11건에 달했고, 중국 네티즌의 73%가 웨이보를

12 QQ 웨이보 등록방법은 QQ 아이디(QQ 号码), QQ 비밀번호(QQ 密码), 웨이보 아이디(微博帐号), 이름(姓名)을 입력하면 즉시 개통된다.

13 李建盛 陳 華 馬春玲 主編 『首都网絡文化發展報告 2009-2010』, pp. 108-109, pp. 282-294; 尹韻工 主編 『中國新媒體發展報告 (2011)』, pp. 158-159. 중국 네티즌이 자주 방문하는 사이트(网络社区)는 톈야논단(天涯论坛), 런민왕(人民网), 강국논단(强国论坛), 중화망논단(中华网论坛), 신화망 발전논단(新华网发展论坛), 소후(Sohu 社区), 텅쉰 큐큐(QQ) 등이다.

가장 중요한 정보 수집 수단이라 여겼다. 2011년 중국 관영 매체들이 거의 보도하지 않았던 네이멍구(內蒙古) 시위와 김정일 북한 국방위원장의 방중 사실이 웨이보를 통해 실시간으로 전해지면서 주목을 받기도 했다.[14] 웨이보는 뉴스, 토론장에 이어 3대 인터넷 여론 형성 창구가 되었다. 2010년 우유제조업체 멍뉴(蒙牛) 사건, 진하오(金浩) 차기름 사건 등에서 여론형성 장으로서 웨이보가 가장 활용도가 높았다.[15]

웨이보를 사용하는 이유는 간편한 형식 및 자유로운 의사 표현, 수시로 정보 획득이 편리하다는 점이다. 웨이보 사용자의 특징을 살펴보면 18~30세가 67%를 차지할 정도로 젊은 층이 많고, 대학졸업자가 63%로 고학력자이며, 직업은 사무직·학생·기업의 고위 경영인 등이 60%를 차지한다. 이들은 생활리듬이 빠르고 개방적이며 변화에 민감하고 표현 및 소통에 관심이 많고 사회참여 의식이 강하다. 웨이보에서 발표되는 주요 내용은 사적인 내용 외에도 사회적 사건에 대한 평론, 타인과의 교류, 소통, 토론 등이 주류를 이룬다. 웨이보는 정치, 사회, 경제, 문화방면에서 이미 그 영향력이 강해지고 있으며 정부, 매체, 대중, 기업 등에 중요한 사회적 가치를 전달하는 수단이 되고 있다.[16] 중국 도시의 사회 참여 의식이 강한 젊은 중산층이 주로 웨이보를 사용하고 있기 때문에 이들의 빠르고 잦은 정보 유통은 사회 여론을 주도하고 있다.

2011년 웨이보는 '인터넷 만리장벽'으로 불리는 중국의 강력한 인터넷 검열 및 통제에 균열을 일으키며, 공산당의 언론 통제에 대한 가장 강력한 도전 매체로 인식되기 시작했다. 순식간에 많은 사람들에게 문자와 동영

---

14 <人民日報>, 2011年 7月 19日; <法制晩報>, 2011年 11月 13日.

15 <新華通信>, 2011年 3月 24日.

16 尹韻工 主編, 『中國新媒體發展報告 (2011)』, p. 160, pp. 165-166; 李建盛·陳 華·馬春玲 主編, 『首都网絡文化發展報告 2009-2010』, pp. 107-117 참조.

상 등을 전달할 수 있는 웨이보의 강력한 정보 전파를 중국 당국의 검열 인력이 한꺼번에 검열·삭제하기는 역부족이다. 웨이보는 중국 관리들의 부정부패 등 숨기려는 사건을 폭로하는 장이 되었고, 김정일 북한 국방위원장 방중 때마다 동선이 실시간으로 웨이보에서 생중계되는 등 중국 정부의 검열망을 무력화시켰다. 웨이보의 영향력이 커지자 중국 정부도 웨이보를 이용한 신속한 정보 유통과 조직화를 어떻게 통제할지 고심이 깊어졌다. 웨이보의 신속한 정보 전달 능력과 통제의 한계를 인식한 중국 정부는 2011년 웨이보 관리를 위한 실명제 실시 등 다양한 통제 방법을 모색했다.[17]

웨이보의 영향력은 어디서 올까? '정보의 양과 신속한 확산 속도'이다. 2011년 7월 23일 40여 명이 숨진 원저우(溫州) 고속철도 충돌 사고 이후 생존자들이 웨이보에 증언을 올리면서 당국의 사고 수습 과정에 영향을 미쳤다. 관영언론들이 보도 지침에 따라 영웅적인 구조대 활동 등에 초점을 맞추고 있을 때 네티즌들은 정부가 구조작업을 제대로 하지 않은 채 잔해를 서둘러 묻고 마무리하려 하는 등 문제들을 하나하나 파헤쳤다. 중국인들은 신문이나 방송이 침묵하는 상황에서 웨이보가 실시간으로 말해 주는 '진실'에 열광하기 시작했다. 중국의 대표적 탐사 보도 기자 왕커친은 <로이터> 통신에 "웨이보는 중국인들을 시민기자로 바꾸어 놓았다"며 "웨이보는 이미 강력한 힘이며 당국이 웨이보 자체를 완전히 차단하지는 못할 것"이라고 말했다.[18]

웨이보는 기업의 새로운 경영수단이기도 하다. 마이크로소프트 아시아 연구원에 따르면, 중국 100대 기업의 90% 이상이 웨이보를 통해 판촉과

---

17 *Financial Times*, September 18, 2011; *South China Morning Post*, October 7, 2011.

18 <한겨레>, 2011. 08. 28; <중앙일보>, 2011. 09. 19.

광고, 고객 의견 수렴, 신상품 정보 제공, 기업 간 전략적 협력, 실시간 제품 문제 검색 등을 하고 있다.[19] 막강한 팔로어를 가진 연예인들의 웨이보 권력도 나타나고 있다. 중국 여배우 야오천(姚晨)의 팔로어는 4,600만 명, 탤런트 겸 가수 천쿤(陳坤)은 4,300만 명 등 팔로어 4,000만 명이 넘는 웨이보 6개 중 5개가 연예인 웨이보다. 이 때문에 중국에서는 연예인 웨이보의 영향력이 중국 언론 전체의 영향력을 앞선다는 말까지 나왔다.[20]

3. 2013년부터 왜 웨이보 사용자가 감소하는가?

중국의 웨이신(微信, We Chat)은 한국의 '카카오 톡'과 비슷한 모바일 메신저 앱이다. 웨이신은 텅쉰(騰訊 · Tencent)이 제공하는 스마트폰 채팅 앱으로 중국에서 가장 많이 사용되고 있다. 텅쉰의 지주회사인 텐센트 홀딩스 유한회사에서 2010년 10월 자회사 웨이신을 창업하고 2011년 1월 21일 서비스를 시작했다. 웨이신은 카카오 톡보다 출시가 1년 늦었으나 2014년 4월 가입자 수가 약 6억 명에 달했고, 2014년 2분기 세계 1위의 모바일 메신저 업체로 발전했다.[21] (<그림 2-2> 참조)

19 최형규, "웨이보 3억 명의 수다 … 비리 고위관료 80명 옷 벗겼다," <중앙일보>, 2013. 05. 27.
20 최형규, "웨이보 3억 명의 수다 … 비리 고위관료 80명 옷 벗겼다," <중앙일보>, 2013. 05. 27.
21 채인택, "알리바바 위협하는 중국 인터넷 재벌," <중앙일보>, 2014. 10. 02.

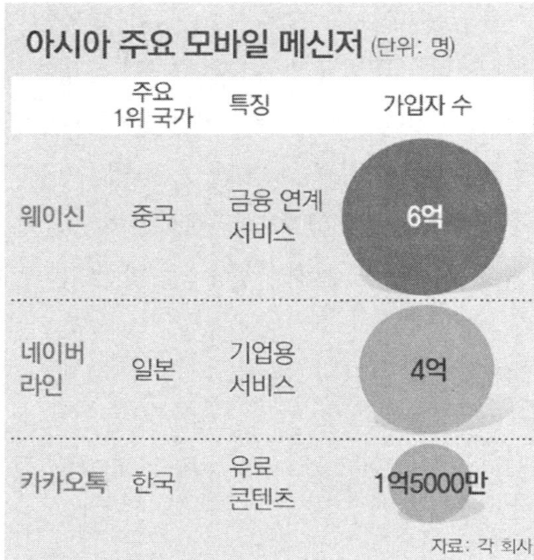

출처: 김호경, "무섭게 크는 중국 ICT 산업] 〈中〉 샤오미-텅쉰 본사 가보니," 〈동아일보〉, 2014. 04. 30.

〈그림 2-2〉 모바일 메신저 웨이신 가입자 수

2013년부터 중국 인터넷 사용자들이 웨이보에서 웨이신(private network)으로 이동하기 시작했다. 컴퓨터 시대에 텅쉰의 QQ 사용자들이 스마트폰 시대에는 웨이신 사용자로 변화되고 있다. 이에 따라 2012년 12월말에 비해 2013년 웨이보 사용자는 감소하고 웨이신 사용자가 급속히 증가했다.[22] 2010년부터 웨이보의 급속한 확산으로 고객을 시나 웨이보(Sina weibo)에게 빼앗겼던 텅쉰이 2013년 '웨이신'을 무기로 다시 고객을 탈환하기 시작한 셈이다.

22 Eric Harwit, "Telecommunications and Internet Growth in China: Political, Social, and Economic Trends," *Association for Asian Studies 2014 Annual Conference*, March 27-30, 2014.

2013년 웨이보에 대한 시진핑 정부의 검열이 강화되자 상대적으로 검열이 어려운 '웨이신' 사용자가 늘어났다. 중국 정부는 동시에 다수와 소통하며 전국적 연대가 가능한 웨이보 사용을 통제하기 위해 2013년 대규모 팔로워를 가진 웨이보 사용자의 계정을 다양한 이유로 폐쇄하는 등 웨이보에 대한 검열과 통제를 강화했다. 파이낸셜 타임스(FT)는 웨이보가 중국 정부의 검열 대상인 점을 주요 위험 요소로 꼽았다. 전문가들은 웨이보에 반정부 글을 올렸다가 당국에 검거되는 사용자가 발생하고 있다고 전했다.[23]

4. 웨이신의 영향력

웨이신(微信, 영문명 We chat)은 포털 텅쉰(Tencent)이 2011년 1월 서비스를 시작한 '중국판 카카오 톡'이라 할 수 있다. 웨이신은 문자 메시지, 사진, 동영상 전송은 기본이고 음성이나 영상으로 직접 대화와 그룹채팅이 가능하며, 스마트폰, 태블릿 PC, 웹 페이지에서 모두 사용이 가능하다. 중국에서 모바일 인구가 증가함에 따라 웨이신의 영향력이 확대되면서 이를 이용해 대화하는 것은 중국 젊은이들의 공통적인 일상생활이 되었다. 웨이신은 QQ메신저를 서비스하고 있는 텐센트(텅쉰)에서 내놓은 모바일 메신저로서 QQ메신저를 바탕으로 인지도와 편의성을 극대화했다. 또한 웨이신에 메시지와 사진을 올리며 자신의 일상을 다른 사람과 공유한다. 최근에는 온라인 쇼핑 및 결제, 게임서비스 등 다양한 기능을 융합

23 김유성, "정부 검열 리스크에 사용자 증가 둔화 우려," <이데일리>, 2014. 04. 06.

시키면서 경쟁력을 키우는 추세다. '중국판 트위터'라 불리는 웨이보에서는 모르는 사람과도 토론할 수 있지만, 웨이신에서는 철저히 친구 관계를 맺은 사람들끼리만 소통하기 때문에 상대적으로 비밀이 유지된다.[24]

기업들은 '웨이신 마케팅'을 통해 중국인 고객들에게 다가가고 있다. 2014년 중국 샤오미가 최신 스마트폰 '미-3(Mi-3)' 15만 대를 출시하여 9분 55초 만에 전부 판매한 것은 웨이신과 협력해 입소문을 퍼뜨렸기 때문이다. 신라면세점은 웨이신으로 이벤트를 공유하면 추첨을 통해 명품 가방을 제공하는 경품 행사나 모델 선호도 이벤트 등을 진행한다. 면세점을 방문하는 중국인 관광객에게 한국 여행 정보, 쿠폰과 같은 다양한 쇼핑 혜택, 이벤트 정보를 미리 알려 주기도 한다. 스타벅스는 신메뉴 소개와 프로모션 소식, 회원 카드발급 등 차별화된 서비스와 마케팅을 통해 중국인 고객 만족도를 높이고 있다.[25]

웨이보가 확산력을 주목적으로 하여 개방적인 성격인 반면 웨이신은 비교적 폐쇄적이기 때문에 소비자와 직접 교류를 강화하거나 고객 관리에 적합하다. 웨이신은 친구 추가를 수락한 사람끼리만 얘기하고 게시물을 볼 수 있으며 댓글을 단 친구의 아이디를 클릭 후 글을 쓰면 비밀 댓글을 쓸 수 있다. 웨이신을 이용하면 기업 브랜드나 제품의 매니아층을 형성하는 데 도움이 된다. 웨이신의 주요 사용자는 약 70%가 20대~30대이며 직업은 주로 대학생과 IT업계 종사자다.

웨이신은 플러스 친구 기능에 QR 코드 서비스, 위치 기반 서비스, 이벤트 서비스 기능들을 더한 웨이신 공공플랫폼(微信公众平台) 서비스를 진행하고 있다. 웨이신은 웨이신 공공플랫폼을 통해 마케팅을 진행하는 모

24 김남영, "대륙을 흔들고 있는 중국판 카톡 '웨이신' 마케팅의 비밀," 조선닷컴, 2014. 04. 24.

25 김남영, "대륙을 흔들고 있는 중국판 카톡 '웨이신' 마케팅의 비밀," 조선닷컴, 2014. 04. 24.

든 계정들이 하루 발송 가능한 메시지 수를 한 개로 제한하며 이용자들의 반감을 사는 것을 막으면서도, 우수 활용 사례들이 많이 나올 수 있도록 기업, 미디어, 개인 계정 모두에게 플랫폼을 열어두었다. 또한 온라인 결제 시스템을 도입하고 소매 유통업계와 협력해 O2O(Online To Offline) 서비스를 제공하고 있다.

2013년 시진핑 정부는 웨이보 통제를 강화했으며, 2014년에는 웨이신도 통제하기 시작했다. 중국 당국이 2014년 3월 인기 모바일 메신저 '웨이신'의 공공 계정 100여 개에 대해 별다른 설명 없이 돌연 폐쇄 조치했다. 폐쇄된 계정 중에는 구독자가 20만여 명에 이르는 인기 칼럼니스트 '쉬다네이'와 '뤄창핑'이 운영하던 계정, 온라인 뉴스사이트 왕이에서 운영하던 계정 등이 포함됐다. 웨이신 공공 계정은 해당 계정을 구독하면 정보를 받아볼 수 있는 형태로 운영된다. 이번에 폐쇄된 계정 대다수는 시사 문제를 다루는 계정이다. 계정 폐쇄 명령은 폐쇄 전날 오후 이유를 설명하지 않은 채 갑자기 내려졌다. 해당 계정에 접속하면 규정 위반으로 폐쇄됐다는 팝업 메시지가 떴다. 업계 관계자는 "아무 이유도 제시되지 않았다."며 "이들 계정 중 일부는 영구 폐쇄됐다."고 전했다. 홍콩 언론은 이번 조치가 2013년부터 시작된 중국의 인터넷 여론 단속의 일환인 것으로 보고, 특히 그동안 웨이보에 집중됐던 단속이 웨이신까지 확대됐다고 분석했다.[26]

저장대(浙江大) 미디어국제문화학원 교수는 본인의 웨이보에서 다음과 같이 주장했다. "웨이신이 감시 대상이 아니라고 생각하지 마라. 새 인터넷 정리 전쟁이 시작된 것 같다." 익명을 요청한 한 인터넷 사이트 운영자는 신화통신 부사장 출신인 '루웨이(魯煒)'가 2013년 4월 국가인터

26 <明報>, 2014年 3月 14日; 정미나, "중국 당국, 웨이신 공공계정 100여 개 돌연 폐쇄," <전자신문>, 2014. 03. 14.

넷정보판공실 주임이 된 후 웨이신 같은 뉴미디어 플랫폼에 대한 통제도 강화되고 있다고 했다.[27]

중국 정부가 웨이신을 통제하는 이유는 정부에 비판적인 여론 형성 및 대중 저항을 조직하는 수단으로 웨이보와 함께 웨이신도 이용되고 있기 때문이다. 예컨대 2013년 5월 윈난성(雲南省) 쿤밍시(昆明市)에서 주민들이 환경오염 문제로 1,000만 톤 규모 정유시설 건설에 반대하는 시위를 벌였다. 이때 주민들은 웨이보와 웨이신을 이용하여 참여자를 모으고 정보를 공유했다. 웨이보와 웨이신 등 온라인을 통해 정보가 실시간으로 전달되면서 집단 시위가 늘어나는 추세이다.[28]

---

27 <明報>, 2014年 3月 14日.

28 김창도, "차이나 프리즘 중국의 집단 소유사태, 어느 정도인가," <아시아 경제>, 2014. 05. 22.

제3장

정보산업화 전략과 경제 발전

제3장
정보산업화 전략과 경제 발전

1. 정보산업화 정책의 주요 내용

정보통신(IT)산업은 PC 관련 하드웨어, 소프트웨어, 유무선 통신서비스 부문으로 구성된다. 중국은 2000년부터 국가주도의 정보산업화 정책을 실시한 결과 IT산업이 급속히 성장하였다. 1990년대 쇠락하던 미국을 IT산업이 세계제국으로 부활시켰던 것처럼, 2000년대 중국도 IT산업 발전을 기초로 경제 강국으로 도약하려는 거대한 꿈을 갖고 정보산업화 정책을 추진했다. 중국이 지속적인 성장을 할 수 있는 비결 중 하나는 산업구조의 국제적 변화에 맞추어 IT산업 중심으로 산업구조를 재편하는 데 성공했기 때문이다.

중국은 정보화와 공업화를 결합하여 21세기 중국의 지속적인 성장을 추진하고 있다. 중국의 IT 및 정보화 관련 주요 정책은 장기 전략으로 '중국 정보화 프로젝트'와 단기 전략으로 '12차 5개년 정보화 계획'이 추진되고 있다. 중국 정보화 프로젝트는 국민경제, 사회, 정부, 과학교육, 문화, 보건위생 등 6개 부문으로 계획되었다. 6개 부문에서 정부정보화,

도시정보화, 기업정보화 시범사업, 정보자원 개발 및 이용, 전자상거래 시범사업, 재무 · 세무 · 금융 · 무역, 온라인교육, 지리정보시스템(GIS) 등 8개 프로젝트 사업이 추진되었다.[1]

첫째, 장기적 정보화 프로젝트의 핵심전략으로서 '2006~2020년 국가정보화 발전전략'이 발표되었다(<표 3-1> 참조). 2006년 5월 중공중앙판공실 · 국무원판공실에서 발표한 이 전략은 2020년 '전면적 샤오캉사회(小康社會) 건설'이라는 균형 성장 및 삶의 질적 개선을 핵심 키워드로 하는 중국의 종합적 국가발전 전략을 실현하기 위한 정보통신 분야의 실천 전략이었다. 장기 전략은 향후 15년 간 중국 정보화 사업을 규범화하고 지도하는 지침으로써 중국 현대화 건설전략 체계의 중요 구성 부분이다. 또한 전 세계 정보화 추세를 판단하고 중국 정보화 발전 현황 및 문제점 분석을 통한 정보화 핵심 전략 및 세부 실행계획을 확정 · 발표했다.

〈표 3-1〉 2006~2020년 중국 정보화 발전 목표 및 중점 사업

전면적 샤오캉사회(小康社會)건설		
목 표		
• IT 종합 인프라 구축 • IT 기술의 주체적인 발전 및 혁신역량 강화 • IT 산업구조의 전면적 업그레이드 • 국가 정보보호 수준 제고	• 국민경제 및 사회정보화 부문에서 명시적 성과 • 신형 산업화 발전 모델 확립 • 국가정보화 발전의 제도적 환경 조성 및 정책 시스템 구축 • IT 및 정보화 대국민 인식 제고	
국민경제정보화	전자정부 보급 및 확산	선진네트워크문화 조성
• 삼농(농업,농촌,농민)의 정보 서비스 시행 • 전통산업구조 개선 • 서비스업의 정보화	• 전자정부 공공서비스 시스템 구축 • 사회관리 정보네트워크 구축 • 재정, 금융 등 경제 운영시스템 구축	• 유익한 사회주의 선진 문화 전파 • 인터넷을 통한 대외 홍보 및 문화 교류 • 건전한 네트워크 문화 형성

1 중국 정보화 정책에 관한 자세한 내용은 다음 참조. 한국정보화진흥원, 『2009 국가정보화백서』 (서울: 한국정보화진흥원, 2009).

사회 정보화 추진	IT 인프라 구축	정보자원 개발 및 이용 강화
• 교육, 과학 분야의 정보화 추진 • 의료,보건 분야의 정보화 추진 • 사회보장 분야의 정보 서비스 체계 구축	• 융합 네트워크 구축 • 차세대 네트워크 구현	• 국가 기초정보은행 구축 • 지적재산권 보호 체계 정비 • 정보자원의 배분 및 이용 강화
핵심 IT 기술 확보	**국가정보보호체계 구축**	**IT 및 정보화 대국민 인식 제고**
• 핵심 IT 기술 혁신 시스템 구축 • 하이테크 산업 육성 • 산·학·연 협력 강화 • 기반산업 육성 • 글로벌 시장 진출 및 개척	• 정보화와 정보 보호 간 균형 발전 실현 • 정보 보호 등급제 제정 등 정보 보호 체계 정비 • 독자적 정보보호 수준 제고	• 국민의 IT 응용력 제고 및 기술 교육 확대 • 원격교육을 통한 정보화 지식 및 기술 서비스 제공 • 전문 정보화 인력 양성

자료 : 中共中央辦公室 · 國務院辦公廳, 『2006~2020年國家信息化發展戰略』 (北京: 2006. 5).

둘째, 단기 전략으로 12·5 기간(2011년~2015년) 정보화 계획이 발표되었다.[2] 주요 내용은 다음과 같다. ① 7% 경제성장 유지하고 2015년까지 정보화 발전을 중진국 수준 달성한다. ② 정보화와 산업화를 융합(양화융합)하여 성장 동력으로 정보화를 추진한다. 2007년 10월 중국공산당 제17차 전국대표대회에서 정보화와 산업화를 융합한 발전이 강조되었다. ③ 전통산업의 정보화 수준 업그레이드 및 개선을 통한 산업구조 정비 및 산업 가치사슬 형성, 내수시장 확대, 국제경쟁력 제고 등을 추진한다. ④ 새로운 국가정보화 산업 체계 구축을 위해 IT 산업, 콘텐츠산업, 정보서비스산업, 인터넷 문화산업 발전을 통한 정치 · 경제 · 사회 · 군사 · 문

2 中國工程院 '十二五'規劃信息化專題組, "關于我國十二五信息化發展的基本思路, 國家發展和改革委員會," 2009. 6. 15. 참조.

화 영역에서의 정보화 보급 및 응용을 확산시킨다.

셋째, 중국 인터넷 서비스를 전국 단일 네트워크망으로 연결하는 '금자사업(金字工程, Golden Projects)'이 추진되었다. 이 사업의 핵심은 삼금사업(三金工程)이라 불리는 금다리(金橋, Golden Bridge: 경제정보통신망건설), 금세관(金關, Golden Customs: 세관업무의 네트워크화, 전자데이터교환(EDI) 구축), 금카드(金卡, Golden Card: 신용카드 이용활성화를 위한 인증체계 구축)이다. 특히 주룽지 당시 총리가 주도한 '금다리 프로젝트'는 중국 내 12개 성(省)과 시(市)의 주요 은행을 연결하여 신용카드를 이용한 지불 및 결제 시스템을 정비하는 계획이었다. 전국 주요 은행의 ATM이 연결되면 신용카드를 이용한 전자상거래가 활성화되리라 기대했다.

중국 정부가 정보산업화를 주도해 온 이유는 1997년 아시아 금융위기 이후 지속적인 경제 발전을 위해 'IT산업 발전 중심의 산업화 정책'이 불가피함을 인식했기 때문이다. 따라서 미국의 '실리콘밸리' 개념을 중국에 적용하여 '강한 중국' 건설을 위한 '실리콘밸리' 건설 모델로서 중국 정부는 베이징 중관춘(中關村)을 선택했다.[3] 그 후 중관춘은 중국 베이징의 IT 클러스터로 발전했다. 중관춘은 2014년 기준 입주 기업 2만여 개, 연간 총 매출 4,200억 달러(약 430조 5,000억 원), 해외에서 돌아온 창업자만 2만여 명, 창업 초기 기업 3,000개, 벤처 투자규모 6조 원(중국 전체 벤처 투자의 3분의 2에 해당) 이상인 중국 최대의 벤처 클러스터이다.[4]

3 중국 지도부의 국가주도의 정보산업화 정책 결정에 관해서는 다음 참조. Ngai-Ling Sum, "Re-Imagining 'Greater China': Silicon Valley and the strategy of siliconization," in Christopher R. Hughes and Gudrun Wacker, *China and Internet: Politics of the Digital Leap Forward* (London: Routledge Curzon, 2003), pp. 103-104.

4 채인택, "창조적 모방의 신화 이룬 중국판 잡스," <중앙일보>, 2014. 10. 14.

중국의 경제 발전 전략은 고부가가치 산업이라 할 수 있는 IT산업을 집중 육성하는 '정보산업화' 정책이다. '정보산업화'란 산업화시대의 연장선상에서 정보화를 산업화의 부분 집합으로 인식하여, 경제 발전 전략으로서 정보산업을 발전시키는 것이다.

2000년 제16회 세계 컴퓨터회의에서 장쩌민(江澤民) 전(前) 총서기는 다음과 같은 개막 연설을 통해 "국가발전전략으로서 정보산업화"를 강조했다. 즉, "우리의 전략은 정보기술을 도입하여 산업화의 수준을 끌어올리고 정보기술로 전통산업을 혁신하여 정보화를 산업화의 견인차로 활용하는 것이다. 전통경제와 정보기술의 결합은 21세기 중국 사회의 경제적 발전을 이끄는 엔진 역할을 할 것이다."[5]

중국 지도부는 '정보화가 산업화의 수준을 높여 21세기 국가경쟁력과 발전수준을 결정한다.'고 인식했다. 따라서 2002년 16차 공산당 전국대표대회에서는 '정보화로 공업화를 이끌고, 공업화로 정보화를 촉진한다.'라는 '정보산업화 전략'이 발표되었다. 중국 지도부는 산업화에 뒤진 중국의 경제 발전 전략은 전통적인 구경제와 신기술에 기초를 둔 신경제를 적절히 조합하는 것이라 인식했다.[6]

중국 정부의 정보산업화 전략은 '모든 것의 IT(IT of Everything)'로 압축되는 존 체임버스 시스코(Cisco) 최고 경영자의 연설과도 일맥상통한

---

5 로렌스 브람 엮음, 『중국의 시대』 (서울: 민음사, 2002), p. 481, p. 499; 劉吉· 金吾倫 等 著, 『信息化如知識經濟』 (北京: 社會科學文獻出版社, 2002), pp. 40-44.

6 정보산업화의 중요성에 대한 중국 정부의 인식에 관해서는 다음을 참조. Marcus Franda, *China and India Online: Information Technology Politics and Diplomacy in the World's Two Largest Nations* (Lanham: Rowman & Littlefield, 2002), p. 52; Christopher R. Hughes and Gudrun Wacker, *China and Internet: Politics of the Digital Leap Forward* (London: Routledge Curzon, 2003), p. 9, p. 2, p. 24; 張智江 主編, 『21世紀的信息化社區』 (北京: 人民出版社, 2002), pp. 13-15; 박세근, "중국 IT산업의 현황과 우리 기업의 진출방향," 『수은해외경제』, 2004, p. 20.

다. '모든 것의 IT(IT of Everything)'의 핵심 내용은 다음과 같다. "과거 IT가 전통산업의 효율성 향상을 돕는 '조력자' 역할을 했다면 이제는 IT를 축으로 전통산업이 '헤쳐 모여' 하는 경향이 뚜렷하다. IT가 모든 산업의 주도권을 쥐고 생사여부를 좌우하는 시대가 왔다. 핵심은 '부가가치가 어디서 나오느냐' 하는 것이다. 이미 정체에 직면한 전통산업 영역에서는 폭발적인 성장세가 나올 수 없지만 네트워크와 결합되었을 때 엄청난 규모의 추가 비즈니스 기회를 노릴 수 있다."[7]

위와 같은 전략적 인식을 바탕으로 2001년 4월 전국인민대표대회에서 <제10차 5개년 계획(10·5계획: 2001-2005)>이 승인되었고, 정보산업화 정책이 구체화되었다. 중국 정부는 10·5계획 기간 중 IT산업의 성장률을 경제성장률의 3배 이상으로 유지하고, 2005년 IT산업이 GDP의 7%를 차지하고, 이 중 통신산업이 GDP의 4.7%가 되도록 할 계획을 발표했다.[8]

후진타오 정부 역시 전자산업, 정보통신산업, 소프트웨어산업 육성에 치중하여 정보산업화 정책을 추진했다. 첫째, IT산업의 연평균 성장률을 20~30%대로 유지하여 2010년 IT산업을 중국 경제 최대의 기간산업으로 육성한다. 둘째, 정보화가 공업화를 선도할 수 있도록 금융, 세금징수, 무역 등의 분야에서 정보화를 추진하고 소프트웨어 산업을 육성한다. 셋째, 디지털 TV, 제3세대 이동통신체계 등 하이테크기술 발전에 주력한다.[9]

---

7 홍장원, "IT 파괴시대(IT가 전통산업 해체)... 개인 맞춤 서비스가 생존비결," <매일경제>, 2014. 05. 21.

8 한국전산원, 『국가정보화백서 2002』 (서울: 한국전산원한국전산원, 2002), pp. 502-503; 이은민, "중국 IT산업의 정책과 시사점," 『정보통신정책』, 제14권 23호, pp. 1-2; 張智江 主編, 『21世紀的信息化社區』, pp. 129-130.

9 유진석, 『중국경제의 부상』 (서울: 삼성경제연구소, 2004), p. 13.

2. 정보통신기술(ICT) 강국으로 도약

중국 정부가 경제 발전 수단으로 선택한 '정보산업화 정책'은 성공적이라는 평가를 받고 있다. 중국 정부는 초기에는 국가주도로 다국적 기업의 자본과 기술을 유치하여 IT 산업을 발전시킨 후, 점차 기술자립화를 통해 중국 시장에서 자국 제품의 시장경쟁력을 강화해 왔다. 세계가 중국 반도체 산업을 주목하는 이유는 '성장속도와 시장규모' 때문이다. 세계 반도체 성장률이 2004년에서 2008년까지 9%일 때 중국은 36% 성장률을 기록했다. 중국은 세계 최대의 반도체 시장으로 2009년 중국이 세계 반도체의 38%, 미국은 15%를 소비했다.[10]

중국은 2004년 이미 IT분야에서 일본을 제치고 미국 다음으로 세계 2위의 IT제품 생산대국으로 부상했다. 중국 내 100대 기업 중 소프트웨어, 반도체, 컴퓨터, 통신 등 IT 관련 기업이 전체의 3/4를 차지했다.[11] 2000년대 중국은 IT산업 분야(컴퓨터, S/W, 자동교환기, 이동전화, 모니터 등)에서 '세계의 공장'으로 부상했다. 중국 하드웨어 시장은 PC 가격의 하락, 전자상거래 개념의 보편화, 인터넷 확산 등 각종 요인 덕분에 빠르게 성장했다.[12] 중국 브랜드 PC(노트북+데스크 탑)의 시장 점유율은 판매 대수 기준으로 1996년 9.2%에서 2004년 2/4분기에는 40%로 상승했다. 중국 PC시장의 주력 제품인 데스크 탑 시장에서는 2000년 말 이미 중국 브랜드 점유율이 외국 브랜드를 제치고 80% 이상을 차지했다. 특히

---

10 배영자, "미국와 중국의 IT 협력과 갈등: 반도체 산업과 인터넷 규제 사례," 『사이버커뮤니케이션학보』, 통권 제28권 1호 (2011년 3월), p. 96.

11 유진석, 『중국경제의 부상』, p. 12; <베이징저널>, 2004년 7월 2일; <베이징저널>, 2003년 12월 12일.

12 *China Daily*, March 25, 2004.

레노버(Lenovo, 聯想), 팡정(方正), 창청(長城)의 '빅 3'가 시장의 50% 이상을 점했다.[13]

2010년대 글로벌 스마트폰 시장에서도 중국 화웨이(華爲)와 레노버(Lenovo)가 약진하고 있다. 미국의 시장 조사 기관 스트래티지 애널리틱스(Strategy Analytics: SA)가 2014년 4월 발표한 글로벌 스마트폰 시장 점유율 순위는 삼성전자, 애플, 화웨이, 레노버, LG전자 순이다. 1년 전 삼성전자, 애플에 이어 3위였던 LG전자가 5위로 두 계단 하락하고 중국 화웨이와 레노버가 각각 한 계단씩 올랐다. 2014년 초 모토로라 스마트폰 사업부문을 인수한 레노버가 조만간 여러 국가에서 판매에 들어가면 이런 기세는 더 거세질 것으로 보인다.[14] SA는 2014년 전 세계에서 판매될 12억 대의 스마트폰 가운데 4억 대가 중국에서 팔릴 것으로 전망했다. 이런 스마트폰 생태계는 웨이신(微信), 웨이보(微博) 등 모바일 미디어를 활용한 '중국식 스마트 경제'가 급성장하는 데 충분한 밑거름이 되고 있다.[15]

2014년 중국의 '애플'이라 불리는 샤오미(小米)도 중국 스마트폰 시장에서 저렴한 가격을 기반으로 삼성전자에 충격을 가하기 시작했다. 샤오미와 중국판 '페이스북'이라는 텅쉰(騰訊 · Tencent)은 중국 정보통신기술(ICT)산업의 총아로 꼽힌다. 샤오미는 2010년 소프트웨어 기업으로 출발했으나 곧바로 휴대전화기 제조로 주력 업종을 바꿨다. 이들은 '값싸면서도 매력적인 스마트폰' 제조를 핵심 전략으로 주머니 사정이 가벼운 중국

13 유진석, "중국 IT산업의 현황과 전망," 『삼성경제연구소 연구보고서』, 2001년 10월, p. 3.

14 김지현, "무섭게 크는 중국 ICT 산업; 폰 많이 판 LG… 더 많이 판 화웨이-레노버," <동아일보>, 2014. 05. 03.

15 김호경, "무섭게 크는 중국 ICT 산업] <中> 샤오미-텅쉰 본사 가보니," <동아일보>, 2014. 04. 30.

젊은이들을 겨냥했다. 가격이 기존 제품의 3분의 1에 불과한 제품을 쏟아내자 중국 젊은이들은 열광했다. 샤오미가 내놓는 가장 비싼 제품도 2,000위안(약 33만 원)을 넘지 않는다. 오프라인 판매보다 온라인 판매를 강화하고, 운영체제(OS)를 비롯한 소프트웨어 품질을 높이는 방식으로 소비자 만족도를 높였다. 2011년 30만 대에 불과했던 샤오미의 스마트폰 판매량은 2013년 60배인 1,800만 대를 넘었다.[16]

출처: 채인택, "창조적 모방의 신화 이룬 중국판 잡스," 〈중앙일보〉, 2014. 10. 14.

〈그림 3-1〉 베이징 중관춘 샤오미(小米) 본사

샤오미가 2014년 7월 중국 도시지역 스마트폰 시장 점유율 31.6%로 1위를 차지하여 삼성전자와 화웨이를 제쳤다고 영국 시장조사업체 칸타

16 김호경, "무섭게 크는 중국 ICT 산업] <中> 샤오미-텅쉰 본사 가보니," <동아일보>, 2014. 04. 30. 샤오미(小米)라는 회사 이름은 창업자이자 회장인 레이쥔(雷軍)이 제안했다. 좁쌀이라는 뜻을 지닌 샤오미는 사실 좁쌀 이상의 의미가 있다. 샤오(小)는 '한 알의 작은 곡식알이 높은 산만큼 위대하다'라는 불교 가르침에서 따왔다. 미(米)는 모바일 인터넷(Mobile Internet)과 미션 임파서블(Mission Impossible)의 두음을 따왔다고 한다. 채인택, "창조적 모방의 신화 이룬 중국판 잡스," <중앙일보>, 2014. 10. 14.

르 월드패널이 2014년 7월 28일 밝혔다. 또한 시장조사기관 캐널리스는 2014년 2분기 중국 스마트폰 시장에서 샤오미가 점유율 14%를 차지해 12%의 삼성전자를 누르고 1위에 올랐다고 발표했다. 3위는 중국의 레노보였다. 2013년 2분기 중국 시장 점유율이 겨우 4%였던 샤오미는 불과 1년 사이 3.5배 규모인 14%로 성장했다. 2014년 3분기에도 샤오미는 중국 시장점유율 30.3%를 확보하여 1위를 차지하며 삼성전자 시장점유율 18.4%보다 앞섰다.[17]

전문가들의 분석에 의하면 샤오미의 급속한 성장 배경은 다음과 같다. "기술력이 빠르게 발전해 삼성전자 제품과 비교하여 성능이 크게 차이나지 않으며 제품 가격이 삼성의 50% 이하이기 때문에 중국, 인도 등 신흥공업국 시장에서 점유율이 급속히 높아지고 있다. 또한 샤오미는 고객과 직접 소통하기 위해 SNS 등을 통해 고객 의견을 받아들이고 시장 변화를 파악해 매주 자체 플랫폼인 'MIUI'를 업데이트하며 경쟁력을 강화하고 있다."[18] 2014년 1분기까지 글로벌 스마트폰 시장 점유율 순위는 <표 3-2>와 같았다. 2014년 2분기에도 글로벌 스마트폰 시장에서 삼성전자의 시장점유율은 25.2%로 여전히 1위를 유지했다.

---

17 최영경, 샤오미, "삼성 따돌리고 4개월째 중국 도시지역 스마트폰 1위," <국민일보>, 2014. 08. 29; 채인택, "창조적 모방의 신화 이룬 중국판 잡스," <중앙일보>, 2014. 10. 14; 심동준, "샤오미, 3분기에도 삼성, 애플 제치고 중국 시장 지배," <중앙일보>, 2014. 11. 03; 배덕훈, "알리바바와 샤오미 글로벌 IT 시장 뒤흔드는 中," <노컷 뉴스>, 2014. 09. 22. www.nocutnews.co.kr

18 배덕훈, "알리바바와 샤오미 글로벌 IT 시장 뒤흔드는 中," <노컷 뉴스>, 2014. 09. 22. www.nocutnews.co.kr

〈표 3-2〉 2014년 글로벌 스마트폰 시장 점유율 순위

글로벌 스마트폰 시장 순위 및 시장점유율 추이

(단위: 대, 괄호 안은 시장점유율)

	2012년	2013년	2014년 1분기(1~3월)
삼성전자	2억1300만 (30.4%)	3억1980만 (32.3%)	8900만 (31.2%)
애플	1억3580만 (19.4%)	1억5340만 (15.5%)	4370만 (15.3%)
화웨이	3020만 (4.3%)	5040만 (5.1%)	1340만 (4.7%)
레노버		4580만 (4.6%)	1330만 (4.7%)
LG전자	2630만 (3.8%)	4760만 (4.8%)	1230만 (4.3%)

자료: 스트래티지애널리틱스(SA)

출처: 김지현, "무섭게 크는 중국 ICT 산업; 폰 많이 판 LG… 더 많이 판 화웨이-레노버," 〈동아일보〉, 2014. 05. 03.

텅쉰(騰訊, Tencent), 알리바바(阿里巴巴, Alibaba), 바이두(百度, Baidu) 등 중국의 3대 인터넷 기업의 영문명 첫 글자로 조합한 'TAB'는 세계적으로 중국 정보통신기술(ICT) 산업을 대표한다. 중국은 첨단 정보통신기술(ICT) 분야에서 이미 미국과 어깨를 나란히 하는 주요 2개국(G2)으로 부상했다. 한국과 중국 인터넷 3대 대표 기업(시가총액 기준)들의 시가총액 차이는 10배 이상이다. 한국 인터넷 3대 대표 기업(네이버, 넥슨, 엔씨소프트)의 시가 총액은 '33조 원'인 반면 중국 인터넷 3대 대표 기업(텅쉰, 알리바바, 바이두)의 시가 총액은 약 '440조 원'이다.[19]

중국 전자상거래 시장의 80%를 차지한 알리바바는 2014년 9월 22일

19 김호경, "무섭게 크는 중국 ICT 산업 <上> 고속성장 원동력 들여다보니," <동아일보>, 2014. 04. 29. 한국은 중국 인터넷기업들의 주요 공략 대상이다. 텅쉰은 2012년 720억 원을 투자해 한국의 대표 모바일 메신저 카카오톡의 지분 13.8%를 인수했다. 텅쉰은 2014년 CJ그룹 계열 게임사 CJ게임즈에 5,300억 원을 투자했다.

미국 뉴욕증시 상장에 성공하여, 시가총액이 240조 8,000억 원을 기록했다. 여기에 각각 홍콩증시와 미국 나스닥에 상장한 텅쉰(140조 원)과 검색포털 바이두(60조 원)의 시가총액을 모두 합치면 'TAB'의 시가총액은 약 440조 원이 넘는다. 구글(365조 원), 페이스북(152조 원), 아마존(146조 원) 등 미국 3대 인터넷 기업 시가총액은 663조 원이다.[20]

중국 정보통신기술(ICT) 산업 개괄 (2013 기준)

시장규모	424조 원
인구	13억 4,000만 명(2010년 기준)
이동통신 가입자	11억 5,000만 명
3세대(3G) 스마트폰 사용자	4억 명 내외(추정)
인터넷 사용자	6억 명
모바일 쇼핑 사용자	3억 명

자료: 중국인터넷정보센터(CNNIC)

중국 3대 인터넷 기업 현황 자료: 각 회사

기업	최고경영자	설립연도	시가총액 (증시)	주요 서비스
텅쉰 (騰訊)	마화텅 (馬化騰)	1998년	140조 원 (홍콩증시)	웨이신(微信, 모바일메신저) 디디다처(滴滴打車, 모바일콜택시) 텅쉰게임스(게임) 차이푸퉁(財付通, 모바일결제)
알리바바 (阿里巴巴)	마윈 (馬雲)	1999년	200조 원 (추정치. 뉴욕증시	타오바오(淘寶, 온라인오픈마켓) 즈푸바오(支付寶, 모바일결제) 콰이디다처(快的打車, 모바일콜

20 김호경, "무섭게 크는 중국 ICT 산업 <上> 고속성장 원동력 들여다보니," <동아일보 >, 2014. 04. 29; *Wall Street Journal*, September 22, 2014; 이길상, "알리바바 IPO 규모 세계 최대... 250억 달러로 확대," <아시아 투데이>, 2014. 09. 22. 중국에서 전자상거래 확산은 정보화가 경제 발전에 필요하다는 것을 보여 준다. 중국에서 유명한 전자상거래사이트는 알리바바, 바이두, 텐센트(큐큐)이다. <매일경제>, 2013. 05. 01.

			상장 예정)	택시) 위어바오(餘額寶, 온라인머니마켓펀드)
바이두 (百度)	리옌홍 (李彦宏)	2000년	60조 원 (나스닥)	바이두(百度, 검색엔진) 바이두디투(百度地圖, 인터넷지도) 바이두바이커(百度百科, 온라인백과사전)

〈그림 3-2〉 2013년 중국 정보통신산업 발전 현황

3. 정보통신산업 발전 배경

1) 모바일 결제의 확산

중국 정보통신산업은 스마트폰을 이용한 '모바일 결제'의 급속한 확산을 기반으로 비약적인 발전을 하고 있다. 중국의 스마트폰 사용자는 2013년 말 4억 명을 돌파했다. 중국 온라인 시장에서 매년 스마트폰을 통한 모바일 결제가 빠른 속도로 확산되고 있다. 중국 20대의 60% 이상이 체크카드를 사용하듯 은행 계좌와 연결된 스마트폰으로 결제한다. '중국에서 모바일 결제는 오프라인과 온라인을 자유롭게 넘나든다는 뜻으로 'O2O(Online to Offline)' 서비스라고 불린다. 중국의 시장조사업체 아이미디어에 따르면, 2012년 25조 원에 머물던 O2O 시장 규모는 2013년 207조 원으로 8배 이상으로 늘었고 2014년 500조 원을 넘어설 것으로 전망했다.[21]

21 정호재, "中 모바일 결제 시장도 '빅뱅'… 올해 500조원 넘어설 듯," <동아일보>, 2014. 04. 29.

O2O 시장을 선점하기 위한 중국 정보통신기술(ICT) 기업들의 경쟁도 치열하다. 2013년 1월 알리바바가 선보인 '즈푸바오(支付寶)'가 대표적인 전자결제 플랫폼으로 전체 중국 O2O 시장의 절반 가까이를 차지한다. 알리바바의 인터넷 오픈마켓인 '타오바오(淘寶: www.taobao.com)'는 물론이고 오프라인 매장에서도 스마트폰에 QR 코드를 인식시켜 결제할 수 있다. 온라인 머니마켓펀드인 '위어바오(餘額寶)'에 돈을 이체해 펀드와 적금 등의 금융상품을 살 수도 있다. 텅쉰도 2013년 말 '차이푸퉁(財付通)'을 선보였다. 이 모바일 결제 서비스를 자사의 모바일 메신저 '웨이신' 및 모바일 QQ와 연계했다. 바이두도 2014년 4월 기존 자사의 온라인 전자상거래 플랫폼을 모바일에 최적화한 '바이두 월렛(Baidu Wallet)'을 선보였다.[22]

〈표 3-3〉 중국 3대 인터넷 기업의 모바일 결제 방식

인터넷 기업	모바일 결제	서비스 시작 시점
알리바바 (阿里巴巴, Alibaba)	즈푸바오(支付寶)	2013년 1월
텅쉰(騰訊, Tencent)	차이푸퉁(財付通)	2013년 12월
바이두 (百度, Baidu)	바이두 월렛(Baidu Wallet)	2014년 4월

출처: 필자 정리

중국에서 모바일 메신저를 활용한 금융 · 상거래 · 콘텐츠 등의 시장이 급성장하는 사례를 살펴보자. 2014년 4월 24일 중국 베이징(北京)의 베이징대 정문 앞에서 만난 류이거(劉一格 · 20) 씨는 스마트폰에 대고 "바이두(百度)로 갑니다"라고 말했다. 2분 정도 지났을 무렵 빈 택시 한 대가 다가왔다. 중국 최대의 인터넷기업 알리바바(阿里巴巴)의 콜택시 앱 '콰

22 정호재, "中 모바일 결제 시장도 '빅뱅'… 올해 500조 원 넘어설 듯," <동아일보>, 2014. 04. 29; 채인택, "알리바바 위협하는 중국 인터넷 재벌," <중앙일보>, 2014. 10. 02.

이디다처(快的打車)'의 위력이다. 이 앱을 쓰면 인근 택시들에 목적지를 음성으로 전달할 수 있다. 류 씨는 모바일 전자결제 서비스 '즈푸바오(支付寶)'를 이용해 택시비를 결제했다. 즈푸바오는 현금을 충전해 온라인 쇼핑은 물론이고 비행기 티켓까지 살 수 있는 금융서비스다.[23]

중국의 주링허우(90後 · 1990년대 출생자) 세대는 모바일 혁명의 주역이다. 이들은 대학을 다니거나 갓 졸업한 나이로 교육 수준이 높고 가정환경이 부유해 구매력이 높다. '바링허우(80後 · 1980년대 출생자)'가 PC를 주로 다뤘다면 이들은 모바일에 훨씬 익숙하다. 특히 베이징, 상하이, 광저우 등 소득수준이 높은 연해지역 20대들의 스마트폰 사용률은 한국과 비슷한 70%대에 이른다. 류 씨는 "웨이신(微信 · 중국판 카카오톡)으로 친구들과 연락하고 TV 대신 스마트폰으로 드라마를 본다."며 "물건 구매는 물론이고 재테크까지도 모바일로 해결한다."고 말했다.[24]

2014년 한류 드라마 '별에서 온 그대'('來自星星的你')는 중국에서 지상파 TV에 방영되지 않고 인터넷에서만 볼 수 있었는데 폭발적 인기를 끌었다. 주링허우들이 인터넷 사이트를 이용하여 열광한 덕분이다. 이들 세대는 중국 인터넷기업의 주역으로 자리 잡았다. '중국의 실리콘밸리'로 불리는 베이징 중관춘(中關村)에 많은 인터넷기업이 자리 잡은 이유도 주위에 젊고 유능한 인재들이 풍부해서다. 중국의 '구글'이라 불리는 바이두에서는 바링허우에서 주링허우로의 세대교체가 활발히 진행 중이다.

한편, 정부 주도의 IT 시장 발전도 ICT 산업 발전에 큰 역할을 했다. 중국 정부는 1990년대에는 주로 전자부품 휴대전화 등의 제조업에 무게

23 김호경, "무섭게 크는 중국 ICT 산업 <上> 고속성장 원동력 들여다보니," <동아일보 >, 2014. 04. 29.

24 김호경, "무섭게 크는 중국 ICT 산업 <上> 고속성장 원동력 들여다보니," <동아일보 >, 2014. 04. 29.

를 두었고, 2000년대에는 인터넷과 게임 산업 등 소프트웨어 산업에 투자하고 인재를 육성했다. 중국 정부가 구글, 페이스북, 트위터 등 해외의 강력한 인터넷 서비스를 차단했던 폐쇄적인 인터넷 정책이 중국 기업에게는 매력적인 시장을 제공했다. 해외 인터넷 서비스 차단 정책 덕분에 중국 ICT 기업들(텅쉰, 알리바바, 바이두)은 2013년 말 기준 인터넷 사용자 약 6억 명이라는 막대한 내수 시장을 기반으로 비약적인 성장을 하고 있다.

2) IT 기업의 증시 상장

중국 IT기업은 뉴욕 증권거래소(NYSE)에 증시상장을 통해 막대한 자본을 동원하여 더욱더 공격적 경영을 할 수 있게 되었다. 세계 정보기술(IT) 기업들의 2010년대 화두는 증시상장이다. 유가증권시장 공모(IPO)를 통해 자금을 확보한 후 인수합병과 신수종 사업 진출 등 공격적 경영을 위해서다. 미국 SNS 강자인 페이스북이 2012년, 트위터가 2013년 뉴욕 증권거래소에 상장했다. 2014년 4월 17일 중국 최대 SNS업체인 웨이보가 나스닥에 주식예탁증서(Depositary Receipts)를 상장했다. 2009년 설립된 웨이보는 2014년 주식 상장으로 주당 공모가 17달러에 매각되었고 조달액은 예상보다는 적었다. 그 이유는 웨이보의 2014년 1분기 영업 실적 적자와 가입자 수 증가 둔화 때문인 것으로 알려졌다.[25]

2014년 5월 6일 중국 최대 전자 상거래업체인 알리바바(阿里巴巴)도 미국 뉴욕 증권거래위원회에 IPO 공모를 신청했다. 알리바바는 중국 내 온라인 상거래 중 5분의 4를 차지하는 절대적 강자이며 미국 아마존닷컴

25 김유성, “정부 검열 리스크에 사용자 증가 둔화 우려,” <이데일리>, 2014. 04. 06; 이의춘, “알리바바 등 글로벌 IT업체, IPO 러시,” <미디어 펜>, 2014. 05. 08.

보다 거래량이 2배 가량 많다. 알리바바의 주요 지분은 소프트 뱅크(34.4%), 야후(22.6%), 창립자 마윈(馬雲, 잭 마: 8.9%), 부회장 차이충신(蔡崇信, 조지프 차이: 3.6%), 기타(30.5%) 등이 갖고 있다.[26]

알리바바의 기업공개(IPO) 규모가 세계 증시 역사상 최대를 기록했다. 2014년 9월 19일 미국 뉴욕 증권거래소에 상장된 알리바바의 공모 총액은 217억 7,000만 달러(약 22조 6,516억 원)로 미국 증시 IPO 중 가장 많았다. 주당 공모 가격은 68달러로 3억 2,010만 주가 발행되었는데, 투자자들이 열광하자 주간사들은 알리바바 주식 4,800만 주를 추가 발행했다. 이에 따라 IPO 규모가 15% 증가한 250억 달러(26조 125억 원)가 되었다. 알리바바는 첫 거래일 약 38% 오른 93.89달러에 마감하여 시가총액이 인터넷 기업 중 구글 다음으로 많아졌다. 알리바바의 시가총액은 동종 전자상거래 업체인 아마존보다 앞섰다. 아마존은 상품 자체를 판매하는 반면 알리바바는 전자상거래 플랫폼인 타오바오와 티몰에 상인들이 광고를 올리게 해서 광고 수수료로 수익의 대부분을 내고 있다. 이 때문에 2014년 2분기 알리바바의 영업이익률은 이베이와 구글을 추월했다.[27]

'중국판 유투브'인 동영상 사이트 여우쿠(優酷)와 투더우(土豆)는 2012년 합병되었다. 이 두 사이트는 중국 동영상 사이트 업계 1, 2위 업체로 모두 미국 증시에 상장되어 있다. 합병 이후에도 여우쿠와 투더우는 각각 인터넷 사이트를 독립적으로 유지하면서 상호 보완적 기능을 해 나갈 예정이다. 이 두 사이트는 드라마, 영화 등 영상 콘텐츠 판권을 사들여 합법

26 이의춘, "알리바바 등 글로벌 IT업체, IPO 러시," <미디어 펜>, 2014. 05. 08; 김준엽, "알리바바 美 상장 최대 수혜자는 ... 손정의, 투자수익 3000배 대박," <국민일보>, 2014. 05. 09; 김수진, "알리바바 상장 임박... 손정의는 회색, 야후 메이어는 초조," <Chosunbiz.com>, 2014. 05. 08.

27 *Wall Street Journal*, September 22, 2014; 이길상, "알리바바 IPO 규모 세계 최대... 250억 달러로 확대," <아시아 투데이>, 2014. 09. 22; 박원익, "알리바바 상장에 韓 전자상거래, 인터넷, 모바일 업계 화색, <Chosunbiz.com>, 2014. 09. 23.

적인 인터넷 TV 역할을 하고 있다. 이런 사이트에 접속하면 중국과 해외의 드라마, 영화를 언제든 무료로 볼 수 있어 중국 젊은층이 TV 대신 컴퓨터를 이용하여 각종 영상물을 즐긴다.[28]

2009년 9월 국무원신문판공실은 "뉴스 사이트를 주식회사로 만들 수 있으며 증시상장도 가능하다."고 발표했다. 그러나 뉴스 사이트가 증시에 상장되어 수익성을 추구하고 자본을 시장에서 조달하게 되면 독자를 의식하여 행동하게 되고, 이는 중국 정부의 뉴스 통제력 약화로 이어질 수 있다. 예컨대 중국 관영신문들이 주식회사로 전환된 후 상업성을 추구하면서 점차 정부와 독자 양자를 의식하기 시작했다. 중국 공산당 기관지 <런민일보(人民日報)>의 자회사로 출발했던 <환치우시보(環球時報)>가 변화하고 있다. 첫째, 환치우시보의 제작방침에 영향을 미치는 요소 중 하나는 '시장'이다. 중국 독자가 관심을 갖는 국제뉴스를 당국의 눈치를 별로 보지 않고 중국 기자의 시각에서 선택과 집중을 통해 보도한다. 중국 당국이 과거와는 달리 언론의 재정적 독립을 요구하는 상황에서 이것이 시장에서 살아남는 생존전략이다. 둘째, 중국 당국의 언론 관리가 과거에 비해 느슨해져 자율성 공간이 확대되었다. 중국 공산당의 정책이나 지도 방침을 비판하지 않는 한 중국 정부는 중국 언론에게 사회 감독 기능을 부분적으로 허용하기 시작했다. 따라서 가장 '엄숙하다' 당 기관지 <런민일보>마저 변하고 있다. 예컨대 <런민일보>는 2010년 16면에서 24면으로 지면을 늘리면서 17면에 '민생주간(民生周刊)'이라는 면을 만들어 인민들의 고단한 삶을 적나라하게 보도하면서, 일부 정부 관리들의 부패까지 고발해 호평을 받은 바 있다.[29]

---

28 "중국판 유투브 1, 2위 업체 합병 발표," <동아일보>, 2012. 03. 13. 여우쿠왕(優酷網)은 당당왕(当当網)과 함께 2010년 12월 8일 미국 뉴욕 증권시장에 상장되었다.

29 유상철, "언론인이 본 중국 언론: '환구시보(環球時報)'를 어떻게 볼 것인가?," 『동아시아 브리

4. 인터넷 기업 발전사례 분석: 텅쉰(騰讯)

텅쉰(騰讯)은 중국에서 가장 성공한 인터넷 기업 중 하나로서 텅쉰의 성공적인 성장은 중국 토착 인터넷 기업의 경쟁력을 보여 주는 대표적 사례이다. 1998년 11월 마화텅(馬化騰, 1971년 광둥성 출생)과 장즈둥(張志東)이 선전시 텅쉰 컴퓨터 유한공사(深圳市騰讯計算機系統有限公司)를 공동으로 설립한 것이 텅쉰의 시작이었다.[30] 텅쉰은 1999년 2월 메신저 서비스 플랫폼인 '텐센트 QQ를 내놓았다. QQ는 중국에서 가장 인기 있는 무료 인스턴트 메시지 서비스로서 상호 대화는 물론 게임 플랫폼으로도 인기가 높았다.

텅쉰은 왕이, 바이두, 소후, 시나닷컴, 알리바바 등과 마찬가지로 1990년대 말~2000년대 초 외국의 인터넷 기업을 모방하여 설립되었고, 빠른 성장을 하며 미국 주식시장에 상장하는 데 성공했다. 중국 인터넷 기업은 처음에는 미국 인터넷 기업을 모방하여 시작되었으나 2010년대 중국 시장의 대부분을 점유하고 강한 경쟁력을 지니고 발전하고 있다.

텅쉰의 경영철학은 '고객에게 편리하고 재미있는 콘텐츠를 제공하는 것'이다. 따라서 중국인 열에 아홉은 메신저, 게임, 결제서비스 등 텅쉰이 제공한 서비스를 쓸 정도로 중국인에게 가장 친숙한 인터넷 기업으로 발전했다. 중국의 최장수 PC 메신저인 'QQ'는 8억 명, 모바일 메신저 앱 웨이신은 6억 명이 사용한다. 텅쉰 관계자는 "우리는 가입자 수나

프』, 제6권 제2호 (서울: 성균관대 동아시아연구소, 2011. 05. 01), pp. 72-74 참조.

30 텅쉰의 마화텅 회장은 알리바바의 마윈(馬雲) 회장과 대조를 이루는 중국 토종 인터넷 기업인이다. 마윈이 전자상거래 중심이라면 마화텅은 문화 및 엔터테인먼트 중심이다. 마윈이 서비스 중심이라면 마화텅은 콘텐츠 중심이다. 마윈이 해외 IT업계와 구별되는 중국 특유의 서비스로 성공했다면, 마화텅은 해외의 서비스를 과감하게 흡수하는 방식으로 성공했다. 채인택, "알리바바 위협하는 중국 인터넷 재벌," <중앙일보>, 2014. 10. 02.

해외 시장 진출에 크게 의미를 두지 않는다. 오히려 이용자들이 불편하지 않을 만큼 재미있는 콘텐츠로 서비스하는 것이 목표"라고 말했다. 텅쉰은 2013년 12월 모바일과 금융거래를 연계하는 방식으로 전자상거래 시장의 주도권까지 잡았다. 텅쉰이 상장된 홍콩증시 관계자는 "텅쉰이 관련되지 않은 중국 ICT 산업은 없다고 해도 과언이 아닐 정도다. 텅쉰은 세계 ICT산업에서 구글과 페이스북의 유일한 경쟁자다."라고 평가했다.[31]

텅쉰은 인스턴트 메신저(Instant Messenger, IM), 온라인 게임, SNS(Social Network Service), 인터넷 부가서비스 등 다양한 업무를 통해 빠르게 성장했다. 텅쉰은 2009년 총매출액이 124억 위안, 순이익이 53억 위안에 달했고, 시가는 400억 달러를 상회했다. 텅쉰 산하 사이트인 QQ닷컴(www.qq.com)은 시나닷컴, 소후 등 전통적인 포털사이트를 제치고 중국 내 최다 방문자를 보유한 종합 포털사이트로 성장했다.[32] 텅쉰 등 인터넷 기업이 중국의 경제성장에서 중요한 역할을 하게 된 배경은 2000년대 초부터 중국이 정부 주도의 정보산업화 정책을 통해 인터넷 기업을 지원함으로써 우호적인 환경을 조성한 결과라고 볼 수 있다. 중국 인터넷 산업의 발전 과정을 정리하면 <표 3-4>와 같다.

---

31 정호재, "무섭게 크는 중국 ICT 산업] <中> 샤오미-텅쉰 본사 가보니," <동아일보>, 2014. 04. 30.

32 鐘星·李剛, "텅쉰의 경쟁력과 모바일 인터넷 전략," 『SERI China Review』, 제10-19호, 삼성경제연구소, 2010년 9월 7일.

〈표 3-4〉 중국 인터넷산업의 발전과정

1997년 6월	중국 최초의 포털 사이트 왕이 설립 후 중국 인터넷 산업 급성장
1998~2000년	소후, 텅쉰, 시나닷컴, 알리바바, 당당, 바이두 등 대표적 인터넷 기업이 설립됨
1999년 7월	중화왕(中華网)이 중국 기업 중 최초로 나스닥에 상장 당시 중국 인터넷 기업은 막대한 투자에 비해 수익모델이 없었고, 이베이(eBay), 아마존(Amazon), 야후(Yahoo) 등의 기업전략을 모방하는 수준
2003년	왕이, 소후, 시나닷컴 등을 중심으로 수익을 창출하기 시작 당시 인터넷 사용자 규모가 급증하자 각 기업은 광고, 온라인 게임, 전자상거래 플랫폼 등 다양한 사업모델 도입
2004년 6월	텅쉰은 중국 인터넷기업 중 최초로 홍콩증권거래소에 상장됨
2009년 1월	공업정보화부가 3G 허가증(licence)을 발급하며 중국의 모바일 인터넷 시대 개막. 스마트폰 보급, 모바일 인터넷 사용자 급증으로 인터넷 산업은 새로운 성장기에 돌입

출처: 鐘星 · 李剛, "텅쉰의 경쟁력과 모바일 인터넷 전략,"『SERI China Review』, 제10-19호, 삼성경제연구소, 2010년 9월 7일.

중국 인터넷업계가 포털 사이트에 관심을 집중할 때 텅쉰은 인스턴트 메시지(IM) 시장에 진출하여 중국 최초로 IM 소프트웨어인 QQ를 출시했고, 신속히 사용자를 확대했다. 2000년 5월 QQ의 동시 접속자 수가 10만 명을 돌파했다는 소식이 런민일보(人民日報)에 보도된 지 1개월 만에 가입자 수는 1천만 명을 돌파했고, 2002년 2월에는 1억 명을 넘어섰다. 텅쉰의 IM 서비스 성공비결은 차이나 모바일, 차이나 유니콤 등 통신업체와 협력하여 차별화된 IM 서비스를 도입했기 때문이다. 예컨대 2007년 차이나 모바일의 페이신과 텅쉰의 채널이 연계된 페이신 QQ를 공동 출시했다. 텅쉰의 지주회사인 텐센트 홀딩스는 2004년 7월 중국 인터넷 기업 중 최초로 홍콩증권거래소에 상장되어 1.99억 달러를 조달하는 데 성공했다. 텅쉰이 홍콩증시 상장에 성공한 배경은 인터넷 부가서비스, 통신 부가서비스, 온라인 광고 등을 통해 높은 수익을 창출했기 때문이다. 이관궈지(易觀國際)의 2010년 1/4분기 자료에 따르면, 모바일 IM 시장에서 모바일 QQ의 시장점유율은 약 60%에 달했고, 페이신과 모바일 MSN이 각각 22%, 12%의 시장을 점유했다.[33]

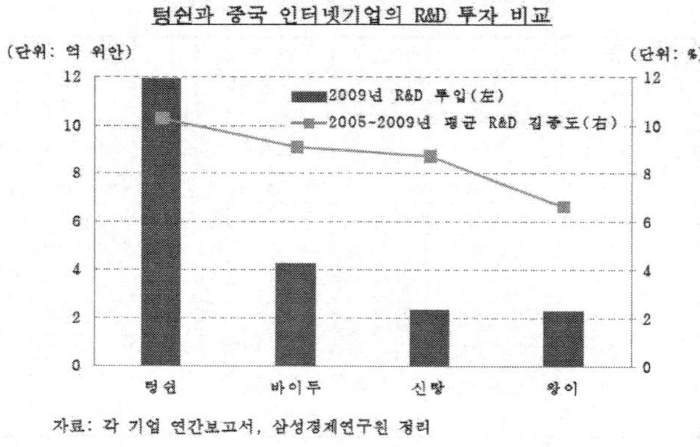

〈그림 3-3〉 텅쉰과 중국 인터넷 기업의 R&D 투자 비교

텅쉰은 <그림 3-3>에서 보이는 바와 같이 지속적인 R&D 투자와 고객 수요에 대한 모니터링 등을 통해 산업 경쟁력을 강화해 왔다. 예컨대 2009년 텅쉰은 R&D 부문에 11.9억 위안을 투입했는데, 이것은 중국 최대 온라인 검색사이트 바이두 R&D 투입의 3배, 왕이 R&D 투입의 5배에 달했다. 텅쉰과 중국 주요 인터넷 기업의 R&D 투자를 비교해 보면 텅쉰의 성공비결을 잘 이해할 수 있다.

5. 인터넷 정보 보호 정책

1) 국가 인터넷 정보 보호 정책

인터넷이 여론 형성에 미치는 중요성을 고려하여 2010년 6월 국무원 신문판공실은 『중국 인터넷 상황, 中國互聯网狀況』을 발표하여 중국 인

33 鐘星·李剛, "텅쉰의 경쟁력과 모바일 인터넷 전략," 2007년 애플 컴퓨터는 애플로 이름을 바꾸고, 휴대폰시장에 진출한 후 아이폰(iPhone)을 출시하여 애플의 주력상품이 되었다. 2009년 10월 차이나 유니콤이 아이폰을 중국 시장에 본격적으로 도입했다. 鐘星·張焯偉, "애플(Apple)의 사업전략과 시사점," 『SERI China Review』, 제10-14호, 삼성경제연구소, 2010년 7월 13일.

터넷의 기본 방침을 밝혔다.[34] 2010년 7월 1일에는 <인터넷 조례(中華人民共和國侵權責任法)> 시행을 통해 인터넷 사용자 및 인터넷 서비스 제공자의 법률적 책임을 명시했다.[35] 1990년대 후반부터 중국에서 인터넷이 대중화되기 시작하자 이에 대응하여 국가차원에서 인터넷 정보보호 법규들이 만들어졌다. 그 내용을 시기별로 정리하면 <표 3-5>와 같다.

〈표 3–5〉 국가 인터넷 정보 보호 주요 법제

일시	관련 법규	주요 내용
1994. 02.	컴퓨터 정보시스템 안전보호조례 (計算机信息系統安全保護條例)	중국 최초의 정보보안 관련 행정법규
1997. 12.	컴퓨터정보망 국외 접속 안전보호 관리 방법 (計算机信息絡國際聯安全保護管理辦法)	중국 최초로 인터넷 산업 및 관련 정보 보안 내용을 집대성한 행정법규
2000. 09.	전신조례(電信條例)	최초의 정보통신 법령
2000. 12.	인터넷 안전 보호에 관한 결정 (關于維護互聯安全的決定)	인터넷 규제 관련 법제 제정이 본격 시작됨
2003. 08.	정보보호 업무 강화에 관한 의견 (關于加强信息安全保障工作的意見)	국가 정보보안시스템 구축 및 관련 10대 과제 제시, 정보보호 기본문건
2007. 06.	정보보호 등급 관리 방법 (信息安全等級保護管理辦法)	정보보안 대응체계를 5등급으로 구분
2008. 01.	암호기술이 적용된 정보제품 구매 규정 (含有密碼技術的信息產品采購規定)	국가암호관리국 등 9개 부처가 연합으로 발표
2008. 01.	통신망과 인터넷 안전보호관리 지침 (電信和互聯安全防護管理指南)	통신업 표준화, 통신망 및 인터넷망 보안 규정
2009. 02.	형법 개정안 통과	형법에 개인정보보호 관련 범죄가 최초로 규정
2009. 07.	정부 정보시스템 안전 검사 방법 (政府信息系統安全檢查辦法)	개인정보 불법 획득에 대한 처벌 내용 추가
2009. 12. 29.	통신네트워크 안전보호 감독관리 방법 (通信絡安全防護監督管理辦法)	통신사업자와 인터넷 도메인 서비스 제공자 관리 및 공용 네트워크 운영 등에 대한 정보보호 강화
2010. 07. 01.	인터넷 조례 (中華人民共和國侵權責任法)	인터넷 사용자 및 인터넷 서비스 제공자의 법률적 책임 명시

자료 : 건홍리서치, 『중국 정보보호 정책동향 보고서』, 2009. 11 ; 工業和信息化部信息化推進司, 『中國信息化發展報告 2010』, 電子工業出版社, 2010. 7. 참조.

34 國務院新聞辦公室, 『中國互聯网狀況』(北京: 人民出版社, 2010).

35 尹韻工 主編, 『中國新媒體發展報告(2011)』(北京: 社會科學文獻出版社, 2011), p. 133.

한편, 온라인 공간을 이용하여 공개 가능한 정부의 정보를 국민들에게 알리기 위해 2008년 <중국 정부 정보 공개 조례(中華人民共和國政府信息公開條例, 2008년 5월 1일 시행)>가 발표되었다. 주요 내용은 다음과 같다. ① 정보 공개 범위, 공개 방법 및 절차, 감독 및 보장을 규정한다. ② 정부 정보 공개는 국가안전, 공공안전, 경제안전, 사회 안정을 해치지 않아야 한다. ③ 공개 가능한 정부 정보 공개를 통해 국민과 정부가 소통하여 국민들이 정부를 신뢰하도록 한다. 셋째, 2009년 전국 정무 공개 업무 요점(全國政務公開工作要點)에서는 정보 공개 업무의 법치행정 및 투명성 · 공개성을 강조했다. 중국 정부 정보 공개 담당 기관은 국무원 판공청(办公厅)이다.[36]

중국 정부의 정보 공개는 국민과의 소통 채널을 현실화하기 위한 방법으로 해석할 수 있다. 그동안 중국 정부는 전자정부 구축을 통해 다양한 정부 홈페이지를 만들었으나 실제로 홈페이지에서 제공되는 내용은 매우 부실하다는 비판을 받아왔다. 이런 콘텐츠 부족 문제를 해결하기 위한 조치가 <중국 정부 정보 공개 조례>라고 볼 수 있다. 동시에 이 조례는 지방정부의 정보를 공개하도록 법적으로 압력을 가함으로써 중앙정부가 지방정부의 활동을 파악할 수 있는 자료를 확보하는 의미도 있다.

2) 개인 인터넷 정보 보호 및 통제 정책

개인 정보 보호 및 통제 법규는 2000년부터 만들어지기 시작했다. 개인 정보 통제 정책은 ① 인터넷 정보서비스 관리방법,[37] ② 인터넷 이메일

---

36 李建盛 · 陳 華 · 馬春玲 主編 『首都网絡文化發展報告 2009-2010』 (北京: 人民出版社, 2010), pp. 5-20 참조.

37 "인터넷 정보서비스 관리방법," 국무원령 제292호 문건이 2000년 9월 20일 국무원 제31차 상무회의에서 통과되었다.

서비스 관리방법 등이 있다. '인터넷 정보 서비스'란 인터넷을 통해 네티즌에게 정보를 제공하는 서비스 활동을 의미한다. 인터넷 정보서비스 관리 방법에 의하면, 첫째, 국가는 영리 목적의 인터넷 정보 서비스는 허가제를 시행하고, 비영리목적의 인터넷 정보서비스는 신고제를 시행한다. 허가를 받거나 신고를 하지 않으면 인터넷 정보서비스에 종사할 수 없다. 이 규정은 2010년 구글이 중국에서 서비스를 중단하는 근거가 되었다. 둘째, 중국 국경 내에서 영리 목적의 인터넷 정보 서비스 제공자는 건전하고 안전한 정보 유통, 정보안전 비밀 관리, 네티즌의 정보 안전 관리 등을 준수해야 한다.

'인터넷 이메일 서비스 관리방법'[38]에 의하면, 첫째, 인터넷 이메일 서비스 제공자 및 담당자는 불법으로 사용자의 개인 등록 정보와 이메일 주소를 사용해서는 안 된다. 둘째, 인터넷 이메일 서비스 제공자는 이메일 발송 및 수신 시간, 발송자와 수신자의 이메일 주소 및 IP 주소를 반드시 기록해야 한다. 이 기록은 60일 동안 보관해야 하고, 국가 유관기관에서 법에 의거하여 요청할 때 이 기록을 제공해야 한다.

38 "互联网电子邮件服务管理办法," 2006년 3월 30일부터 시행.

제2부

중국 정부의 인터넷 통제와 활용

제2부
중국 정부의 인터넷 통제와 활용

2부에서는 중국 정부가 정치체제를 유지하기 위해 온라인 공간을 어떻게 통제하며 활용하는지를 살펴봄으로써 '온라인 공간의 특징'을 살펴보려 한다. 중국 온라인 공간에서는 정부가 통제하는 정치적 이슈는 공론화에 실패하지만, 그 외의 사회적 이슈들은 자유롭게 공론화될 수 있다. 이런 중국 온라인 공간의 특징을 '새장 속의 자유'라는 시각에서 설명할 것이다. 인터넷을 이용하여 새장 밖으로 자유롭게 날아가려는 네티즌에게 중국 정부가 어떻게 '새장 속의 자유'만을 허용하는지를 다음 몇 가지 질문을 중심으로 살펴보려 한다.

첫째, 중국 정부는 어떤 정부 기구를 통해 어떤 방법으로 온라인 정보를 통제하는가? 둘째, 중국 온라인 공간에서 왜 어떤 이슈는 허용되고, 어떤 이슈는 금지되는가? 셋째, 온라인 여론을 관리하기 위해 중국 정부는 핵심적 여론 매체인 웨이보를 어떻게 관리하는가? 넷째, 중국 정부는 온라인 공간을 공산당의 정책과 이념을 홍보하는 수단으로 만들기 위해 어떤 방식으로 '온라인 활동'을 하고 있는가? 온라인 공간을 국가 영역으로 만들기 위해 중국 정부가 '인터넷 통제'와 '중국식 인터넷 문화 형성'

을 어떻게 병행하고 있는지를 집중 조명할 것이다.

2부에서 살펴볼 내용은 기존 연구과 다음과 같은 면에서 차별성을 지닌다. 첫째, 중국 정부의 온라인 공간 통제 방식을 '새장 속의 자유'라는 새로운 시각에서 접근함으로써 '국가와 시민 간의 힘겨루기'를 설명한다. 이를 통해 정보의 자유로운 흐름에 기초한 인터넷 시대에 통제의 한계를 인식한 중국 정부는 '통제와 자유의 공존'이라는 유연한 대응을 하고 있음을 보여 준다. 중국 정부가 정치적으로 민감한 이슈를 효과적으로 통제하는 것을 보면 중국 네티즌들은 정부가 만든 새장에 갇혀 있다. 그러나 제한된 이슈 영역 내에서는 시민들의 온라인 활동이 자유롭게 이루어지고 있다는 면에서 새장 속에서는 시민들의 언론 자유가 확대되고 있다. 중국 정부는 '새장 속의 자유'를 유지함으로써 정치 개혁 없이도 '불안정한 사회'를 효과적으로 통제하고 있다.

둘째, 기존 연구는 시민들의 온라인 활동만을 연구했을 뿐 국가의 온라인 활동에 관한 연구는 거의 없었다. 그러나 이 연구는 중국 정부가 온라인 공간에 참여하여 어떻게 국가 공간으로 만드는지 설명하고 있다는 점에서 기존 연구와 차별성을 지닌다. 중국 정부가 온라인 공간을 '통제에서 참여의 공간'으로 재인식하고 대응하는 과정을 '중국식 인터넷 문화 형성'과 '인터넷 평론원' 제도를 통해 살펴본다.

기존 연구는 중국 온라인 공간에서 허용된 표현의 자유를 이용하여 시민들이 권리 보호와 언론 자유를 확대해 왔음을 강조했다. 2부에서는 시민들의 언론 자유 확대는 새장의 크기를 확장 할 수는 있으나 여전히 '새장 속에 갇힌 제한된 자유'임을 주장한다. 중국 정부는 선택적으로 특정 해외 웹 사이트를 차단하거나 국내 사이트를 폐쇄할 수 있으며, 이슈에 따라 우선순위를 차별화하여 허용과 통제의 기준을 결정한다. 중국 정부의 온라인 공간 관리 방식의 특징은 정부가 허용하는 범위 내에서만 시민들의 언론 자유가 보장된다는 것이다. 국가의 온라인 통제로 인하여 중국의 온라인 공간은 '닫힌 자유로운 공간'인 셈이다.

제4장

인터넷 관리 및 통제 기구

제4장
인터넷 관리 및 통제 기구

중국의 온라인 언론 통제는 '중앙 인터넷 안전 및 정보화 영도소조'가 총 지휘부 역할을 하고, 중국공산당 중앙선전부(中宣部)와 국무원(國務院) 산하의 국가인터넷정보판공실(國家互聯網辦公室), 신문판공실(新聞辦公室), 공업정보화부(工業和信息化部), 공안부(公安部) 등이 상호 협력하며 효과적으로 진행되는 것으로 알려져 있다. 공업정보화부는 통신 네트워크를 감독하고, 공안부는 인터넷 범죄 단속을 책임지고 있다. 국무원 신문판공실은 온라인 뉴스 내용을 감독한다. 국무원 신문판공실과 정보통신부(信息産業部)는 2005년 9월 25일 "인터넷 뉴스 서비스 관리규정(互聯网新聞信息服務管理規定)"을 발표하여 온라인 뉴스를 감독했다. 이 규정에 근거하여 중국 지방정부의 신문판공실도 온라인 뉴스를 감독하게 되었다.[1]

온라인 여론 통제를 집행하는 핵심 기관은 "중선부와 국가인터넷정보판공실"이라고 볼 수 있다. 예컨대 중화권 매체 보쉰(博訊, boxun.com)의

1 馬駿 · 段秦·李海英 · 朱閣 著, 『中國的互聯網治理 2010-2011』(北京: 中國發展出版社, 2011), pp. 133-135.

보도를 보면 인터넷 정보를 어느 기관에서 관리하는지 짐작할 수 있다. 2013년 2월 미국 유력 언론 매체들에 대한 중국발 해킹 논란이 일고 있는 가운데 중국공산당 중앙선전부가 고위층의 지시로 뉴욕 타임스(NYT) 해킹을 주도했다고 보쉰이 보도했다. 즉, 중국 최고 지도부인 정치국 상무위원 중에서 선전 · 사상 분야를 총괄하고 있는 류윈산(劉雲山) 상무위원과 류치바오(劉奇葆) 중앙선전부장, 국가인터넷정보판공실 책임자인 왕천이 뉴욕 타임스 해킹 결정에 주도적인 역할을 했다.[2]

1. 인터넷 관리 영도소조

1) 국가 정보화 영도소조(国家信息化领导小组)

'국가 정보화 영도소조(国家信息化领导小组)'는 IT 전략본부로서 국가 정보화 추진 및 정보안전을 감독하기 위해 2001년 8월 중공중앙과 국무원이 설립했다. 사무기구는 국무원 정보화공작판공실(國務院信息化工作辦公室)이었고, 2008년 3월 신설된 공업정보화부로 통합되었다. 국가정보화영도소조는 후진타오(胡錦濤) 체제 하에서 국가 정보화 추진의 총괄 · 조정기구로서 고도 정보통신 네트워크 사회 형성에 관련된 중요한 계획을 수립했다. 이 조직은 총리실 직속의 IT전략회의로서 범국가적 차원에서 정보화 전략 및 전자정부를 추진하며, 국가정보화전략 및 인터넷 안전관리에 관한 중요 지침을 결정했다. 2000년대 국가정보화영도소조의 핵심임무는 전자정부 구축으로서 2006년 3월 국가전자정부안(國家電子政務總架)을 발표하여 11. 5 계획기간 동안 전자정부 발전 전략 가이드라인

2 <동아일보>, 2013. 02. 04.

을 제공했다.

2008년 국가정보화영도소조 조장은 국무원 총리 원자바오(温家宝)이며, 부조장은 국무원 부총리 리커창(李克强), 장더장(張德江), 중선부(中宣部) 부장 류윈산(劉云山), 중앙군위 부주석 궈바이숑(郭伯雄), 공안부장 멍젠주(孟建柱) 등이다. 영도소조 구성원은 중앙, 국무원, 군 유관부문의 주요 책임자로 구성된다. 2008년 3월 '공업정보화부' 신설 이후에도 국가정보화영도소조는 통폐합되지 않고, 국무원 직속기구로서 후진타오 정부의 IT 전략본부 역할을 수행했다.[3]

한편, 2001년 8월 국가정보화영도소조 산하 정책결정 자문기구로 국가정보화 전문가 자문위원회(國家信息化專家諮詢委員會, Advisory Committee for State Information)가 발족되었다. 이 자문위원회는 4개 전문위원회(정책계획과 전자정부위원회, 양화융합과 정보화추진위원회, 정보기술과 신흥산업위원회, 인터넷과 정보안전위원회)로 구성되었다. 조직 구성을 보면, 경제·기술·공공관리·법률 등 분야 전문가 61명 위원과 5명의 특별 초빙위원으로 구성되었다. 국가정보화전문가자문위원회의 주요 역할은 중국 정보화 발전을 위한 중요한 문제에 대해 건의를 제출하는 것이었다.

2) 중앙 인터넷 안전 및 정보화 영도소조(中央网络安全和信息化领导小组 / 인터넷 영도소조)

시진핑(習近平) 정부는 중국을 "정보화 대국에서 정보화 강국으로(从

3 2008년 12월 2-3일 '국가정보화 전문가 좌담회(國家信息化專家論壇)'가 개최되었다. 국무원 부총리 겸 국가정보화영도소조 부조장 장더장(張德江)이 좌담회에서 축사를 했다. 공업정보화부 부장 리이중(李毅中)도 축사에서 "정보화와 공업화를 결합하여 신형 공업화의 길을 열어 경제성장을 촉진해야 한다."고 역설했다. "<中國信息化推進大會國家信息化專家論壇>," 2008. 12. 03, www.gov.cn.

网络大国到网络强国)" 만들기 위해 '중앙 인터넷 안전 및 정보화 영도소조(中央网络安全和信息化领导小组/인터넷 영도소조)를 2014년 2월 설립했다. 이 조직을 통해 중국 정부는 인터넷 안전 보장, 국가 이익 보호, 정보화 발전의 중요성을 강조했다.[4]

영도소조는 '의사조정 기구'(議事調協機構) – 이는 국무원이 2008년부터 공식적으로 사용하는 개념이다 – 로서, 공산당 최고 지도부(정치국과 정치국 상무위원회)와 당 · 정 · 군의 중앙 실무부서 사이에 위치하여 정책 조정과 정책 집행의 감독을 담당하는 중요한 조직이다.[5]

인터넷 영도소조는 2014년 2월 27일에 개최된 영도소조 1차 회의가 언론에 보도되면서 공개되었다.[6] 인터넷 영도소조의 신설 배경은 국가안전위와 유사하다. 우선, 사이버 안보 및 정보화와 관련된 정책의 제정과 집행 과정에서 혼란이 빈번하게 발생했다. 단적으로 사이버 안보와 관련된 정책의 제정과 집행에는 최소한 여섯 개의 부서, 즉 공안부, 국가안전부, 국가비밀보호국(國家保密局), 국가암호관리국(國家密碼管理局), 공업정보화부(工業和信息化部), 인민해방군이 참여하여 정책 조정이나 조율 없이 서로 경쟁을 벌이는 현상이 나타났다.[7] 또한 '국가정보화 영도소조'

---

4 江蔚, "中央网络安全和信息化领导小组成立," 2014. 02. 27. http://www.bianews.com/news

5 潘旭濤, "領導小組裏的中國治理模式," 『人民網』 2014.3.28, http://www.people.com.cn(검색일: 2014년 3월 28일); "中央青睞的領導小組如何運作," 『求是理論網』 2014.4.9, http://www.qstheory.cn (검색일: 2014년 4월 9일).

6 "總體布局統籌各方創新發展 努力把我國建設成爲網絡強國," 『人民網』 2014. 2. 28, http://www.people.com.cn(검색일: 2014년 2월 28일); 王雅, "習近平再掌握核心小組 網絡安全為改革護航," 『多維新聞網』 2014.2.27, http://www.dwnews.com(검색일: 2014년 2월 28일); Stephen Chen, "Xi Jinping heads new panel on internet security and promoting it," *South China Morning Post*, February 28, 2014, http://www.scmp.com(검색일: 2014년 2월 28일).

7 高君 · 王雅, "中共組建三大超級機構 現中國夢思路," 『多維新聞網』 2014.3.4, http://www. dwnews.com(검색일: 2014년 3월 4일).

(國家信息化領導小組/2001년 설립되어 총리가 조장 담당)가 조정 기능을 제대로 수행하지 못하면서 혼란이 지속되었다.

인터넷 영도소조의 구성을 보면, 조장은 시진핑 국가주석이고 부조장은 리커창(李克强) 총리와 류윈산(劉雲山) 이데올로기, 선전담당 정치국 상무위원이다. 또한 1차 회의에 참석한 명단을 보면 나머지 조원의 윤곽도 파악할 수 있다. 국무원 부총리 마카이(馬凱), 중앙정책실 주임 왕후닝(王滬寧), 중앙군사위원회 부주석 판창룽(范長龍), 중앙 선전부장 류치바오(劉奇葆), 중앙판공청 주임 리잔수(栗戰書), 중앙정법위원회 서기 멍젠주(孟建柱), 인민해방군 총참모장 팡펑휘(房峰輝), 국가인터넷정보판공실(國家互聯網信息辦公室) 주임 루웨이(盧煒) 등이 회의에 참석했다. 물론 회의 참석자 모두가 영조소조의 조원은 아니지만, 이들 다수가 조원임은 분명하다.[8] 이를 통해 인터넷 영도소조가 당 · 정 · 군의 주요 부서를 망라하는 포괄적인 조정 기구임을 알 수 있다. 한편 개혁 영조소조와 마찬가지로 인터넷 영도소조도 중앙뿐만 아니라 지방에도 설립된다.[9]

2014년 2월 27일 열린 인터넷 영도소조 1차 회의에서 시진핑 주석은 다음과 같이 강조했다. "인터넷 안전 없이 국가 안전은 없으며, 정보화 없이 현대화는 있을 수 없다. 정보화 강국을 건설하기 위한 5가지 핵심 요소는 기술, 문화, 경제, 인재, 협력이다. 인터넷은 젊은이들의 세계이고, 전략은 나이든 사람들의 강점이다. 양 방면의 인재를 결합하여 인터넷 관리 전략을 세우는 것이 이상적이다."[10] 또한 시진핑은 인터넷 영도소조

---

8 高君 · 王雅, "中共組建三大超級機構 現中國夢思路."

9 施子, "中國地方政府密集成立網絡安全小組," 『多維新聞網』 2014.5.8, http//:www.dwnews.com(2014년 5월 9일); "全國10省份已成立網絡領導小組," 『人民網』 2014. 7. 7, http://ww w.people.com.cn(검색일: 2014년 7월 7일).

10 "中央网络领导小组会议对业界有什么影响?," 2014. 02. 28. http://www.huxiu.com/article

1차 회의에서 영도소조의 임무와 관련하여 세 가지 사항을 강조했다. 첫째, 집중적이고 통일적인 지도 역할을 발휘해야 한다. 둘째 각 영역의 사이버 안보 및 정보화의 중대 문제를 총괄 조정(統籌協調)해야 한다. 셋째, 국가 사이버 안보와 정보화 발전 전략의 거시 계획 및 중대 정책을 제정하고 실시해야 한다.

인터넷 영도소조는 사이버 안보 및 정보화와 관련된 제반 정책을 제정하고 집행을 조정 및 지휘하는 임무를 담당한다. 인터넷 영도소조가 사이버 안보와 정보화를 동시에 담당하는 이유는 이 두 가지 업무가 밀접히 연결되기 때문이다. '인터넷 영도조소'는 중국의 인터넷 관리가 갈수록 복잡해지고 중요해지고 있는 점을 고려하여, 각 영역을 통일적으로 지도하고 서로 협력할 수 있도록 하기 위한 중앙조직이라고 볼 수 있다. 인터넷 영도소조 설립은 시진핑 정부의 사상과 언론/인터넷 통제 강화를 보여 준다.

2. 국무원 공업정보화부

1) 공업정보화부(工業和信息化部) 신설

2008년 3월 15일 정부 부처 통폐합 개혁(국무원 조직 개편)이 단행되었다. 2008년 제11차 전국인민대표 제1차 회의에서 '국무원기구개혁방안에 대한 결정(國務院机改革方案)' 통과되어 정보화 업무가 '공업정보화부(工業和信息化部: 工信部)'로 통합·조정되었다. 조직 개편 목적은 중국이 직면한 과제인 정보화와 산업화의 융합, 첨단기술과 전통공업 간의 연계를 촉진시켜 공업의 질적 발전을 유도하는 대대적인 개편 조치였다. 또한 정부기관 기능의 중복 폐지, 규제 정책 정비, 행정 비용 절감, 의사결정의 효율성 향상 등이 목적이었다. 공신부(工信部) 인사편제는 부장(部長) 1명, 부부장(副部長) 5명으로 구성되었다.

중국은 분야별 분업 규제 방식인 '대분업관제(大分業管制)' 원칙에 의해, 방송영화산업과 통신산업에 대한 규제를 분리했다. 2008년 국무원 조직 개편 전까지 국가광전총국과 정보산업부(信息産業部, 2008년 3월 이전 중국정보화 주관부처)11는 각종 방송영화산업과 통신산업에 대한 규제 기능을 중복 수행했다. 그러나 2008년 조직 개편 후 역할이 분담되었다. 공업정보화부는 정보통신 정책 및 규제를 담당하고, 국가광전총국은 방송정책 및 모바일 TV 사업권 부여, 프로그램 규제 등을 담당하게 되었다. 이런 역할 분담에 따라 공업정보화부의 기능이 정보산업부에 비해 보다 강화되었다는 평가를 받는다.

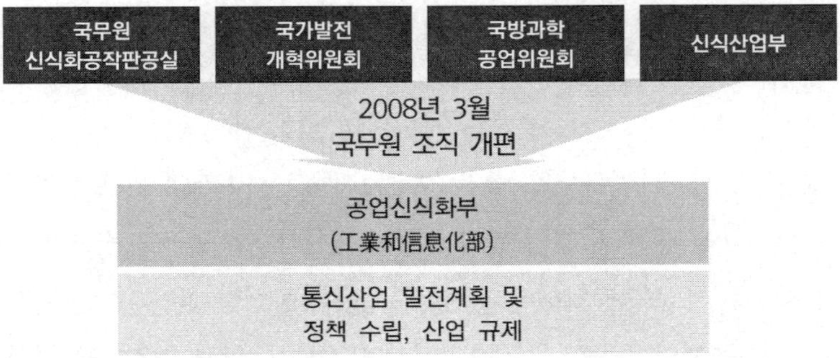

〈그림 4-1〉 2008년 국무원 조직 개편과 정보화 추진 조직

2) 공업정보화부 역할 강화

2008년 3월 4개 부처(信息産業部, 국방과학공업위원회, 국가발전개혁

11 중국은 1998년 정보산업부(信息産業部)의 출범으로 IT산업 관련 종합 정책을 수립하기 시작했다.

위원회, 국무원 信息化工作辦公室)의 기능이 통폐합되어 공업정보화부가 신설되었다. 첫째, 신식산업부의 전자정부, 제품제조업종, 통신업종, 소프트웨어업종 관리 기능(군수전자, 체신 관리기능은 제외)를 흡수했다. 둘째, 국방과학공업위원회의 원자력발전 관리 이외의 업무를 흡수했다. 셋째, 국가발전개혁위원회의 공업 관리 및 정보화 관련 기능을 흡수했다. 넷째, 국무원 신식화 공작판공실의 기능은 공업정보화부의 '정보화추진사'와 '정보안전협조사'로 이관되었다. 국무원 신식화 공작판공실은 중국 정부가 국가 정보화를 추진하기 위해 2001년 출범한 국무원 산하기관이다. 이 기구는 정책기획, 전자정부, 인터넷 및 정보보호 관련 업무를 담당했으며, 2008년 3월 국무원 기구 개혁의 일환으로 공업정보화부에 통합되었다.

3) 공업정보화부 주요 기능

공업정보화부 주요 기능은 다음과 같다. 첫째, 전자 및 정보제품의 생산, 통신 및 소프트웨어산업, 국가 경제 및 산업 서비스의 정보화 촉진을 관장하고, 규제 개혁 및 산업 관리 등을 총괄한다. 둘째, 국가 정보화 사업 및 전자정부 사업을 총괄하여 추진한다. 셋째, 통신망 안전 및 관련 정보안전 관리를 책임지며 국가 정보안전체제 보호를 위해 협조하고 인터넷 및 정보안전에 관한 중대 사건을 처리한다. 넷째, 중국 전국 인터넷 정보서비스 시장 질서를 관리 및 감독한다. 성(省), 자치구(自治區), 직할시(直轄市) 통신관리국은 공신부의 지도하에 해당 지역의 인터넷 정보 서비스 시장 질서를 감독 및 관리한다. 넷째, 통신업 및 정보화 관련 고정자산 투자 규모 및 방향을 심사·비준한다. 다섯째, 공업정책 및 산업 구조 고도화 전략을 수립하고, 정보화와 산업화의 융합을 촉진한다. 여섯째, 통신업계의 기술표준 및 관련 법규 제정과 품질 관리를 담당하며, 통신업의 대외협력 및 교류를 추진한다.

인터넷에 의한 정보 유통을 관리하는 문제가 중요해지자 2008년 6월 29일 공업정보화부(工業和信息化部) 내에 '정보안전협조사(信息安全協調司)'를 설치했다. 이 조직의 역할은 국가정보보호체계 구축, 국가정보안전등급보호 등 기초 사업을 추진하는 것이다. 또한 정부 부처와 주요 업종의 핵심정보시스템 및 기간정보망의 보안, 정보보호 모니터링 실시, 온라인 중대사고 처리를 담당한다.

3. 국무원 산하 인터넷 관리 기구

1) 국가인터넷정보판공실(國家互聯網信息辦公室)

'국가인터넷정보판공실'은 국무원 판공청 산하에 2011년 5월 신설되었다. 이 조직의 주임이 장관급임을 고려할 때, 그 중요성과 위상을 짐작할 수 있다. 2011년 설립 당시 왕천(王晨)이 주임을 맡았다. 왕천은 2011년 10월 13일 베이징에서 정부 차원의 '웨이보 경험 교류회'를 개최했다.[12] 이것은 웨이보 통제 법안 제정에 앞선 공청회라는 평가를 받았다.

2013년 4월부터 '국가인터넷정보판공실' 주임은 루웨이(魯煒)가 맡고

12 왕천 주임은 "유언비어와 음란물 유통, 고의적인 특정인 비방, 국가안전과 공공이익 침해 등이 웨이보에서 난무하고 있다."고 강조했다. 그는 웨이보가 신속한 소식전달 수단으로서 각광받고 있지만, 부작용에 대한 관리를 강화해야 한다고 역설했다. 이런 주장은 2011년 10월 1일 <런민일보>에서 강조한 인터넷 유언비어 유포행위에 대해 엄중 처벌해야 한다는 것과 일맥상통한다. 웨이보 길들이기는 2011년 10월 중국 공산당 17기 6중전회(중앙위원회 전체회의)에서도 주요 의제가 되었다. 17기 6중전회에서 중앙위원들은 '문화체제 개혁을 심화하고 사회주의 문화 대발전과 번영을 촉진하는 중대 문제에 대한 결의'를 통과시켰다. <동아일보>, 2011. 10. 14; <동아일보>, 2011. 10. 18.

있다. 루웨이는 중앙선전부 부부장(차관급), '중앙 인터넷 안전 및 정보화 영도소조' 판공실 주임도 겸직하고 있다. 이처럼 중국 인터넷 및 여론 관리의 핵심 기관 세 곳에서 요직을 차지하고 있으며, 특히 영도소조 판공실 주임은 실무를 담당하는 핵심 직책임을 고려할 때 루웨이의 역할이 중요함을 할 수 있다.

2011년 웨이보가 사회적 불만 폭로 및 정부를 겨냥한 비판의 장(場)으로 부각되자 중국 정부가 다양한 대응책을 모색하는 과정에서 인터넷 관리를 전담할 수 있는 기구로 '국가인터넷정보판공실'을 신설했다. 국가인터넷정보판공실의 막강한 역할은 다음과 같다. ① 인터넷 정보 전파와 관련된 정책과 법률 제정 ② 인터넷을 통해 생산, 제재되는 뉴스에 대한 감독 ③ 위법 인터넷 사이트 조사와 IP 주소 배급 등이다.

출처: 국무원신문판공실사이트, www.scio.gov.cn

〈그림 4-2〉 국가인터넷정보판공실, 국무원 신문판공실

2) 국무원 신문판공실(國務院新聞辦公室)

국무원 신문판공실은 1991년 1월 설립되었고, 중국 매스컴이 세계에 중국을 홍보하는 업무를 담당한다. 외국 기자의 중국 국내 취재 협조, 외국 정부기관 및 매스컴과 협력, 국제 뉴스 보도 등을 담당한다. 활동

사례를 보면, 2011년 4월 세계 아이패드 사용자를 상대로 국가 이미지 홍보를 위해 무료 애플리케이션을 내놓기도 했다. 국무원 신문판공실은 2010년 인터넷 관리를 강화하기 위해 '인터넷 뉴스 협조국(网絡新聞協調局)'을 신설했다. 이 조직은 인터넷 문화건설 및 관리와 관련된 지도, 협조, 감독 등의 역할을 담당한다. 그 외에 인터넷 관리 업무를 담당하는 국무원 신문판공실 인터넷국(网絡局)이 있다. 국무원 신문판공실이 2010년 발표한 <중국인터넷 상황(中國互聯网狀況)>에 의하면, "중국 정부의 인터넷 기본정책은 적극 이용, 과학적 발전, 법에 의한 관리, 안전보장이다."[13]

2013년 4월부터 '차이밍자오(蔡名照)'가 국무원 신문판공실 주임을 맡고 있다. 그는 2001년 4월부터 2009년 10월까지 국무원 신문판공실 부주임을 역임했고, 중선부 부부장(2009. 10 ~ 2013. 09)과 런민일보사 총편집(2012. 09 ~ 2013. 04)을 거치며 언론 관리 분야에서 경력을 쌓은 인물이다. 2014년 4월부터 국가인터넷정보판공실 주임 루웨이와 마찬가지로 차이밍자오도 중선부(中宣部) 부부장을 겸직하고 있다.

4. 중국공산당 중앙위원회선전부

중국공산당 중앙위원회선전부(中国共产党中央委员会宣传部)의 약칭은 중공중앙선전부(中共中央宣传部), 중앙선전부(中央宣传部), 중선부(中宣部) 등으로 불린다. 중선부는 중공중앙직속기구(中共中央直属机构)이고, 상급기구는 중국 공산당 중앙위원회이며, 베이징시 중난하이(北京

13 國務院新聞辦公室,『中國互聯网狀況』(北京: 人民出版社, 2010), p. 48.

市 中南海)에 위치하고 있다.

중선부는 1921에서 1924년까지 중국공산당중앙선전국(中国共产党中央宣传局), 1924년에서 문화대혁명 전까지 중국공산당 중앙위원회 선전부(中国共产党中央委员会宣传部)라 불렸고, 문혁 시기(1966~1977)에는 중공문화혁명소조(中央文化革命小組), 1977년부터 중국공산당 중앙위원회 선전부(中国共产党中央委员会宣传部)라고 부르고 있다.

중선부(中宣部)는 언론 통제의 핵심기구로서 신문, 방송, 인터넷에서의 보도 가능한 영역을 정하는 <보도 지침>을 결정한다. 예컨대 중국에서 2011년 7월 고속철도 사고로 정부 기관을 비판하는 여론이 고조되자 중선부는 2011년 7월 29일 신문, 방송, 잡지, 웹 사이트의 보도를 통제하는 보도 지침을 하달했다.

중선부의 주요 기능은 다음과 같다. 첫째, 중선부는 이데올로기, 신문 출판 및 교육 방침을 관리 통제한다. 둘째, 중선부는 중국의 매체(미디어), 인터넷 및 문화 전파와 관련되는 각종 기구를 감독하고, 뉴스, 출판, TV, 영화를 심의한다. 셋째, 중선부는 국무원 산하의 문화부(文化部)와 국무원 직속기구인 국가방송영화 TV총국(国家广播电影电视总局)의 감독권을 지닌다. 넷째, 중선부는 성급(省级) 및 성급 이하(省级以下) 문화국(文化局) 및 방송TV국(广播电视局)을 관리한다.

중앙선전부의 최고 지도자인 부장(장관)은 2013년부터 류치바오(刘奇葆) 정치국 위원이다. 중선부 전임 부장이었던 류윈산(劉云山)은 이데올로기, 선전담당 정치국 상무위원이며, 중국에서 인터넷 관리 및 통제의 중앙 지휘부에 해당하는 '중앙 인터넷 안전 및 정보화 영도소조'의 부조장을 겸직하고 있다.

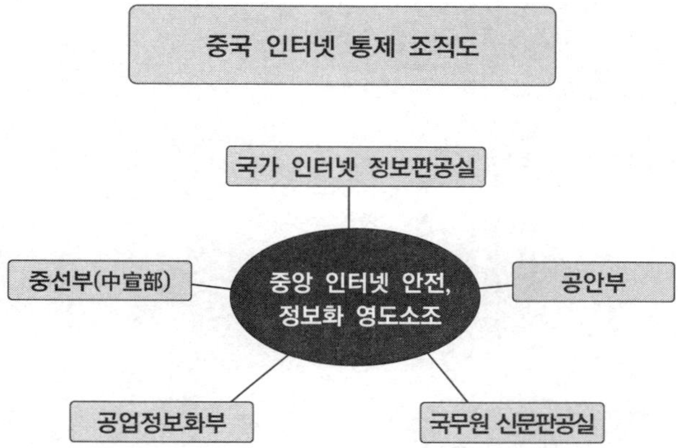

〈그림 4-3〉 중국 인터넷 통제 조직도

다양한 자료들을 종합해 볼 때, 중국에서 사상, 언론 및 인터넷 통제는 '중앙 인터넷 안전 및 정보화 영도소조'가 총 지휘부 역할을 하고, 중선부, 국가인터넷정보판공실, 공안부, 공업정보화부, 국무원 신문판공실이 공동 협력하여 추진하고 있다. 따라서 시진핑 총서기, 류윈산 상무위원, 리커창 국무원 총리, 류치바오 중선부 부장, 루웨이(魯煒) '국가인터넷정보판공실' 주임, 궈성쿤(郭聲琨) 공안부장 등이 중국 언론 및 인터넷 통제의 수준을 결정하고 집행하는 권한을 지닌다고 볼 수 있다.

제5장
인터넷에 대한 기술적 · 법적 통제

제5장
인터넷에 대한 기술적·법적 통제

인터넷의 정치적 위험성을 인식했던 중국 공산당은 1993년 해외 인터넷과 연결되지 않고, 중국 국내 사이트만 연결하는 인트라넷(China World Web: CWW)을 구상한 바 있다. 그러나 경제 발전을 위해 해외 인터넷에 접속해야 할 필요성이 높아지자 인트라넷 건설 계획은 취소되었다.[1]

인터넷은 국가와 사회세력 중 누가 이용하느냐에 따라 서로 다른 성격을 보일 수 있는 야누스적 두 얼굴을 지니고 있다. 인터넷을 중국 정부가 적극적으로 활용한다면 공산당 정권의 정당성을 강화하고 경제 발전을 촉진할 수 있다. 국내외적으로 인터넷 홍보물 배포, 글로벌 인터넷을 대체할 수 있는 인트라넷(Intranet) 건설, 전자정부(e-government) 구축을 통해 정부에 대한 시민들의 신뢰 향상, 정보전(웹 사이트 해킹, 바이러스 유포) 등을 예로 들 수 있다. 따라서 쿠바는 개인의 인터넷 접속을 원천적으로 차단하는 정책을 실시하는 반면, 중국은 개인의 인터넷 접속을 허용한

---

1 Tamara Renee Shie, "The Tangled Web: does the Internet offer promise or peril for the Chinese Communist Party?," *Journal of contemporary China*, 12(40), August, 2004, p. 530.

후 내용 필터링, 모니터링, 접속 방해, 자기검열 등의 방법으로 인터넷을 통제한다.[2]

중국 정부가 모든 중국인에게 인터넷에 접속할 기회를 허용한다는 면에서 인터넷 사용을 규제하는 '벽'을 설치하는 쿠바나 북한에 비해 인터넷 사용이 자유롭다고 할 수 있다. 그러나 중국 정부는 필요할 경우 언제든지 인터넷 접속을 차단할 수 있는 장치를 마련하여 중국과 타국 간에 효과적인 '정보의 경계'를 설정하고 있다. 중국 정부가 "벽"이 아니라 "경계"를 설정하는 것은 경제적 필요에 의해 국제적인 경제 정보는 공개하지만, 정치적 정보는 세심하게 통제하겠다는 의지의 표현이라 하겠다.

중국의 인터넷 규제는 세 가지 수준으로 나누어 추진되어 왔다. 첫째, 모든 국제적인 인터넷 접속은 차이나 텔레콤에 의해 통제되는 관문을 통과해야 한다. 또한 국유 ISP 회사들이 국제 인터넷 접속 서비스 허가를 받아 인터넷 서비스 제공자(Interconnecting Network) 역할을 하고 있다. 중국 네티즌이 국제 인터넷 접속 시 사용하는 상위 3개 주요 ISP 회사는 1위 중국전신(中國電信, 차이나 텔레콤), 2위 중국연통(中國聯通, 차이나 유니콤), 3위 중국이동(中國移動, 차이나 모바일)이다.[3]

둘째, '인터넷 만리장성(防火長城, Great Fire Wall of China)'이라 불리는 국가 인터넷 검열시스템이 가동된다. 이 시스템에 의해 검색어 필터링, 콘

---

2 Shanthi Kalathil and Taylor C. Boas, "The Internet and State Control in Authoritarian Regimes: China, Cuba, and the Counterrevolution," *Working Papers* (2001. 7), www.ceip.org/files/publications/wp21.asp. (검색일 2001년 8월 17일), p. 8.

3 "第34次中國互聯网絡發展狀況統計報告," 2014. 07. www.cnnic.net.cn (검색일 2014년 8월 4일), p. 24; "第35次中國互聯网絡發展狀況統計報告," 2015. 01. www.cnnic.net.cn (검색일 2015년 2월 6일), p. 18. 국제 인터넷 접속 서비스를 제공하는 중국의 주요 ISP 사업자에 관한 자세한 내용은 다음 참조. 김성옥 · 전명종, 『중국 인터넷산업의 개방화 추세분석』 (진천: 정보통신정책연구원, 2013).

텐츠 모니터링, 웹 사이트 차단 등 다양한 수준에서 인터넷이 기술적으로 통제된다. 셋째, 다양한 법적 규제를 통해 인터넷 사용자를 통제할 수 있으며, 공안부는 인터넷 사용자들의 정보 흐름을 감시할 법적 권한이 있다.[4]

1. 인터넷 기술적 규제

1) 인터넷 만리장성: 검색어 필터링, 웹 사이트 차단

온라인 공간을 통제하는 기술적 방법으로 중국은 1998년부터 '인터넷 만리장성'이라 불리는 국가 인터넷 검열시스템을 구축했다. 만리장성은 IP 주소나 키워드를 기반으로 접속 가능한 웹 사이트를 제한하고 특정한 내용을 담은 게시물을 삭제하며, 일반적인 웹 페이지뿐만 아니라 이메일, 게임, 휴대폰 문자 등을 모두 포괄하는 광범위한 검열시스템으로 알려져 있다. 인터넷 만리장성은 황금방패(金盾) 프로젝트라고도 한다.

황금방패 프로젝트는 인터넷 콘텐츠를 감시·통제·필터링하는 소프트웨어와 하드웨어 시스템을 포괄한다. 황금방패는 중국 외부에 서버를 둔 사이트들을 중간에서 막아 중국 네티즌이 이들 사이트에 접속하는 것을 방해한다. 또한 중국 내 인터넷에 올라오는 문제 있는 텍스트와 오디오, 동영상 정보 역시 황금방패가 분석하고 필터링한다. 이중 방어를 위해 사이버 경찰을 동원하여 문제 있는 콘텐츠 삭제를 확인하고, 문제가 지속적으로 발생하는 사이트는 행정명령을 통해 강제 폐쇄하기도 한다. 명분

4 Zixiang(Alex) Tan, "Regulation China's Internet: Convergence Toward a Coherent Regulatory Regime," *Telecommunications Policy,* Vol. 23 No. 2, 1999, p. 265, p. 273.

은 음란 콘텐츠 퇴치이지만 사실상 정치적으로 민감한 내용을 필터링하는 것이 주목적이다. 2008년 타이완 대륙위원회는 중국 내에 활동 중인 사이버 경찰은 약 3만 명, 인터넷 관리인원은 30만 명이라는 발표를 했다.[5] 중국의 엄격한 인터넷 통제는 네티즌들에 대한 정보 통제, 표현의 자유 침해 등을 이유로 국제사회에서 비난받아 왔다.

중국은 유해한 정보를 필터링하기 위해 방화벽, 프록시 서버, 필터링 소프트웨어 등 다양한 모니터링 기술을 활용하고 있다. 특히 필터링 전용 소프트웨어는 정치적으로 민감한 단어를 검색하여 관련 자료를 자동 삭제하고, 정치적으로 민감한 웹 사이트를 자동 차단한다. 그 외에 인터넷 사용자들이 차단된 사이트에 로그인하면 신원을 확인하고 그들의 IP 주소를 추적하여 시간에 따라 접속한 콘텐츠 경향을 인식하는 통제 시스템도 가동된다.[6]

중국의 인터넷은 '글로벌 인터넷'과 중국 정부가 언제든지 서버를 통제할 수 있는 '차이나넷(Chinanet)'으로 나누어져 있다. 글로벌 인터넷은 중국 정부에 의해 검열당한 데 반해 차이나넷은 순조롭게 급성장했다. 중국 정부는 외국의 모든 웹 사이트를 원천적으로 차단하거나 속도를 떨어뜨려 접속을 불편하게 했지만, 구글 대신 바이두, 트위터 대신 시나 웨이보, 페이스북 대신 런런왕(人人網), 유투브 대신 요우쿠(優酷) 등 일련의 복제

---

5 신경진, "중국 인터넷은 자유의 도구인가, 탄압의 도구인가," 중앙일보 중국연구소 지음, 『2010-2011 차이나 트렌드』(서울: 중앙books, 2010), p. 124.

6 중국에서 가장 많이 사용하는 인터넷 채팅 메신저 프로그램인 텐센트(Tencent)사의 QQ의 경우, 그 안에 포함된 'COMToolKit.dll'라는 파일 속에 금지어 리스트가 코드화되어 담겨 있다고 한다. 그 안에 담긴 검열 키워드 가운데는 비속어나 욕설, 성적 표현과 같은 윤리적 금기어들은 물론, 정치적으로 민감한 어휘들도 다수 포함되어 있다. Xiao Qiang, "A List of Censored Words in Chinese Cyberspace," http://chinadigitaltimes.net/2004/08/the-words-you-never-see-in-chinese-cyberspace/

사이트는 활성화했기 때문이다.[7]

중국 정부의 인터넷 대책은 단순했다. 글로벌 인터넷은 차단하고 비슷한 기능을 가진 차이나넷 복제 사이트를 활성화하는 방식이었다. 이것이 바로 '스마트한 검열'이다. 중국 정부는 우선 소셜 네트워크(social network)에 대한 네티즌의 수요를 충족시켰다. 그런 다음 웹 사이트 운영회사에 서버를 베이징에 설치하도록 해 필요하면 언제든지 데이터에 접근할 수 있도록 했다. 구글이 중국에서 철수한 것은 바로 이 조건 때문이었다. 구글은 서버 통제권을 확보하려는 중국 정부의 요구를 받아들일 수 없었던 것이다.

중국이 인터넷 콘텐츠를 검열하는 수단은 여러 가지 방법이 사용되고 있다. 중국 경찰은 중국의 인터넷망을 연결하는 백본(backbone) 인터넷을 집중 검열한다. 중국 당국은 검열 받지 않은 뉴스를 내보내는 BBC 중국어 뉴스와 해외의 중국어 사이트도 감시하며, 이메일을 검열하는 신기술을 개발했다. 따라서 중국 당국이 불온시하는 단어가 들어간 메시지는 사이버 공간에서 사라지거나 수신자에게 전달되지 않는다.[8]

실제로 2004년 8월 중국학자와의 인터뷰에 의하면, 개인의 이메일 사용이 검열당했다. 그는 지방에서 수행한 현지 조사 내용을 정리한 보고서를 동료 학자에게 이메일을 통해 보내는 과정에서 "부적절한 내용이므로 보낼 수 없다."는 메시지와 함께 몇 통의 이메일이 계속 반송되는 경험을 했다. 아마도 조사 보고서 내용 중 중국 정부가 차단하고자 하는 검색어가 발견되어 이메일 송신이 거부되었다고 추측된다.[9]

중국 정부가 인터넷 사이트를 선별적으로 차단한다는 것은 잘 알려진

7 마이클 안티(趙靜의 필명, 뉴욕타임스 베이징지국 연구원 역임) 인터뷰. 유럽 외교관계 협의회 엮음, 『China 3.0』(서울: 청림출판, 2013), p. 150.

8 최형두, "中 인터넷 검열의 만리장성," <문화일보>, 2004. 09. 01.

9 중국 베이징에서 사회학자와 인터뷰, 2004년 8월 17일.

사실이다. 2001년 3월말 국무원 산하의 정보현대화사무실(信息現代化辦公室)은 전국의 모든 인터넷 카페에 대해 필터링 소프트웨어를 의무적으로 장착하도록 하여 중국 정부가 승인하지 않은 웹 사이트에 접속을 차단했다.[10]

또한 중국 정부 산하의 『중국인터넷협회』는 2004년 6월 10일 <위법, 불량정보통보센터>라는 사이트를 개설했다. 이것은 사이버공간에서 국가안전 위협, 국가기밀누설, 정권 전복 기도, 국가통일 파괴, 사회질서 교란, 포르노 등을 고발하는 창구로 신고하면 포상한다고 공지했다. 중국의 여러 지점에서 6개월 동안 조사한 바에 의하면 베이징의 경우 수천 개의 뉴스 및 정치·종교적 사이트가 차단되는 것으로 나타났다.[11]

한편, 중국 정부가 접속을 차단한 사이트가 몰래 열리는 것을 막기 위해 가상사설망(VPN) 판매가 불법화되기도 했다. 2011년 트위터 · 유투브 · 구글 같은 해외 사이트의 접속이 금지된 중국에서 가상사설망(VPN)을 통해 이들 사이트에 접근하는 네티즌이 급증했다. 이에 중국 최대의 인터넷 상거래 사이트인 '타오바오(淘寶)'는 정부가 접속을 막은 해외 사이트에 연결할 수 있는 가상사설망 장비 판매를 금지시켰다. 타오바오는 사이트에 입점한 판매자들에게 '불법 장비'를 신고하고 즉각 사이트에서 관련 정보를 삭제하라고 지시했다.[12] 이처럼 다양한 기술적 방법을 통해 인터넷이 통제되기 때문에 중국 네티즌의 온라인 활동의 자유는 정부가 허용하는 범위 내에서만 가능한 '새장 속의 자유'라고 볼 수 있다.

10 *South China Morning Post*, July 1, 2001.

11 <중앙일보>, 2004. 07. 26; *New York Times*, December 4, 2002.

12 *South China Morning Post*, August 23, 2011.

2) 검색어 필터링 사례

① 류샤오보(Liu Xiaobo), 노벨상, 08헌장 관련 내용 검색 차단

중국 정부는 2010년 노벨평화상 수상 및 류샤오보에 대한 보도를 철저히 금지하고, 인터넷 검열을 강화함으로써 언론 통제 국가라고 비난을 받았다. 예를 들어 바이두, 소후, 시나닷컴 등 중국 포털 사이트는 류의 수상 발표를 앞둔 2010년 10월 7일부터 그와 관련된 기사 및 블로그를 차단했다. 바이두(百度)에서 '류샤오보'나 '노벨평화상' 검색어를 입력하면 '관련 법률과 정책에 부합하지 않는다'며 검색이 되지 않았다. 휴대전화 문자 메시지에도 '류샤오보'를 입력하면 전송이 되지 않았다.[13] 노벨상 시상식 당일 중국 정부의 검열 강화로 중국에서 미국 CNN, 영국 BBC 등 외국 주요 언론 웹 사이트, 노벨상 위원회 홈페이지 접근이 차단되었다. 그러나 중국 정부의 인터넷 통제에도 불구하고 일부 네티즌은 방화벽을 넘는 소프트웨어를 이용해 해외 사이트에 접속했다.[14]

노벨 평화상 수상식에 류샤오보는 불참했고 '빈 의자'만 보였다. 이런 '빈 의자'의 상징성을 의식한 듯, 중국 정부는 신문과 인터넷에서 '빈 의자' 사진 검열을 했다. 예를 들어 <남방도시보(南方都市報)> 1면에 '빈 의자' 3개와 학 5마리를 한 사람이 막아선 모습을 담은 사진이 실렸다. 네티즌들은 이 사진 속의 '빈 의자'가 류샤오보를 상징하고, 학은 축하 또는 평화를 의미한다고 해석했다. 이에 중국 당국은 빈 의자의 검색 결과

---

13 <조선일보>, 2010. 10. 09.

14 Andrew Jacobs, "Nobel Peace Prize Given to Jailed Chinese Dissident," *The New York Times*, October 8, 2010; <동아일보>, 2010. 12. 11; <조선일보>, 2010. 10. 09. 중국의 일부 네티즌들은 판치앙(翻墻, 방화벽을 뚫고 제한을 걸어놓은 IP에 접속하는 해킹 프로그램) 등을 통해 해외 사이트에 접속하기도 한다. 중국 인터넷 연구자와 인터뷰, 베이징, 2011년 7월.

를 차단하고, 빈 의자와 관련된 글을 쓰거나 사진을 올린 블로거의 계정을 취소하거나 사진을 삭제했다.[15]

② 자스민 시위 등 정치적으로 민감한 검색어 필터링

2011년 2월 '자스민 시위' 등 정치적으로 민감한 검색어는 필터링을 통해 차단되었다. 미국에서 운영되는 화교 인터넷 사이트 보쉰(boxun.com)에 2011년 2월 27일 제 2차 자스민(Jasmine) 혁명 집회를 열자는 글이 게재되었다. 그 후 2011년 2월 말 중국 내 인터넷 속도가 느려지고, 자스민 시위 관련 검색어 및 사이트가 차단되었다. 2011년 2월 20일 중국 이동통신 전문업체 차이나 모바일의 문자 메시지 서비스는 '업그레이드'를 이유로 중단되었다. 처음 자스민 시위 촉구 게시물이 올라왔던 보쉰도 2011년 2월 19일 해킹 공격을 당했다.[16] 중국 정부는 중동과 아프리카의 시위 상황에 대해서는 보도를 통제했으며, 시나닷컴 등의 주요 포털 사이트 등에서는 중동과 아프리카 시위와 관련한 토론이 금지되었다.[17]

중국의 전직 최고지도자라고 할지라도 인터넷에서 검색어 필터링에 의해 걸러질 수 있다. 예컨대, 남방주말(南方周末)은 2011년 9월 8일 주룽지(朱鎔基) 전 총리의 재임 당시 비공개 연설과 발언 등이 담긴 '주룽지 연설 실록' 출판 소식을 전하면서 주 전 총리의 연설 내용을 3개면에 걸쳐 게재했다. 주룽지 전 총리는 1998년 취임 후 첫 정부 전체회의 연설에서 공무원들이 무사안일에 빠져 '예스맨(好好先生)'이 돼서는 안 된다면서

---

15 <南方都市報>, 2010年 12月 12日; "중 '빈 의자' 검열 광풍 어디까지," <한겨레신문>, 2010. 12 13; "용감한 中언론, '빈 의자' 사진 게재," <동아일보>, 2010. 12. 15.

16 <중앙일보>, 2011. 02. 21; *South China Morning Post*, February 21, 2011.

17 <동아일보>, 2011. 02. 20.

일하는 태도를 바꿀 것을 주문했다. 그의 연설은 '웨이보(微博)'를 통해 빠르게 전파되면서 사이트별로 수천 건의 댓글이 달리는 등 네티즌들로부터 폭발적인 호응을 얻었다. '예스맨'이라는 말은 유행어가 될 정도였다.[18] 주 전 총리는 2011년 4월 모교인 칭화대학(清華大學) 100주년을 맞아 학교를 방문한 자리에서 현재 중국 정부의 부동산정책과 교육정책 등을 신랄하게 비판했다. 주 전 총리의 인기에 중국 정부는 당혹스러워 하며 인터넷을 통제했다. 2011년 9월 8일 오후부터 중국 최대 검색 사이트인 바이두(百度)에서 주룽지 전 총리의 저서에 관한 검색 내용이 대폭 줄어들었다.[19]

3) 웹 사이트 차단 사례

중국의 인터넷 검열 기술이 갈수록 정교해지면서 인터넷의 자유로운 흐름을 막는 '만리장성이 세워지고 있다고 아시안 월스트리트 저널이 중국의 인터넷 검열 실태에 관한 공동연구결과(케임브리지대, 하버드대, 토론토대가 참여)를 인용해 발표했다. 이 공동 연구에 의하면, 중국의 인터넷 경찰은 구글의 일부 기능을 사용하지 못하게 만들어 중국인들이 해외의 불온한 사이트에 접속하지 못하도록 차단한다. 중국인들은 전에는 당국이 해외 사이트를 봉쇄해도 구글을 통해 우회하여 접속할 수 있었으나 불가능해졌다.[20]

중국에서는 1996년 9월부터 해외 인터넷 사이트에 대한 통제가 시작되었다. 워싱턴 포스트지는 중국의 인터넷 통제를 가장 먼저 보도했다. 중국

18 <南方周末>, 2011年 9月 8日: <조선일보>, 2011. 09. 10.

19 <조선일보>, 2011. 09. 10.

20 최형두, "中 인터넷 검열의 만리장성," <문화일보>, 2004. 09. 01.

정부는 정신오염을 이유로 상업적인 용도로 가입한 인터넷 사용자(학술용은 제외)가 100여 개의 인터넷 사이트에 접속하는 것을 금지했다. 금지 사이트 명단에는 뉴욕 타임즈, BBC News, CNN, 월스트리트 데일리, 플레이보이, 대만의 중국시보(中國時報) 등이 포함되었다.[21] 이런 웹 사이트 차단은 중국이 외부 세력으로부터 주권과 체제를 유지하려는 것이라고 중국 정부는 주장한다. 외국 웹 사이트 차단은 반정부적 혹은 공산당을 비판하는 반정부 세력이 인터넷을 이용하여 중국에 영향을 미치는 것을 규제하겠다는 중국 정부의 의지의 표현이라 하겠다.

중국 정부는 2001년 9월 21일 인터넷 검열에서 몇 개의 주요 미국 미디어 웹 사이트 접속을 허용할 것이라고 발표했다. 이런 변화는 이전에 공용 접근이 허용되지 않았던 중국 웹(Washington Post, Los Angeles Times, San Francisco Chronicle, Boston Globe)에 취해졌으나, 그 발표 후에도 여전히 사이트는 차단되었다. CNN, 미국의 소리(Voice of America), 타임(Time) 외에 암네스티 인터내셔널(Amnesty International)을 포함한 인권 단체 사이트 접속도 차단되었다. 또한 중국 정부가 공식적으로는 차단을 해제한 사이트라 할지라도 '파룬공'이나 '대만독립'과 같은 정치적으로 민감한 검색어를 넣으면 접속이 안 되고, 야후(Yahoo)나 구글(Google) 같은 검색 엔진에서도 이런 검색어는 검색이 안 되거나 사이트 접속에 실패하게 된다.[22]

2000년대 초 중국에서 대부분 서양 신문 사이트가 원천적으로 차단되었으나, 2004년 중국 센서는 보다 세부적으로 사이트 내용(채팅방 또는 티베트 독립, 파룬공 같은 민감한 단어)을 차단했다.[23] 2004년 2월 말 중

---

21 <中國時報>, 1997年 9月 14日.

22 Steve Friess, "China Quietly Unblocks U.S. Sites," www.wired.com/news/business/0,1367,47017,00.html (검색일: 2001년 11월 25일).

국 정부는 인터넷 콘텐츠가 너무 무질서하다고 판단하고, 주요 포털사이트(Sina.com, Sohu.com, 163.com 등) 담당자에게 생중계 방송, 해외 뉴스 번역, 온라인 인터뷰(학자, 예술가, 전문가를 대상) 등을 금지한다고 지시하고 신화사 공식뉴스만을 제공하도록 했다. 또한 중국 정부는 항의 사이트가 되는 것을 막기 위해 일시적으로 사이트를 폐쇄하기도 한다. 2007년 1월 광저우(廣州)에서 교사들의 임금 인상 시위가 온라인을 통해 확산되자 해당 온라인 포럼을 일시적으로 폐쇄했다.[24]

중국 정부의 엄격한 온라인 통제 하에서 천안문사건, 파룬공(法輪功), 독자적인 당 창당, 소수민족 독립 등의 어휘는 검색어 필터링을 통해 치밀하게 차단되기 때문에 온라인 공간에서 이슈화되기 어렵다. 이런 이슈는 게릴라 형식으로 잠시 올라올 수는 있지만 검색어 필터링에 의해 금방 삭제된다.

4) 인터넷 카페 단속

중국 정부는 파룬공 조직의 유지와 조직 내의 의사소통에 있어 인터넷 카페가 절대적인 역할을 한다고 보았다. 실제 2001년 중국 인터넷 사용자 총수의 약 20%가 접속장소로 인터넷 카페를 택했다. 이 점에 착안하여

---

23 Robert Marquand, "China mutes online news," *The Christian Science Monitor*, 2004. March 10, http://www.csmonitor.com/2004/0310.html 중국은 온라인 외에 위성 방송도 단속 대상이다. 신화통신의 인터넷 뉴스 신화망(新華網)에 의하면, "2004년 7월 18일 국가방송총국, 정보산업부, 신문출판총국 등이 합동으로 위성 TV 수신시설의 불법 생산, 판매, 설치를 집중 단속하기로 했다."고 보도했다. 중국은 위성 TV를 타고 반체제 정보, 서구적 가치관이 직수입된다고 보고 강력히 단속해 왔다. 국무원은 '어떤 개인 혹은 기관이라도 담당 부처의 허가 없이는 위성 TV 수신시설을 생산, 판매, 설치할 수 없다.'고 규정했다. 그러나 중국 내 불법 위성 TV 수신시설은 폭발적인 증가추세다. <중앙일보>, 2004. 07. 26.

24 Guobin Yang, *The Power of the Internet in China: Citizen Activism Online* (NY: Columbia University Press, 2009), p. 51.

중국 정부는 2001년 4월부터 전국 규모의 대대적인 인터넷 카페 조사에 착수했다. 북경시는 모든 인터넷 카페들이 2001년 6월 20일까지 시 정부의 관련기관으로부터 영업허가를 재발급 받도록 조치하였으며, 신설허가는 더 이상 내지 않기로 결정했다.[25]

2001년 11월 중국 전역에 등록된 인터넷 카페는 9만 4천 개에 달할 정도로 인터넷 붐이 일었다. 중국 당국은 인터넷 카페가 위험 수위에 달했다고 판단하자, 불법 소프트웨어와 풍기문란, 음란물 유통 혐의로 대대적인 단속에 나서 2001년 11월 1만 7천 488개의 업소가 문을 닫았으며, 2만 8천 개 업소는 모니터링 소프트웨어를 설치하도록 했다.[26] 2002년 6월 북경시 인터넷 카페 화재사건으로 24명이 사망하자, 중국 당국은 불법 인터넷 카페 단속을 명분으로 북경시에서 불법 영업하던 인터넷 카페에 영업정지를 명령했으며, 전국적으로 인터넷 카페를 단속을 강화하기도 했다.

한편, 2010년에는 인터넷 카페에서 기술적으로 정보를 관리하는 비용을 정부에서 보조하는 문제가 거론되었다. 즉, 정부가 인터넷 카페의 콘텐츠 필터링 비용을 보조하는 방안으로 ① 정부가 유해한 정보를 기술적으로 걸러내는 장치 설치비용을 부담, ② 인터넷 카페 종사자의 안전교육 비용을 정부가 부담, ③ 인터넷 카페에 세금 감면의 혜택을 제공하여 영업세를 현행 20%에서 5%로 낮추는 것 등이 제시되었다.[27]

---

25 *International Herald Tribune*, June 15, 2001.

26 dailynews.yahoo.com (검색일: 2001년 11월 21일).

27 李建盛·陳 華·馬春玲 主編, 『首都网絡文化發展報告 2009-2010』(北京: 人民出版社, 2010), p. 89.

2. 인터넷 법적 통제

1) 인터넷 통제 법규

1990년대 중반까지 중국 지도부는 인터넷을 경제 발전을 위해 필요한 영역으로 보았고 정치적 저항의 수단으로 보지는 않았다. 중국 지도부는 인터넷이 상시 의사소통의 채널로서 당의 정책을 국민들에게 알리는 수단으로 사용될 수 있다고 생각했다. 따라서 정보화가 산업현대화, 중앙의 통제력과 안정을 강화시킬 수 있다고 기대했다.[28] 인터넷이 체제 유지를 위협할 수 있는 민주적 공론장으로 이용될 수 있음을 인식하고, 구체적인 법적 규제를 도입하기 시작한 것은 파룬궁 사건 후인 2000년이었다. 2000년에서 2001년 사이 10개 이상의 인터넷 규제 법규가 만들어졌다.[29]

2008년 베이징 올림픽을 계기로 언론 통제를 완화했던 중국 정부는 2009년에서 2010년에 걸쳐 인터넷 규제를 강화하는 법규를 발표했다. 예컨대 2010년 10월 1일 수정된 <중국 국가기밀보호법> 제 3장 "기밀제도" 중 많은 부분이 인터넷에 관한 것이다. 제5장 "법률책임" 중에도 12개 항목으로 분명하게 법률 규정을 제시하여 법에 따라 처리하도록 했으며, 범죄에 해당되면 법에 의해 형사책임을 져야 한다. 12개 항목 중 6개 항목이 인터넷 및 컴퓨터 사용에 관한 것이었다.[30]

중국 정부는 인터넷 문화·정보 서비스의 목적이란 인터넷 감독, 관리, 건설이라 인식하기 때문에, 다양한 규정을 통해 법적으로 인터넷에 의한

28 Guobin Yang, *The Power of the Internet in China: Citizen Activism Online*, p. 54.

29 2000년대 초반 중국의 인터넷 규제 법규에 관한 자세한 내용은 다음 참조. 정재호, "파룬공, 인터넷과 중국 내부통제의 정치," 『한국정치학회보』, 35집 3호 (2001).

30 尹韻工 主編, 『中國新媒體發展報告(2011)』 (北京: 社會科學文獻出版社, 2011), pp. 124.

정보 유통을 통제할 수 있는 근거를 마련하고 있다. 예컨대 <인터넷 출판 관리 규정>은 인터넷 출판, 인터넷 문화·정보 전파에 대한 엄격한 규범 및 감독이다. <인터넷 뉴스정보서비스 관리규정>은 인터넷 뉴스의 내용 및 전파를 제한하고 규범화하기 위한 것이다. 중국 정부는 인터넷 문화 정보 안전 보장을 강화하고 있으며, 국가 인터넷 안전보호는 인터넷 관리의 중요한 부분이다. <전국인대 상무위원회의 인터넷 안전보호에 관한 결정>에 의하면, 인터넷 안전 파괴, 국가안전 및 사회 안정 파괴, 시장질서 및 사회관리 질서를 파괴하는 것을 범죄로 규정했다.[31]

베이징시 인터넷 통제 방법 법규의 핵심 내용은 다음과 같다. 인터넷 관련 중요 사건은 컴퓨터 작동을 교란하는 사건, 컴퓨터 바이러스 사건, 네트워크 공격 사건, 정보 파괴 사건, 정보 내용 안전 사건 등 4가지로 분류된다. '정보 내용 안전 사건'이란 인터넷을 통해 법률에서 금지하는 정보를 전파, 불법 연대 조직, 집회시위 선동, 민감한 문제를 유포하고, 국가안전, 사회안정, 공공이익을 해치는 사건이다.[32]

2) 실형 선고

온라인 공간에서 정치적 활동을 제약하기 위해 다양한 죄목으로 '체포'한다. 2003년 9월 3일 쓰촨(四川) 국가안전국은 '국가전복죄'를 이유로 인터넷에서 활동하던 리즈(李志)를 체포했다. 리즈는 인터넷 검색을 자주 하고 채팅방에 많은 글을 발표한 바 있다. 국가 안전부 경찰이 밝힌 그의 죄명은 채팅방에서 해외 적대분자와 교류를 하고 "국가 전복을 기도"했

31 李建盛· 陳 華· 馬春玲 主編, 『首都网絡文化發展報告 2009-2010』, pp. 29-31.

32 "베이징시 인터넷 및 정보안전사건 응급방안(北京市网络与信息安全事件应急预安)," 2009년 10월 22일 선포.

다는 것이다. 중국 법률에 의하면 선전선동은 15년 이하의 징역을 받을 수 있다.[33] 2004년 인터넷 수사 기능도 대폭 강화되어 '헌법개정포럼' 등 급진 반체제인사들이 결성한 인터넷 사이트를 찾아내 전원 체포했다. 상하이(上海) 당국은 포르노 단속용이란 구실로 모든 인터넷 카페 이용자들에게 전자신분증 등록을 의무화하여 네티즌에 대한 추적과 감시를 쉽도록 했다.[34]

2011년 2월 자스민 시위 이후 반체제 인사 체포 및 사상통제가 강화되었다. 중국에서 2011년 2월 17일부터 '중국의 자스민 혁명'이라는 시위 선동 글이 인터넷을 중심으로 퍼졌다. 중국판 '자스민 혁명'을 촉구하는 글이 중국의 인터넷에 등장한 가운데 2월 20일 수도 베이징(北京)과 상하이를 중심으로 중국 곳곳에서 이 같은 게시물을 접하고 나온 것으로 보이는 시민들이 몰려들어 중국 공안당국을 긴장하게 만들었다. 중국 공안당국은 베이징과 상하이를 비롯한 전국 20여 개 주요 도시에 경찰력을 대거 배치해 만일의 사태에 대비했으며, 베이징과 상하이 등에서 시민들이 집회 예정 장소에 몰려들자 즉각 해산했다. 중국 20여 개 도시에 수만 명의 공안 및 무장경찰을 배치하고 보안등급을 강화했다고 홍콩에서 활동하는 '중국의 민주화와 인권을 위한 정보센터' 측이 밝혔다.[35]

2011년 2월 20일 일부 도시에서 소규모 '자스민 집회'가 개최된 후 검거 선풍이 불었다. 헤이룽장성(黑龍江省)에서 큐큐(QQ)를 통해 자스민 혁명 관련 글을 전파하고 지방정부 앞에서 자유와 평등 구호를 외치다 '국가정권 전복과 비방' 혐의로 체포되었다. 중국판 자스민 시위를 막기

33 "中國人權: 四川网絡活躍人士李志被捕," 2004.

34 <중앙일보>, 2004. 07. 26.

35 <중앙일보>, 2011. 02. 21; *SCMP*, February 21, 2011.

위해 중국 정부는 2011년 2월 중순 이후 중국 반체제 인사와 지식인 수십 명을 체포하고 인터넷 검열을 강화했다. 예컨대 2011년 4월 3일 베이징 공항에서 홍콩행 비행기에 탑승하려던 중국의 설치미술가, 인권운동가 아이웨이웨이(艾未未)가 체포되었다.[36] 아이웨이웨이가 구금되었다는 소식이 알려지자 중국내 예술가들을 중심으로 온라인 서명운동이 펼쳐졌다. 4월 4일까지 아이웨이웨이의 석방을 촉구하는 온라인 캠페인에 500여 명이 서명한 것으로 알려졌다.[37]

또한 웨이보(微博)를 통해 강도 높은 대(對)정부 비판을 해 온 중국 내 유명 블로거들이 잇달아 구금되거나 실종되었다. 한 예로 중국 출신의 호주 작가로 영향력 있는 블로거 중 한 명인 양헝쥔(楊恒均)은 2011년 4월 27일 광저우(廣州)에 도착 직후 실종되었다. 그는 체포되기 전까지 시나닷컴 웨이보 등에 중국 정부를 강도 높게 비판하는 글을 올렸다.

2011년 3월 말 해외 출판물에 중국의 문제를 비판하는 글을 발표한 작가 류셴빈에게 '국가 전복 선동 혐의'로 10년 형을 선고한 것도 과거 사례에 비추어 중형이었다. 자스민 혁명을 지지하는 글을 인터넷에 올린 저명 작가 란윈페이와 쓰촨성의 1989년 학생운동 지도자 출신 딩마오(丁矛)가 '국가정권 전복 선동' 혐의로 체포되기도 했다. <난팡주말 南方周末>의 저명 컬럼리스트 샤오수는 강제로 '안식년'을 보내라는 명령을 받고 2년 동안 글을 쓸 수 없게 되었다. 국제사면위원회는 로이터에 "중국판

36 아이웨이웨이 저항 활동을 보면, 중국 정부의 인권 탄압을 이유로 베이징 올림픽 개막식에 불참했고, 중국 당국의 검열에 맞서 인터넷 자유를 지키기 위한 운동을 주도했다. 또한 그는 2010년 2월 중국 정부의 예술구역 강제 철거에 항의해 베이징 창안제(長安街)에서 집단 시위를 벌이기도 했다. 쓰촨(四川) 대지진 당시 무너진 학교 건물들의 부실공사 여부를 조사하다 체포된 인권운동가 탄쭤런(譚作人)이 법원으로부터 징역 5년형을 선고받자 석방 탄원운동에 동참했다. <중앙일보>, 2011. 04. 05.

37 <중앙일보>, 2011. 04. 05.

자스민 혁명 촉구 시위가 시도된 2011년 2월 말 이후 100여 명의 중국 내 인권운동가들이 체포되거나 감시, 위협을 받고 있다"면서 "그 중 상당수가 트위터나 블로그에서 활동해 온 인사들"이라고 말했다. 중국 당국은 2011년 2월 인터넷에서 '자스민 시위'를 부추기는 글이 떠돈 후 변호사와 언론인 블로거 및 인권운동가 등을 대대적으로 단속했다. 홍콩의 인권단체는 연행 구금 실종된 인사가 80명이 넘는 것으로 추정했다.[38]

한편, 중국 정부는 온라인 통제에 대해 '채찍'과 '당근'을 병행한다. 상하이 인민법원은 2004년 인터넷을 통해 국가전복을 선동한 혐의로 기소된 두다오빈(杜道斌) 피고인에게 집행유예를 선고했다. 그는 민주와 언론자유에 대한 수필을 온라인상에 연재해 온 인물이다. 지금까지 이런 혐의는 20년 이상의 중형이 선고되었던 점을 고려할 때, 반체제 네티즌에 대한 관대한 처분으로 볼 수 있다. 해외 인권단체들은 이 판결에 즉각 환영을 표시했다.[39]

중국 정부는 2011년 2월 '자스민 혁명'을 우려해 구금했던 반체제 인사들도 2011년 7월부터 석방하기 시작했다. 중국 당국이 7월 1일 공산당 창당 90주년 기념식 이후 체포했던 인사들을 석방했으며 통신 제한 조치도 완화되었다. 이런 흐름에 따라 2011년 2월 20일 트위터에 '자스민 혁명'에 참가하자는 글을 올린 뒤 연금됐던 광저우의 인권변호사인 류스후이(劉士輝)가 8월 풀려났다. 류스후이 외에도 작가 란윈페이는 8월 2일 집으로 돌아왔으며 탕징링 변호사도 석방됐다. 2011년 6월에는 중국 당국에 의해 구금됐던 설치미술가 겸 인권운동가 아이웨이웨이(艾未未)가 보석으로 석방되었다.[40] 그러나 풀려난 저명한 설치 예술가 아이웨이웨이

38 *Wall Street Journal*, April 11, 2011.

39 <중앙일보>, 2004. 07. 26.

(艾未未)의 부인에게 중국 정부는 탈세혐의로 추징금과 벌금(한화 약 20억)을 부과되었다. 아이웨이웨이는 2011년 7월 15일 미국의 '자유아시아방송(RFA)'과의 인터뷰에서 탈세 혐의를 부인했다.[41] 이처럼 탈세 혐의를 이유로 벌금 부과는 반체제 인사가 중국 정부에 의해 구속되었다 풀려날지라도 정부에 협조하지 않는 한 중국 정부는 다양한 방법으로 힘든 상황에 처하게 할 수 있음을 보여 준다.

3) 대학 BBS 및 뉴스 사이트 실명제

중국의 인터넷 관리 규정에 따라 교육 사이트는 공공네트워크와 분리하여 관리했으므로 교육부가 대학사이트를 관리했다. 대학 사이트는 2004년까지 관리가 비교적 느슨했기 때문에 대학 밖의 사람들도 익명으로 자유롭게 글을 올리며 자유로운 토론의 장으로 발전했다. 학교는 교외 방문자의 신문을 확인하지 않았다. 대표적인 대학 BBS는 베이징대학의 '웨이밍(未名) BBS'와 '이타후투(一塌糊涂)', 칭화대학의 '수이무칭화(水木清華)', 난징대학의 '샤오바이후이(小百會)', 푸단대학의 '르위에광화(日月光華)' 등이 유명한 토론 게시판이었다. 이런 BBS는 학교생활 외에 지식인 네티즌들이 시사문제를 토론하는 장소가 되었다. 흥미로운 시사문제를 토론하고 정보를 공유하는 대학 BBS는 방문자들이 급속히 증가하여 전국적 영향력을 행사할 정도로 발전했다.

그러나 2004년 12월 28일 교육부와 공청단 중앙이 "대학교 인터넷 관리 강화에 관한 의견(關於進一步加强高等學校校園网絡管理工作的意見)"이라는 문건을 발표하여 실명제를 추진했다. 이에 따라 주요 대학의 토론

---

40 <明報>, 2011年 8月 24日.

41 <星島日報>, 2011年 7月 15日; <동아일보>, 2011. 07. 18.

게시판은 학생과 교직원 외에는 방문할 수 없도록 폐쇄적으로 바뀌었고, 하나의 대학 내에 하나의 관방 색체가 강한 BBS만 운영하도록 했다. 실명제 실시에 따라 해당 대학 이외의 IP주소는 대학 내 토론 게시판에 참여가 거부되었고, 설령 방문할지라도 열람만 가능할 뿐 글쓰기를 할 수 없게 되었다. 대학 BBS의 자유로운 토론방 기능이 사라지며 방문자가 급속히 감소했으며, 학생들의 주요 이슈 역시 시사 및 사회문제에서 생활오락으로 변화되었다. 결국 대학 BBS는 자유로운 사회문제 토론장에서 사회와 단절된 '고립된 섬'으로 변화되었다. 실명제를 실시하여 중국 정부는 대학 토론 게시판 관리에 성공한 셈이다.[42]

그러면 중국 정부는 왜 대학 BBS에 대한 법적 규제를 구상하게 되었는가? 그 발단은 2000년 5월 베이징대학 창핑 캠퍼스에서 발생한 여대생 피살사건이 베이징대학 이타후투 BBS의 토론 게시판 산지아오디(三角地)를 통해 전국적으로 이슈화된 사건이었다. 당시 베이징대학 토론 게시판 산지아오디(三角地)를 통제했지만, 펌질을 통해 다른 토론 게시판으로 글이 전달되어 사실상 효과를 거두지 못했다. 각 주요 대학 BBS는 학내외의 다양한 지식인들이 참여하여 자유롭게 공적 이슈를 만들고, 온라인 여론을 조성하는 공간으로 발전했다. 이에 따라 대학 BBS 통제를 위해 2004년 9월 국무원 신문판공실, 정보산업부, 교육부, 베이징시 통신관리국, 베이징시 신문판공실이 공동으로 논의하여 베이징대 이타후투 BBS를 폐쇄하기로 결정했다. 이타후투가 폐쇄된 후 많은 네티즌들이 공동으로 정부의 위법 행정 절차에 대해 강력히 항의했으나 이타후투는 다시 열리지 않았다. 이타후투가 행정 명령에 의해 폐쇄된 후 중국 정부는 모든

42 胡凌, "中国网络实名制管理: 由来 实践与反思," 巢乃鹏 主編, 『中國网絡傳播研究 第4緝』(杭州: 浙江大學出版社, 2011), pp. 193-194.

대학 BBS를 관리할 수 있는 보다 포괄적인 법적 규제를 구상했고, 그 결과 대학 BBS 실명제가 실시되었다고 볼 수 있다.

2009년 7월 국무원신문판공실은 뉴스 사이트에서 실명(實名)으로 등록하고 글을 쓰는 '실명제 실시'를 통지했다. 실명제의 요지는 다음과 같다. "익명으로 글쓰기와 댓글 달기를 금지하고, 네티즌이 뉴스 사이트에 등록 시 실명과 신분증번호 등의 정보를 기입하고, 인증을 거쳐 글쓰기를 하는 것이다. 또한 네티즌은 본인이 올린 글에 대해 사회적 책임을 져야 한다." 그러나 2010년 국무원신문판공실은 주요 이슈에 평론하는 네티즌으로만 실명제 실시를 제한했다.[43]

중국 정부가 '뉴스 사이트 실명제'에서 '주요 이슈 평론 실명제'로 왜 한 발 후퇴했는가? 첫째, 뉴스 사이트의 모든 글쓰기에 실명제를 실시할 경우 네티즌들이 웨이보를 이용하거나 다른 BBS에 방문하여 뉴스 관련 정보를 얻고 글을 쓰게 될 것이다. 그러면 정부가 통제하기 힘든 웨이보 같은 온라인 공간으로 네티즌들이 숨고 정부의 필터링을 거치는 공식 뉴스 사이트는 외면 받을 수 있다. 이처럼 중국 네티즌의 뉴스 사이트 방문이 급감한다면 뉴스 사이트를 이용하여 정부와 국민이 소통함으로써 여론 동정을 살피려는 정부의 목적도 방해를 받을 수 있다. 따라서 중국 정부는 뉴스 사이트의 전면전인 실명제는 유보했다고 볼 수 있다.

둘째, 중국 인터넷은 정부가 국민 여론을 감독 및 관리하는 수단이다. 국민이 말을 하지 않고 침묵하는 것보다 온라인 공간에서 자유롭게 말하게 한 후 정부 입장과 반대되는 사람들을 색출하여 관리하기도 한다. 따라서 중국 정부는 허용하는 범위 내에서는 네티즌의 비판을 허용하고 정부

43 胡凌, "中国网络实名制管理: 由来 实践与反思," p. 196.

정보를 공개하기도 한다.[44] 이런 맥락에서 실명제를 '주요 이슈 평론'으로 국한하여 실시함으로써 기타 뉴스 사이트에서는 네티즌들이 상대적으로 자유롭게 의견을 표현하도록 허용하여 국민들의 민심과 여론을 파악하려 했다고 볼 수 있다.

3. 미국 IT 기업의 중국 인터넷 검열 협조

중국 시장을 점유하려는 미국 인터넷 기업들은 중국 정부의 검열에 동의하고 중국에 진출했다. 미국 및 서방 인터넷 기업들(Cisco, Google, Microsoft, Yahoo 등)이 중국 정부에 협력하여 중국 국내 정보 통제를 돕고 있다는 비판을 받기도 한다. 중국의 세련된 인터넷 감시 시스템은 미국 및 서방 인터넷 기업들의 기술 및 장비 제공이 없었다면 구축되기 어려웠을 것이다.[45]

미국 IT기업들이 중국 시장에 진출할 때 중국 정부의 인터넷 검열을 그대로 수용하는 것이 논쟁이 되어 왔다. 미국 IT 기업들이 중국의 인터넷 통제에 협력한 사례는 다음과 같다. 첫째, 2006년 구글(Google)이 중국 시장에 진출할 때 중국내 법규 준수를 위해 중국 당국의 검색 심사제 등

44 중국 사회학자와 인터뷰, 2011년 7월, 베이징.

45 Xiaoling Zhang and Yongnian Zheng (eds.), *China's Information and Communications Technology Revolution: Social changes and state responses* (London and New York: Routledge, 2009). 미국 회사가 개발한 인터넷 감시 프로그램으로 프리즘(prism)을 들 수 있다. 프리즘은 미국에 서버를 둔 인터넷 및 소셜 네트워크 서비스(SNS) 회사를 통해 외국인들이 미국인 또는 외국인들과 주고받은 e메일, 메시지, 음성, 사진, 동영상 등 모든 종류의 디지털 통신 정보를 감시할 수 있는 프로그램이다. <중앙일보>, 2013. 7. 23.

언론 자유 제한 조건을 받아들인 구글의 선택에 많은 비난이 제기된 바 있다. 중국 정부의 인터넷 검열기준에 따르면 검색엔진 이용자는 만리장성(防火長城) 검열시스템을 거친 후 검색 결과를 열람할 수 있다. 이에 따라 중국어판 구글에서는 대만독립, 티베트독립, 천안문사건, 파룬공, 민주, 자유 등 검색어를 입력할 경우 검색이 되지 않는다. 구글은 중국 정부의 요구에 따라 사이버 토론을 주도하던 블로그 사이트를 폐쇄하기도 했다. 국제사회의 비난에 대해 구글은 제한적인 접근을 통해서라도 중국에 정보를 확산해 가는 것이 더 자유로운 세계를 만들어 가는 데 도움이 되므로 각 국가에 적합한 전략을 택할 수밖에 없다고 해명했다.46

둘째, 미국의 인터넷 보안업체 시스코(Cisco System)는 국제인권단체들의 비판에도 불구하고 중국의 인터넷 통제를 위한 기술 시스템 구축에 주도적인 역할을 했다. 마이크로소프트(Microsoft)도 중국 내 블로그 개설을 허용받기 위해 MSN 스페이스에서 '자유', '민주주의' 등의 단어를 검열하여 삭제하겠다고 약속했다. 셋째, 야후(Yahoo)는 웹 사이트에 게시되는 체제 위협적 자료들을 삭제하겠다는 자율규약(self-discipline pact)에 서명하고 중국에 진출했다. 심지어 야후는 온라인 공간에서 활동하는 반체제 인사들에 관한 정보를 중국 정부에 제공하여 이들을 체포하는 데 협력하기까지 했다.47

한편, 2010년 1월 발생한 구글 사건은 미국의 인터넷 기업이 중국의 검열기준을 지키지 않을 경우 중국 시장에서 영업하는 것이 어려울 수

46 정의철, "인터넷 규제와 정치 공론장: 구글의 중국 진출 케이스를 중심으로," 『정치커뮤니케이션연구』, 통권 9호 (2008), 209-245쪽; 배영자, "미국과 중국의 IT 협력과 갈등: 반도체 산업과 인터넷 규제 사례," 『사이버커뮤니케이션학보』, 제28권 1호 (2011), p. 73.

47 Tamara Renee Shie, "The Tangled Web: does the Internet offer promise or peril for the Chinese Communist party," *Journal of contemporary China*, 12(40) (August, 2004), pp. 534-536.

있음을 단적으로 보여 준다. 중국 정부와 구글의 갈등은 '인터넷 국가주권'을 명분으로 내세운 중국과 '인터넷 자유'를 강조하는 미국 표준이 충돌한 대표적인 사건이었다. 미국 인터넷 기업 구글(Google)과 중국 정부는 검열문제로 갈등했고, 결국 구글은 중국 시장을 고려하여 중국 정부와 타협했다. 즉 2010년 1월 구글은 중국의 인터넷 검열정책을 비판하며 중국에서 사업 철수 가능성을 발표했고, 2011년 7월 1일부터 중국에서 서비스가 완전 중단되기도 했다. 그러나 2011년 9월 구글 차이나는 중국에서 인터넷정보공급자(ICP) 영업허가를 갱신했다.[48] 구글 역시 거대한 중국 시장을 포기할 수 없기 때문에 중국 정부의 검열 요구를 받아들였다고 볼 수 있다.

2006년 구글이 중국에 진출한 후 2009년까지 구글은 인터넷 검열문제로 중국 정부와 부딪쳤으나 기본적으로 중국 정부의 지침을 받아들였다. 그러나 2009년 12월 중국 인권운동가 두 명의 구글 메일 계정과 구글 인프라가 해킹당하는 사실이 밝혀지자 구글이 강경 대응하면서 중국 정부와 갈등이 시작되었다. 구글은 2010년 1월 13일 자사 이메일 서비스인 G메일 계정에 대한 해킹 시도가 있었다며 '해킹과 검열문제가 해결되지 않으면 중국에서 철수할 수 있다.'고 선언했다. "해커들의 주요 공격 대상은 중국 인권운동가들의 구글 이메일 서비스인 G메일 계정이었다. 그 외에 금융·인터넷·미디어·공학·화학 분야의 20여 개 대기업도 공략 대상에 포함되었다. 구글은 이런 해킹의 배후로 중국 정부를 지목했다.[49]

구글과 중국 정부 사이의 줄다리기가 진행되었다. 구글은 2010년 3월 중국 정부가 구글 G 메일을 해킹했기 때문에 중국에서 철수한다고 발표

48 <經濟參考報>, 2011年 9月 8日.

49 <조선일보>, 2010. 01. 13.

했다. 구글은 중국의 인터넷검열방침을 거부하며 중국에서 철수하고 홍콩 사이트를 통해 우회 서비스를 제공했다. 그러나 2010년 7월 20일 중국 시장을 포기할 수 없는 구글은 "중국 법을 지키겠다."고 백기투항하고, 중국 시장에서 서비스 허가를 갱신했다. 구글이 중국 국내법 준수를 약속하자 중국 정부는 영업허가권을 갱신해 주었으나, 음악, 쇼핑, 번역 등 3개 분야에만 영업허가권을 갱신해 주어 정상적인 사업이 어려움에 처했다. 이 사건은 중국의 온라인 공간은 정부가 허용하는 영역 내에서만 작동한다는 것을 대표적으로 보여 준다.

구글은 2011년 3월 말 중국에서 검색 서비스를 완전히 중단한다고 발표했다. 구글은 2011년 3월 31일까지 중국 정부에 제출해야 하는 '지도서비스 신청서'를 내지 않았기 때문에 2011년 7월 1일부터 구글 어스 서비스도 중단되게 된다. 구글이 서비스 연장 신청을 하지 않은 것은 중국 정부가 강화된 검열규정을 준수하도록 요구했기 때문으로 알려졌다.[50] 그러나 구글은 2011년 9월 다시 중국 시장에 복귀할 움직임을 보였다. 경제참고보(經濟參考報)는 구글 차이나가 중국에서 인터넷정보공급자(ICP) 영업허가를 갱신했다고 보도했다. 구글이 중국에서 사업재개를 하기 위해서는 중국법을 준수하고 위법 콘텐츠를 제공하지 않겠다고 중국 정부와 사전 합의를 했을 것이라 추정된다.[51] 2010년에서 2011년 사이 구글과 중국 정부 간의 갈등과 타협의 과정을 정리하면 <표 5-1>과 같다.

50 <青年网>, 2011年 4月 5日; <중앙일보>, 2011. 04. 05.

51 <한국일보>, 2011. 09. 09.

〈표 5-1〉 2010~2011년 구글-중국 정부 갈등 과정

	구글-중국 정부 갈등 과정
2010년 1월	구글, 인터넷 검열정책 반대, 중국 사업 철수 가능성 발표
3월	구글, 중국에서 철수. 홍콩 사이트 통해 우회 서비스 제공
6월	중국 정부, 구글 인터넷 영업허가 갱신 불가 언급
7월	구글, 중국 국내법 준수 약속
7월	음악, 쇼핑, 번역 3개 분야에만 영업허가권 갱신 허가
8월	중국 신화통신과 차이나 모바일, 검색엔진사업진출 발표
9월	구글, 미국 무역대표부와 재계에 인터넷 검열국가 압박 호소
9월	차이나 모바일, 검색엔진사업 2011년부터 시행 발표
2011년 3월	구글, 중국에서 검색 서비스 전면 중단
3월	시나(sina), 구글과의 검색서비스 계약 종료. 자사개발 검색엔진 대체
4월	중국, 탈세 혐의로 구글 세무 조사
7월	구글, 1일부터 구글 어스 서비스 종료
9월	구글, 중국에서 인터넷정보공급자(ICP) 영업허가 갱신

출처: 필자 작성, 2011.

중국의 인터넷 검열에 대해 구글 내부에서도 입장 차이가 있었다. 중국에서 구글의 자체 검열 문제를 둘러싸고 구글 창업자인 세르게이 브린과 최고경영자(CEO)인 에릭 슈미트 사이에 논쟁이 벌어졌다. 러시아 태생으로 언론 자유 수호와 검열 반대 입장인 브린과 사업의 실용성을 중시하며 검열 수용을 주장한 슈미트의 입장이 대립했다. 2009년 말 해킹을 기점으로 브린 입장이 힘을 얻어 철수 결정이 이루어졌다는 추측도 제기되었다. 결국 복잡한 계산 끝에 구글은 IT기업에 매우 중요한 언론자유와 인권 수호자라는 이미지를 선택했다.[52]

2010년 구글과 중국 정부의 갈등으로 중국에서 사업이 위축되어 구글이 중국에서 벌은 수익은 2010년 구글 전체 수익의 1.5%에 불과했다. 구글은 중국 정부와 검열문제로 마찰을 빚다 2010년 3월 중국 내 검색사이트(goole.cn)의 서비스를 중단했다. 구글의 중국 검색시장 점유율은 2010

52 *The Wall Street Journal*, January 14, 2010; *New York Times*, March 26, 2010.

년 1/4분기 30.9%에서 2010년 4/4분기에는 19.6%까지 하락했다. 반면 중국 최대의 검색 사이트인 바이두(百度)는 2010년 4/4분기 시장 점유율이 75%까지 상승했다.[53]

중국 정부와 구글의 갈등은 미국 정부와의 갈등으로까지 번졌다. 중국 정부는 구글의 해킹 주장은 사실무근이며 중국에 진출한 외국 기업은 중국법을 지켜야 한다고 반박했다. 또한 중국 법률은 어떠한 형식의 해킹도 금지하고 있고, 중국은 법에 의거해 인터넷을 관리하고 있으며 국제적인 인터넷 기업이 중국에서 발전하는 것을 환영한다고 밝혔다. 그러나 미국 힐러리 국무장관은 인터넷 자유에 관한 연설에서 인터넷 검열은 인권을 부정하는 행위이며 중국은 인터넷 자유가 없는 나라라고 비판하며 중국의 인터넷 검열을 공격했다.[54]

중국 정부는 탈세 혐의로 구글을 조사하는 등 다양한 방법을 통해 구글을 압박했다. 중국 당국은 중국 내 구글 합작회사 세 곳에 대해 탈세 혐의 등으로 세무조사를 벌였고, 구글은 탈세 혐의를 부인했다. 또한 중국의 대표적 온라인 포털 사이트 시나닷컴(sina.com)은 2011년 3월 말로 계약

53 *SCMP*, April 4, 2011; <동아일보>, 2011. 04. 04.; 中國互聯网 信息中心(CNNIC), “2009年中國搜索引擎用戸行爲研究報告,” 2010年 1月.

54 배영자, “미국과 중국의 IT 협력과 갈등: 반도체 산업과 인터넷 규제 사례,” p. 74. 중국 정부와 구글 및 미국 정부와의 갈등에 관해서는 다음 참조. 배영자, “미국과 중국의 IT 협력과 갈등: 반도체 산업과 인터넷 규제 사례,” pp. 74-78. 미국 정부는 2011년 10월, 중국의 인터넷 검열정책의 세부사항에 관해 설명을 공식적으로 요구하기도 했다. 론커크 미 무역대표부(USTR) 대표는 설명을 통해 “중국에 있는 미국 기업들이 자사 웹 사이트에 대한 접근이 주기적으로 차단됨에 따라 기업 활동에 미치는 부정적 영향에 대해 우려하고 있다.”고 밝혔다. 중국의 인터넷 검열문제가 중국 국내정치에서 민감한 사안이므로 미국은 ‘인터넷 차단이 통상 및 무역에 미치는 영향’에만 국한하여 문제 제기를 하는 형식을 취했으나 사실상 중국의 인터넷 정책과 언론 통제에 대한 비판이라 볼 수 있다. 왜냐하면 미국이 설명을 요청한 사항에는 누구 또는 어느 부처에서, 어떤 경우에 중국 내 해외 사이트의 차단을 결정하는지 포괄하고 있기 때문이다. <동아일보>, 2011. 10. 20.

이 종료된 구글과의 검색서비스 계약을 연장하지 않고, 자사가 개발한 검색엔진으로 대체하기로 했다고 발표해 구글에 큰 타격을 주었다. 시나닷컴은 2007년 구글 검색 서버를 이용하는 계약을 맺었고, 이용자수가 2억 명이 넘는 시나는 구글 중국 사업의 주요 파트너였다.[55]

중국은 구글을 내쫓고 자체 검색엔진 서비스 사업을 시작했다. 차이나 모바일(中國移動通信, China Mobile)은 2011년부터 검색엔진 사업을 시작한다고 발표했다. 이것은 13억 인구 및 화교를 기반으로 미국과 본격적인 IT 경쟁구도 구축을 시도한 것이다. 차이나모바일의 검색엔진 사업 진출은 중국 정부의 인터넷 검색 사업 장악 의도가 강하며, 중국 정부의 입맛에 맞지 않는 정보는 검색엔진을 통해 걸러내겠다는 것으로 해석된다.[56]

중국 정부는 왜 구글 G메일을 해킹하여 구글 및 미국 정부와 충돌했는가? 위키리크스가 공개한 미국 외교 전문에 의하면, 리장춘(李長春) 상무위원은 자신에 대한 비난 글이 여과 없이 구글에 게재되는 것을 보고 구글이 검열을 하지 않고 있다는 것을 알게 되었다. 리장춘은 저우융캉(周永康)과 협력하여 구글 본사와 구글 중국어판과의 연계를 단절하라고 구글을 압박했고, 구글 G메일을 쓰던 반체제 인사들의 계정 해킹을 지시하기도 했다. 중국 정부는 3개 국유통신회사에 구글과의 사업 중단을 명령했다.[57] 이를 통해 중국에서 사업하는 IT 기업은 고위 지도자에 대한 비난 글은 검열을 통해 반드시 삭제해야 하는 검열 기준을 지켜야 함을 알 수 있다.

55 <신화통신> 2011年 3月 31日; <한겨레>, 2011. 04. 04.

56 <블룸버그>, 2010년 9월 16일; <매일경제>, 2010. 09. 16.

57 *New York Times*, December 4, 2010.

제6장

닫힌 표현의 자유: 이슈, 웨이보 통제

제6장
닫힌 표현의 자유: 이슈, 웨이보 통제

1. 공산당 일당체제에 도전

'인터넷 자유(Internet Freedom)'를 강조하는 서방국가들은 '인터넷 국가주권(Sovereignty over Internet)'을 명분으로 내걸고 인터넷을 통제해 온 중국을 비판해 왔다. '인터넷 자유'란 오프라인에서 개인의 언론 및 표현의 자유가 보장되듯이 온라인 공간에서도 자유로운 의사 표현의 권리가 보장되고, 정부의 검열이나 개입은 최소한으로 제한해야 한다는 것이다. 이런 인식은 미국을 중심으로 한 자유주의 각국에서 기본적인 규범으로 받아들여졌다. 그러나 중국은 국민의 알 권리와 표현의 자유 외에도 정부의 감독권을 중시하는 '인터넷 국가주권'을 주장해 왔다. 즉, 중국 정부는 정권 전복·민족 분열·포르노·폭력 등과 관련된 정보는 국가와 사회의 안정 및 국민의 이익과 관계되기 때문에 법률에 기초하여 규제하는 것이 불가피하다는 '검열의 정당성'을 강조해 왔다.[1]

1 배영자, "미국과 중국의 IT 협력과 갈등: 반도체 산업과 인터넷 규제 사례," 『사이버커뮤니케이션 학보』, 제28권 1호, 2011, pp. 71-72.

중국에서 온라인 활동의 성공과 실패를 결정하는 것은 이슈 영역과 관점에 달려있다. 중국 온라인 공간에서는 중국 정부가 허용하는 범위 내에서만 공적 이슈화가 가능하다. 정부가 허용하지 않는 이슈들은 네티즌들의 관심이 매우 높을지라도 다양한 방법으로 통제되기 때문에 논의가 금지된다. 이런 중국 정부의 인터넷 통제 하에서 어떤 이슈는 왜 허용되고 어떤 이슈는 왜 금지되는가? 인터넷을 이용한 집회 제안, 공산당 일당체제에 도전하는 이슈(정치제체 개혁, 정당 조직), 소수민족 독립이나 집단 저항, 천안문사건 재평가, 중앙 고위급 지도자 비판 등은 금지된 이슈이기 때문에 인터넷에서 공론화되기 어렵다. 그러나 시민들의 알 권리 및 권리 보호, 지방간부의 부정부패 폭로, 사회정책 비판 및 민생문제 등은 온라인 공간에서 공론화될 수 있다. 특히 오피니언 리더(opinion leader, 意见领袖)가 올린 글은 다수의 관심을 끌어 공적 이슈화되기 쉽다.[2] 중국 정부가 금지하는 이슈를 어떻게 통제하는지 구체적 사례를 통해 살펴보자.

첫째, 중국 정부는 서구식 민주화를 주장하는 <08 헌장>을 2008년 12월 불법화함으로써 국민 권리 요구에 엄격한 상한선이 있음을 보여 주었다. 류샤오보(刘晓波)는 2008년 12월 10일 중국의 민주화를 주장하는 <08 헌장> 발표를 주도했다. 중국 정부는 류샤오보를 체포했고, 1년 후 2009년 12월 25일 11년 형을 선고했다. 그런데 2010년 10월 8일 류샤오보가 2010년 노벨 평화상 수상자로 발표되었다. 중국 정부는 2010년 10월 노벨 평화상 수상 및 류샤오보에 대한 보도를 철저히 금지하고, 인터넷 검열을 강화함으로써 언론 통제 국가라는 비난을 받았다. 바이두, 소후, 시나닷컴 등 중국 포털 사이트는 류의 수상 발표를 앞둔 2010년 10월 7일부터 그와

2 오피니언 리더가 이슈를 공론화하는 과정에서 어떤 역할을 하는지에 관한 연구는 다음 참조. 李彪,『谁在网络中呼风唤雨』(北京: 人民日报出版社, 2012), pp. 73-139.

관련한 기사 및 블로그가 차단되었다. 바이두에서 '류샤오보'나 '노벨평화상' 검색어를 입력하면 '관련 법률과 정책에 부합하지 않는다'며 검색이 되지 않았다. 휴대전화 문자 메시지에도 '류샤오보'를 입력하면 전송이 되지 않았다.[3]

노벨상 시상식 당일 중국 정부의 검열 강화로 중국에서 미국 CNN, 영국 BBC 등 외국 주요 언론 웹 사이트, 노벨상 위원회 홈페이지 접속이 차단되었다.[4] 노벨 평화상 수상식에 류샤오보는 불참했고 '빈 의자'만 보였다. 이런 '빈 의자'의 상징성을 의식한 듯 중국 정부는 신문과 인터넷에서 '빈 의자' 사진 검열도 했다. 중국 당국은 빈 의자의 검색 결과를 차단하고 빈 의자와 관련된 글을 쓰거나 사진을 올린 블로거의 계정을 취소하거나 사진을 삭제했다.[5]

둘째, 인터넷을 이용하여 공산당에 반대하는 정당을 조직하는 것 역시 철저히 금지되는 이슈이다. 인터넷을 이용하여 정치조직화를 시도한 대표적 사건이 '중국 민주당(China Democracy Party)' 창당 사건이었다. 중국 민주당은 해외 각국에 웹 사이트를 구축한 후 미국에 기반을 둔 'VIP 레퍼런스'라는 뉴스레터를 통해 수천 명의 중국 본토인들에게 정치적 메시지를 발송했다. 미국 클린턴 대통령의 중국 방문을 즈음하여 공개적으로 중국 야당을 등록하려고 했으나 실패했다. 중국 정부는 중국 민주당 창당 사건을 탄압하는 과정에서 지도자 대부분을 구속했고 조직도 해체했다. 중국 민주당 창당을 주도했던 왕(Wang Youcai)은 1998년 12월 국가전복 기도 혐의로 11년 형을 선고받았다. 이처럼 인터넷을 이용한 정치적

3 <조선일보>, 2010. 10. 09.

4 *The New York Times*, October 8, 2010; <동아일보>, 2010. 12. 11.

5 <南方都市報>, 2010年 12月 12日; <한겨레>, 2010. 12. 13; <동아일보>, 2010. 12. 15.

조직화는 중국 정부에 의해 엄격하게 금지되는 이슈이다.

셋째, 중국 전국인대가 마련한 2017년 홍콩 행정장관 선거안에 반대하는 홍콩 민주화 시위가 2014년 9월 27일 시작되었다.[6] 그 후 중국 본토에서 홍콩 시위 관련 보도가 통제되었고, 대대적인 인터넷 검열을 통해 시나 웨이보와 검색엔진 바이두에서 홍콩 시위관련 내용이 삭제되었다. 또한 중국 정부는 사진 공유 SNS인 '인스타그램'의 접속도 9월 27일부터 차단했으며 웨이신(위챗: 모바일 메신저 앱)의 메시지도 선별적으로 차단했다. 중국 당국은 9월 28일 중국 내 미디어 웹 사이트들에게 홍콩, 경찰, 우산혁명 등 홍콩 시위와 관련된 모든 자료를 없애라는 지시를 했다.[7]

2017년 홍콩 행정장관 선거안에 반발해 홍콩 도심 점거 시위가 시작된 이후 중국 정부의 웨이보(SNS) 검열 건수가 가파르게 증가한 것으로 나타났다. 중국 정부는 홍콩 시위 모습을 담은 사진이나 시위를 지지하는 내용의 웨이보 게시글을 삭제했다. 홍콩대학교 언론센터가 내놓은 웨이보 검열 통계에 따르면, 시위가 시작된 이후 웨이보 검열 건수는 평소보다 약 4배가량 폭증했다. 9월 28일에는 152만 건의 웨이보 게시글이 삭제되었다. 텅쉰의 모바일 메신저 애플리케이션 웨이신의 메시지도 지워졌다.[8]

웨이보 삭제 글 복구 프로그램 '웨이보 스코프(WeiboScope)' 개발자는

---

6 1997년 홍콩 할양 당시 중국 정부가 2017년부터 홍콩 행정장관 직선제를 실시하겠다고 했다. 2017년 이전까지는 친중국 정부 성향의 위원회가 행정장관을 임명한다. 2014년 7월 중국 정부는 "홍콩의 자율권은 중앙정부의 승인 하에 가능하다"는 내용이 담긴 백서를 발간했고, 2014년 8월 행정장관 선거 입후보자는 친중국 성향의 후보추천위원 중 절반 이상의 지지를 얻어야 출마 자격을 부여하는 내용의 보통 선거안이 마련되자 홍콩 시위가 발생했다. "홍콩 시위 격화 - 중국 강경 대응," <서울경제>, 2014. 09. 29.

7 김유진, "홍콩 우산혁명, SNS 타고 훨훨," <아시아 투데이>, 2014. 09. 30; "홍콩, 인터넷 차단·검열 우려... 오프라인 채팅 앱 사용 급증," <연합뉴스>, 2014. 09. 30.

8 "홍콩 시위 여파, 중국 정부 웨이보 검열 건수 폭증," <서울신문>, 2014. 10. 06.

2014년 9월 28일 게시글 1만 개당 98개 글이 차단되었고, 9월 29일과 30일에는 각각 게시글 152개와 136개가 차단된 것을 웨이보스코프에서 확인했다고 밝혔다. 이런 차단은 2014년 6월 4일 톈안먼(天安門) 민주화 운동 25주년 당시 차단 횟수를 능가하는 것이었다.[9]

홍콩에서는 인터넷에 접속하지 않아도 이용자가 반경 70미터 안에 있으면 블루투스를 이용해 메시지를 주고받을 수 있는 채팅 애플리케이션 '파이어 챗(Fire Chat)' 사용이 급증했다. 홍콩 시위대를 중심으로 9월 29일 하루 동안 10만 명이 '파이어 챗'에 가입했다. 홍콩에서 파이어 챗이 폭발적 인기를 끈 것은 중국 정부가 인터넷을 차단 혹은 검열할 수 있다는 우려 때문이었다.[10]

2. 소수민족의 집단 저항

2008년 티베트인 집단 저항, 2009년 7월 및 2011년 7월 신장 위구르(新疆 维吾尔)인 집단 저항, 2011년 5월 네이멍구(内蒙古)인 집단 저항 등이 소수민족 집단 저항의 대표적 사례이다. 이런 소수민족의 집단 저항에서 휴대폰 및 인터넷이 시위 조직화의 수단이 되자 중국 정부는 인터넷 통제로 대응했다. 첫째, 2011년 5월 몽고족 집단 저항은 몽고족의 자존심을 건드린 트럭운전사의 발언이 '이메일과 블로그' 등을 통해 몽고족 학생들에게 확산되어 집단 시위를 촉발시켰다.[11] 네이멍구에서 집단 시위가 발

9 *South China Morning Post,* October 02, 2014.

10 *New York Times,* September 29, 2014.

11 이 사건에 관한 자세한 내용은 다음 참조. <한겨레>, 2011. 05. 30; <중앙일보>, 2011. 05. 31.

생하자 중국 정부는 휴대폰과 인터넷을 통제했다. 인터넷 토론 사이트와 문자 메시지 서비스가 중단되었고, "외출을 자제하고 집회에 참석하지 말라."는 경고 메시지가 현지 주민들에게 휴대폰을 통해 계속 전달되었다. 5월 29일부터 인터넷 채팅방이 차단되었고, '만리장성 방화벽'이 가동되어 지역명(네이멍구, 후허하오터) 키워드는 바이두, 시나닷컴 등 유명 포털이나 웨이보에서 검색이 불가능했다.[12]

둘째, 2009년 6월 26일 광둥성(廣東省)에서 발생한 신장 위구르 출신 노동자와 현지 노동자 간의 집단 충돌이 온라인 공간을 통해 신장 지역으로 알려져 7월 5일 신장 위구르인 집단 저항의 발단이 되었다. 2009년 7월 신장 위구르 집단 시위 과정에서도 인터넷 및 휴대폰이 시위를 조직화하는 수단이었다. 2009년 7월 1일 인터넷·유선전화·휴대폰 문자를 통해 "세계 위구르 대표대회를 개최하자"는 내용을 위구르인들에게 연락하여 군중을 선동했다. 7월 4일 저녁 네티즌들이 인터넷에 대량의 글을 올려 7월 5일 우루무치 시민광장 남문에서 불법시위를 하자고 제안했다. 시나닷컴이 가장 먼저 우루무치에서 파괴 및 방화 등 심각한 폭력 범죄 사건이 발생했다고 알렸다.[13] 이런 사건들을 보면 온라인 공간에서 정보 유통이 각 지역의 위구르인들을 연결하고 시위를 조직화하는 수단이 되고 있다. 이에 대응하여 중국 정부는 인터넷과 휴대폰을 통제했다.

중국 온라인 공간에서 사회정책을 비판하고 시민권 보호를 주장하는 이슈는 공론화될 수 있지만 체제저항 운동은 허용되지 않는다. 만약 누군가 '오늘 몇 시에 어디에서 모여 시위를 하자'고 웨이보에 쓴다면 당장

12 <중앙일보>, 2011. 05. 31.

13 葉 皓 等 著, 『正確應對网絡事件』(南京: 江蘇人民出版社, 2009), pp. 105-114.

잡혀갈 것이다. 공산당은 의견 표출은 허용하지만 집단행동은 철저히 금지하고 있다.[14] 중국에서는 웨이보에 게재되는 모든 내용이 당국에 의해 저장되고 분석된다. 예를 들어 인터넷 상에 '다 함께 모이자', '만나자', '행진하자' 등의 게시 글을 올린 뒤 약속장소에 나가면 가장 먼저 현장에 도착해 있는 경찰을 발견하게 된다.[15]

3. 웨이보 통제: 여론 관리

중국에서 2010년부터 웨이보를 이용한 온라인 활동이 여론 형성을 주도하고 있다.[16] 정보를 여과시켜 사회를 통제하려는 중국 정부의 언론 통제는 2010년부터 웨이보가 확산되자 심각한 도전에 직면했다. 웨이보의 영향력이 커지면서 어떻게 통제할지를 놓고 중국 정부의 고민이 깊어지고 있다. 그러나 중국 정부도 인터넷 발달이 궁극적으로는 공산당 정권과 국가에 긍정적 작용을 하는 것으로 판단하고 있기 때문에 웨이보를 폐쇄하지는 않을 것이다.[17] 공산당 중앙선전부와 국무원 국가인터넷정보판공실에서 이미 트위터와 페이스북에 대해서는 접속을 차단하고 있지만, 웨

---

14 이에 관한 자세한 내용은 다음 참조. <중앙일보>, 2013. 05. 20.

15 마이클 안티(趙靜의 필명, 뉴욕타임스 베이징지국 연구원 역임) 인터뷰. 유럽 외교관계 협의회 엮음, 『China 3.0』(서울: 청림출판사, 2013), p. 155.

16 중국판 트위터가 웨이보이며, 런런왕(人人網: renren.com)은 중국판 페이스북으로 주로 대학 내에서 학생들이 자료를 올려 공유하는 용도로 많이 사용된다. 이 사이트는 I love School처럼 동창 찾기에도 사용되고 있다. 중국판 유투브(You Tube)로는 여우쿠(优酷网)와 투또우(土豆网)가 있다. 중국 블로그 현황 및 역할에 관한 자세한 내용은 다음 참조. 于紹宗·于麗娜 著, 『中國博客調査』(北京: 中央編譯出版社, 2012).

17 *Financial Times*, September 18, 2011.

이보까지 막을 경우 국민의 불만을 통제하기 어려울 것이라는 관측이 지배적이다.[18] 중국 공산당의 선전업무를 담당하는 한 관리는 "우리는 중국식 뉴스 포털과 블로그를 갖고 있으며 웨이보 역시 그렇게 될 것"이라고 말했다.[19]

중국 정부는 온라인 여론에 영향력이 강한 웨이보를 어떻게 통제하는가? 첫째, 2011년 초 중국에서 인터넷을 통해 튀니지식의 '자스민 혁명'을 촉구하는 목소리가 높아진 후, 중국 정부는 웨이보 등 SNS에 대한 감시와 규제를 강화했다. 예컨대 중국 당국은 2011년 '자스민 시위', 2010년 류샤오보의 노벨상 수상 소식이 알려졌을 때 웨이보 운용사들이 '관련 단어의 검색을 차단'했다. 중국의 존경받는 저널리스트이자 광저우의 '서던 메트로폴리스 데일리'의 편집자인 청이중(程益中)[20] 역시 정기적으로 자신의 게재물이 삭제되는 것 외에도 최근에는 게시물이 늦게 올라가거나, 팔로잉이 금지되는 사례들이 종종 발견되고 있다고 주장했다.

시나 웨이보는 2011년 8월 26일 가입자들에게 "거짓소문을 퍼뜨린 웨이보 이용자의 계정을 한 달 동안 정지한다."는 통지를 보냈다. 이 통지에 앞서 베이징시 공산당 당서기는 2011년 8월 22일 이례적으로 시나 웨이보 운영사인 시나닷컴 본사를 방문해 "인터넷 기업들은 거짓정보를 결연하게 차단해 건전한 온라인 미디어 환경을 조성해야 한다."고 강조했다. 그의 발언은 인터넷 기업들이 정부 통제를 위협하는 정보가 확산되지 않도록 책임지라는 '경고장'으로 받아들여졌다. 이런 움직임은 웨이보에서

---

18 <동아일보>, 2011. 08. 04.

19 <중앙일보>, 2011. 09. 19.

20 2003년 2월 공산당의 사전 허가 없이 사스(SARS)를 보도하고, 4월에는 순즈깡(孫志剛) 사건을 보도했던 광저우시 『남방도시보(南方都市報)』의 당시 편집장이 청이중이었다. 그는 2004년 3월 뇌물수수와 공금횡령 혐의로 구속되어 중형을 받았으나 언론인들이 석방운동을 벌여 2004년 8월 석방되었다.

정치적으로 민감한 내용을 제거하겠다는 신호탄인 동시에 '웨이보 혁명'이라 불리는 강력한 웨이보의 영향력에 대한 당국의 불안감을 단적으로 드러낸 것이다. <런민일보>도 사회 안정을 위해 웨이보에 대한 관리를 강화해야 한다는 내용의 사설과 기사를 지속적으로 게재했다.[21]

시나 웨이보를 운영하고 있는 '시나 코프'의 찰스 차오 최고경영자(CEO)는 2011년 9월 "지난 두세 달 동안 '신뢰시스템' 구축에 대해 심각하게 검토하고 있다."고 말했다. 웨이보가 정보를 여과시키고 사회를 통제하려는 정부의 노력에 심각한 도전이 되고 있다는 것이다. 그는 소셜 네트워크 서비스를 통한 루머 유포는 개인과 정부에 커다란 해를 끼치고 있다면서, 악의적 루머를 유포하는 사람들에게 그에 상응하는 징벌 조치가 필요하다고도 했다. 분석가들은 차오 CEO의 이 언급이 웨이보 사업자들에 대한 당국의 압력이 증가하고 있음을 보여 주는 사례라고 지적했다.[22]

둘째, 웨이보의 영향력을 통제하기 위해 베이징시는 2011년 12월 '웨이보 실명제' 실시 규정을 발표했다.[23] 이미 17기 6중전회 이후 2011년 10월 18일 베이징시 공산당위원회 기관지인 베이징일보(北京日報)는 유언비어 규제 조치의 일환으로 블로그 사이트 실명제를 도입한다고 밝혔다. 즉 "베이징시는 실명제 확대를 계속할 것이며, 전문가와 자원봉사자로 구성된 온라인 보안 팀을 구성하여 정보 확산을 규제하기 위한 효과적인

---

21 <한겨레>, 2011. 08. 28.

22 <중앙일보>, 2011. 09. 19.

23 "北京市微博客发展管理若干规定," <北京晚報>, 2011年 12月 16日. 이 규정에 의하면 웨이보 사용 전에 실명을 사이트에 등록해야 한다. 웨이보에 글 올리기, 게시글 복사 및 전파를 하려면 반드시 실명으로 등록하고 사용해야 한다. 웨이보 정보 열람자는 실명으로 등록하지 않아도 된다. 기존 웨이보 사용자들은 3개월 내에 실명 계정으로 바꾸어야 한다. 웨이보 실명제 규정은 사용자뿐만 아니라 베이징에 본사를 두고 웨이보 서비스를 제공하는 모든 포털 사이트에도 적용된다.

평가 시스템을 구축할 것이다. 만약 온라인에서 유언비어가 유포되는 것을 제한하지 않는다면 사회에 큰 해를 끼칠 것이다."[24] 이 조치에 따라 중국에서 웨이보 같은 마이크로 블로그 사이트를 이용할 때는 실명과 신분증 번호를 입력해야 한다. 실명제는 인터넷 사용자들이 글을 올리거나 다른 사용자의 글을 옮길 때 책임 소재가 어디 있는지를 가려내는데 도움이 될 수 있는 효과적인 규제 장치이다.[25]

웨이보 실명제가 2012년 3월 16일부터 전국적 차원에서 시행되고 있다. 중국 정부는 보시라이 사건을 계기로 SNS 단속을 강화하고, 정치적으로 민감한 문제를 다루어 온 시나 웨이보의 유명한 웨이보 계정들을 폐쇄했다. 중국의 최대 웨이보 운영업체인 시나닷컴은 웨이보 자율정화 조치를 시행한다고 2012년 5월 10일 발표했다. 또한 시나 웨이보는 웨이보 사용자 점수제로 정보 통제를 강화하는 규정을 도입했다.[26] 인터넷 실명제가 표현의 자유를 억압한다는 비판으로 인해 한국에서는 폐지되었던 바로 그 시점에 중국 정부는 웨이보 실명제 실시를 발표했고, 이를 비판하는 이슈는 공론화되지 못하도록 철저히 차단되었다.[27]

중국 웨이보는 해외 SNS(트위터, 페이스북)와 연결이 차단되어 있고, 중국 내 서로 다른 포털 사이트의 웨이보 간에도 상호 연결이 차단된 '중국 특색의 SNS'이다. 따라서 웨이보는 해외 SNS가 중국 네티즌에게 미치

---

24 <北京日報>, 2011年 10月 18日.

25 <중앙일보>, 2011. 10. 19.

26 <중앙일보>, 2012. 05. 29; <중앙일보>, 2012. 05. 10; <중앙일보>, 2012. 04. 25.

27 한국은 2007년 인터넷 실명제가 도입된 후 2011년 12월 정부가 폐지를 발표했다. 이명박 정부는 2008년 촛불시위 1년 후 2009년 4월부터 하루 방문자가 30만 명이던 실명제 적용 대상 사이트 기준을 10만 명으로 확대해 '표현자유'를 억압한다는 지적을 받았다. 실명제는 SNS 서비스가 확산된 후 실효성이 사라졌다. 트위터와 페이스북 등이 국외 서비스라 실명제를 적용할 수 없기 때문이다. <한겨레>, 2011. 12. 29.

는 영향을 통제하는 데 유리하다. 한국의 경우 SNS 확산에 따라 인터넷 실명제가 해외 SNS에는 적용될 수 없었기 때문에 실명제 실효성이 약화되었다. 그러나 웨이보는 해외 SNS와 차단되어 있기 때문에 웨이보 실명제를 실시함으로써 온라인 여론을 상대적으로 잘 관리할 수 있다.

웨이보 실명제는 정치적으로 민감한 내용이 웨이보에 올라오는 것을 사전에 차단하고자 하는 '자기검열' 유도장치라고 볼 수 있다. 웨이보를 통해 유언비어, 인권 단체 및 반체제적 정보가 확산되어 사회 불안정을 야기하는 것을 통제하려는 것이다. 또한 웨이보가 시민들의 집회 및 결사의 자유를 실현하는 의사소통 수단으로 이용되는 것을 막아 시민들의 집단행동을 위축시키려는 시도라고 볼 수 있다. 웨이보 실명제의 실시에는 2011년 7월 온저우(溫州) 고속철도 사고 때 웨이보를 이용하여 시민들이 정부의 언론 통제를 무력화시킨 것도 영향을 미쳤을 것이다.

셋째, 웨이보는 정부가 국민 여론을 파악하는 동시에 통제하는 창구 역할을 한다. 시나 웨이보가 정부 서비스를 개설한 후 2011년 11월 기준으로 정부기관과 공무원의 이용자 계정 1만 9천 개가 새로 생겼다. 특히 공안 요원들은 5천 개 이상 계정을 개설해 공직자 가운데 가장 적극적으로 웨이보를 이용한다. 베이징 공안은 전담 부서를 두고 요원들에게 24시간 웨이보의 글을 감시하고 정부의 입장을 옹호하는 글을 올리도록 하고 있다. 웨이보 전담팀의 임무는 공권력에 대한 여론을 알아내고 호의적인 반응을 끌어내는 것이다.[28] 공안기관은 웨이보를 이용하여 정부에 호의적인 온라인 여론 형성을 유도하는 역할을 하고 있다.

중국 웨이보 회사에는 정부에서 파견된 검열관이 상주하며 민감한 내

---

28 Christian Gobel and Lynette H. Ong, "Social Unrest in China," *Europe China Research and Advice Network* (2012), p. 55; <중앙일보>, 2011. 12. 06.

용이 떴을 경우 상부에 수시로 클릭 수와 파급력을 보고한다. 이들은 정부에서 월급을 받고 중앙선전부의 검열 지시에 따라 내용을 검열하여 검색어를 차단한다. 예컨대 2011년 자스민 시위, 2010년 류샤오보의 노벨상 수상 소식이 알려졌을 때 웨이보 운용사들이 관련 단어의 검색을 차단했다. 또한 민감한 내용을 직접 삭제하거나 영향력이 큰 블로거들을 회유하여 발언을 자제하도록 한다.[29]

넷째, 중국 정부는 2011년 '웨이보 통제 규정'을 제정하여 어떤 개인이나 조직도 웨이보를 이용하여 다음과 같은 위법 정보를 유포할 수 없게 했다. ① 헌법이 규정한 기본원칙 위반, ② 국가안전을 해치고 국가기밀을 누설하고, 국가정권 전복, 국가통일 방해, ③ 민족단결 파괴, ④ 사교 전파를 통해 국가종교정책 파괴, ⑤ 유언비어 유포로 사회질서 혼란 및 사회안정 파괴, ⑥ 불법집회, 결사, 시위를 선동하여 대중 소요 유발, ⑦ 불법 민간조직 명의의 활동 등이다.[30]

중국 정부의 엄격한 검열에도 불구하고 중국에서 소셜 네트워킹(social networking) 활동이 활발한 것은 무엇 때문일까? 가장 중요한 이유는 중국어의 특징이다. 서방의 트위터나 중국의 트위터 복제 사이트인 웨이보는 1회 게재 가능한 최대 글자 수가 140 글자다. 영어로 140 글자면 평균 20 단어로 대략 한 문장에 해당하는데, 이런 구조라면 트위터 글쓰기 1회에 특정 이슈의 제목 정도만 쓸 수 있다. 그러나 중국어로 140 글자는 한 단락 정도를 담거나 혹은 특정 이슈 전체를 작성할 수 있다. 즉 중국 네티즌의 1회 트윗은 영어권 네티즌의 3.5회 트윗과 정보량이 비슷하다. 중국어로 마이크로 블로그(Micro Blog)를 의미하는 웨이보는 사실 트위

29 <중앙일보>, 2013. 03. 18; <중앙일보>, 2013. 05. 20.

30 "北京市微博客发展管理若干规定," <北京晚報>, 2011年 12月 16日.

터보다 페이스북의 복제 사이트에 더 가깝다. 웨이보는 중국 역사상 최초로 마련된 여론 광장이라 해도 과언이 아니다. 웨이보를 통해 중국인들은 자유에 대해 토론하고 다른 사람과 타협하는 방식을 익히기 시작했다.[31]

위에서 살펴본 다양한 웨이보 통제 방식 하에서 중국인들은 중앙정부와 고위급 지도자에 대한 비판은 금지되어 있다는 것을 알고 있기 때문에 자기검열 과정에서 정치적으로 민감한 내용은 올리지 않는다. 중국 네티즌은 허용되는 이슈의 경계선을 알고 있기 때문에 그 경계선 내에서 자유롭게 글을 올리고 사회문제를 공론화하는 데 익숙하다. 중국 네티즌들은 '새장에 갇힌 자유의 한계'를 알고 있기 때문에 새장에 부딪혀 손상을 입지 않으려고 신중하게 행동하는 셈이다.

31 마이클 안티(趙靜의 필명, 뉴욕타임스 베이징지국 연구원 역임) 인터뷰. 유럽 외교관계 협의회 엮음, 『China 3.0』, pp. 152-154.

제7장

중국식 인터넷 문화 형성

제7장
중국식 인터넷 문화 형성

1. 중국 정부의 온라인 활동

IT 산업 발전을 기초로 한 정보화는 2000년대 중국 고도성장의 원동력이 되었지만, 정치·사회적으로는 권위주의적 통치체제 유지를 위협할 수 있는 언론 통제의 문제가 부각되고 있다. 저널리스트, 칼럼니스트, 공공정책 분석가들은 중국에서 인터넷 확산이 중국 사회를 근저에서부터 변화시킬 수 있으며, 공산당, 중국군, 국가기관의 통제를 약화시킬 수 있다고 지적한 바 있다.[1]

중국의 온라인 공간은 국민들이 표현의 자유를 실현하는 새로운 장으로 주목받고 있다. 수많은 권리 옹호(rights defence) 웹 사이트가 '온라인 권리옹호(online rights defence)'라는 말이 생겼다. 인터넷의 영향력이 증가함에 따라 공산당 지도부는 '온라인 여론'에 주목하기 시작했다. 서구식 민주화를 피하면서 통치의 정당성을 얻기 위해서는 온라인 여론을 수

1 Richard Worf, "Speaking Out: The Internet in China," *Harvard International Review* Vol. 23, No. 4, Winter 2002, pp. 7-8.

용하여 사회통제를 강화해야 함을 공산당 지도부도 인식하고 있다.[2] 실제로 사회통제의 정보화를 위해 안정유지 비용이 해마다 증가하고 있다. 공식 통계에 의하면 2011년 안정유지 비용이 1,110억 달러로써 1,060억 달러의 국방비를 초과했다.[3] 중국 정부가 온라인 공간을 효과적인 통치수단으로 활용하기 위해 고민하고 있음을 알 수 있다.

중국 정부는 2007년부터 인터넷 관리를 위해 '중국 특색의 사회주의 인터넷 문화 형성'을 강조했다. 중국을 움직이는 고위층이 참석하는 정치국 집단학습에서 2007년 첫 번째 학습 주제가 "세계 인터넷 기술 발전과 중국 인터넷 문화 건설과 관리"였다. 정치국 집단 학습은 정치국 상무위원을 포함하여 정치국 위원, 전국인대, 정협의 고위지도자, 국무위원, 관계부처 장관 등 적게는 40~50명에서 많게는 70~80명이 참여한다.[4] 이처럼 중앙 핵심 지도자들이 참석하는 2007년 첫 회의에서 '인터넷 문화 관리'를 주제로 다룬 것은 중국 정부가 인터넷 통제 및 활용을 얼마나 중시하는지를 잘 보여 준다. 이런 정치국 집단학습 경험은 2008년 3월 '정보공업화부' 신설 및 중국의 인터넷문화건설 관련 법규 제정에 영향을 주었을 것이다. 2007년 4월 23일 중앙정치국 회의, 2007년 10월 17차 당대회에서

2 Guobin Yang, The Power of the Internet in China: Citizen Activism Online (NY: Columbia University Press, 2009), p. 30; Xiaoling Zhang and Yongnian Zheng (eds.), *China's Information and Communications Technology Revolution: Social changes and state responses* (London and New York: Routledge, 2009).

3 Christian Gobel and Lynette H. Ong, "Social Unrest in China," *Europe China Research and Advice Network* (2012), p. 7.

4 유상철, 「정치국 집단학습을 알면 중국의 미래가 보인다」, 『동아시아 브리프』, 제6권 제3호, 성균관대 동아시아연구소(2011년 8월), pp. 67-78. 후진타오 총서기 집권 후 '정치국 집단학습'이 정례화 된 이유는 당의 집권능력 강화가 가장 큰 이유이다. 후-원체제의 세 가지 원칙은 첫째, 중대한 결정을 내리기 전에 반드시 관련 지식을 공부한다. 둘째, 각계의 의견을 광범위하게 청취한다. 셋째, 집단토론을 충분히 한다. 이 세 원칙을 가장 잘 충족시키는 것이 '정치국 집단학습'이다.

도 후진타오(胡錦濤) 총서기는 인터넷 문화 건설 및 관리의 중요성을 강조했다. 즉, "인터넷은 중화민족의 사상도덕 수준 및 과학문화의 향상, 사회주의 정신문명 건설에 유리하게 활용될 수 있다."[5]

또한 후진타오 총서기는 2011년 2월 베이징 중앙당교에서 열린 토론회에서 '인터넷 관리 감독 강화 및 인터넷 여론 지도기구 정비'를 강조했다.[6] 2011년 17기 6중전회의 주요의제 역시 '인터넷 통제 및 관리강화'였다. 베이징시 역시 2007년 <베이징시 인터넷 문화 건설에 관한 의견>을 발표하여 인터넷 문화 중점 단위를 정하고, 인터넷 문화 수준을 높이기 위한 다양한 조치를 취했다.

그러면 중국 정부는 어떤 방식으로 '중국식 인터넷 문화 건설'을 진행하고 있는가? 중국 정부는 정보 공개와 통제를 병행하며 온라인 여론을 관리하고 있다. 첫째, 국가 주도의 전자정부 구축을 통해 당의 통치 능력 강화를 추진했다. 2002년 국무원 제 17호 문건("중국 전자정부 건설에 대한 지도 의견")을 발표하여 전자정부를 시작했다. 또한 중국 정부 정보 공개조례(2008년 5월 1일 시행)를 발표하여 국민들에게 정부 정책을 알리는 작업도 시작했다. 전자정부의 역할은 지방정부에 대한 중앙정부의 감독 강화, 행정 효율화 및 비용 절감이라 볼 수 있다. 구체적으로 중앙 및 지방정부가 홈페이지를 개설하여 온라인으로 업무를 처리하고, 정부 정보를 국민들에게 공개하는 것이다. 2006년 중국 중앙정부 홈페이지 '중국 정부망(中國政府网, www.gov.cn)'이 개설되었다. 중국 정부망은 국무원 및 관련 부처와 각 성, 직할시의 정부 관련 정보 및 온라인서비스 등을 제공하는 종합적 플랫폼으로서의 기능을 담당한다.

---

5 李建盛·陳 華·馬春玲 主編『首都网絡文化 發展報告 2010-2011』(北京: 人民出版社, 2011), pp. 5-20 참조.

6 <동아일보>, 2011. 02. 20.

둘째, 중국 정부의 온라인 활동이 활발해졌다. 기존의 지시형 통치방식에서 벗어나 인터넷을 통해 정부정책을 홍보하고 여론 동향을 파악하기 시작했다. 2008년은 '관방 사이트의 해'라고 할 정도로 당과 정부는 인터넷 사이트를 통해 민의를 수렴하기 시작했다. 2009년 중국 정치인들이 인터넷을 통해 민의를 수렴하는 것이 유행처럼 번졌다. 고위급 정치지도자의 웨이보 및 블로그 개설 붐은 이런 변화를 보여 준다.

셋째, 중국 정부는 관방 뉴스 사이트(新聞网站)를 만들어 정부가 원하는 방향으로 온라인 여론을 유도하기도 한다. 중국 네티즌이 자주 이용하는 영향력이 있는 뉴스 사이트는 런민왕(人民网), 신화왕(新華网), 중시왕(中視网) 등이다.[7] 중국 정부는 1997년 런민왕, 신화왕 등의 관방 뉴스 사이트를 만들기 시작하여 이미 20여 개의 다양한 사이트를 운영하고 있다. 2000년에는 베이징 치엔롱왕(北京千龍网), 상하이 동팡왕(上海東方网)이 개통되었다. 또한 베이징천바오(北京晨報), 베이징르바오(北京日報) 등 9개의 베이징시 뉴스매체가 공동으로 뉴스 사이트를 개설하여, 다양한 뉴스를 제공하고 있다. 중국의 중점 뉴스 사이트는 2010년 7월 현재 총 12개 사이트였다. 공산당 및 정부가 만든 관방 뉴스 사이트는 사회주의 가치관을 홍보하는 창구로 이용된다.[8]

중국에서는 오프라인 언론에서 보도된 내용만을 뉴스 사이트에 올릴 수 있기 때문에 온라인 뉴스 통제가 상대적으로 효과적이다. 민감한 정치

---

7 人民網輿情監測室 著, 『如何應對網絡輿情』(北京: 新華出版社, 2012), p. 5. 2013년 6월 말 기준으로 인터넷 뉴스에 접속하는 네티즌 규모는 4억 6,100만 명이고, 네티즌 중 인터넷 뉴스 사용자 비율은 약 78%이다. 中國互聯网絡信息中心, 「第32次中國互聯网絡發展狀況統計報告」, 2013. 06. www.cnnic.net.cn.

8 李建盛·陳 華·馬春玲 主編, 『首都网絡文化 發展報告 2011-2012』(北京: 人民出版社, 2012), pp. 51-53, pp. 58-59; 李建盛· 陳 華· 馬春玲 主編, 『首都网絡文化 發展報告 2010-2011』, pp. 5-20; 馬駿· 段秦·李海英·朱閣 著, 『中國的互聯網治理』(北京: 中國發展出版社, 2011), p. 132.

적 뉴스의 경우 오프라인 언론을 통제함으로써 온라인 공간에서 확산되는 것을 통제한다. 또한 중국 정부가 지지하는 이슈를 네티즌들이 공적 이슈화하도록 지원함으로써 온라인 공간을 국가 공간으로 만들기도 한다.[9]

넷째, 인터넷 시대에는 인터넷과 웨이보가 '현대판 신문고' 역할을 한다. 2010년 9월 런민일보에 '인터넷 신문고 <중난하이(中南海) 직통 라인>'이 개설되었다. 이것은 인터넷 정치를 정착하기 위한 방안으로 네티즌이 후진타오 총서기 등 당 중앙지도자에게 직접 건의 가능한 통로가 만들어진 것이다. 또한 웨이보가 국민 여론을 좌우하는 신매체로 부각되자 중국 정부는 고위 공무원들의 웨이보 개설을 통해 국민 여론을 수렴하고 사회문제에 관해 국민과 소통하는 채널로 이용하고 있다. 2011년 11월 기준으로 베이징 시정부에서 운영하는 웨이보가 20여 개였다. 그러나 관방 웨이보는 문제를 제기하는 장소에 불과할 뿐 해결해 주지는 못하기 때문에 한계가 있다. 예컨대 베이징시 공안국이 만든 '평안한 베이징(平安北京)' 웨이보는 경찰과 시민의 소통 장소일 뿐 문제를 처리하는 창구는 아니다.[10]

다음으로 중국 정부가 인터넷과 웨이보(微博)를 이용하여 국민 여론을 수렴하는 동시에 관리하는 '온라인 활동' 사례를 소개하면 다음과 같다. 첫째, 정치인들이 웨이보를 통해 국민 여론을 수렴하기 시작했다. 2009년 2월 28일 원자바오 총리가 중국 정부왕(中國政府网), 신화왕(新華网)을 통해 네티즌과 교류함으로써 정부, 공무원, 대중이 온라인 공간에서 상호 소통하는 좋은 예를 보여 주었다. 2009년 12월에는 많은 고위 공직자와 양회(兩會: 전국인민대표대회와 중국인민정치협상회의) 대표들이 런민웨

9 尹韻公 主編『中國新媒體發展報告 (2011)』(北京: 社會科學文獻出版社, 2011), pp. 121-122 참조.

10 尹韻公 主編『中國新媒體發展報告 (2011)』, p. 182; 李建盛·陳華·馬春玲 主編『首都网絡文化 發展報告 2011-2012』, pp. 253-255, pp. 353-356.

이보(人民微博)를 이용하여 민의를 수렴했다.[11] 2011년 3월 양회(兩會)기간에는 양회 전용 홈페이지, 런민왕(人民网), 웨이보 등을 통해 국민 의견을 수렴했다. 각 지방정부도 웨이보 개설을 통해 국민과 직접 소통에 나섰다. 전국인대 대표와 정협위원들 역시 개인 웨이보를 개설하고 네티즌과 소통했다. 2011년 3월 초 전국인대 대표 133명, 정협위원 184명이 시나닷컴(www.sina.com)에 웨이보를 개설하여 민의를 수렴하고 의제를 설명했다.[12] 또한 이 시기 <정부업무보고>에서 원자바오 총리는 온라인 민의를 수렴하여 사회갈등을 해소함으로써 사회안정을 유지하는 새로운 사회관리 방식을 강조했다. 중국 정부는 재정예산결산, 정책법규 및 다양한 정부 소식을 발표하는 창구로 웨이보를 사용하기도 한다.[13] 이런 정부의 온라인 활동은 국민들의 민의를 파악하고, 사회를 안정화하는 수단으로 인터넷을 활용하고 있음을 보여 준다.

예칭(葉靑) 후베이(湖北)성 통계국 부국장이 2013년 3월 열린 전국인대(全國人大)에서 중국 언론의 집중 조명을 받았다. 그는 2009년 중국 고위 공직자로는 처음으로 개인 웨이보 계정을 개설하고 주민들과 소통하기 시작했다. 2013년 그를 따르는 웨이보 팔로어는 205만 명이고 이들과 주고받은 단신은 2만 건이 넘는다. 전국인대를 앞두고 그는 팔로어들의 건의 1000여 건을 받아 이 중 통계 분석의 효율성 등과 관련된 5개 건의안을 전국인대에 올려 통과시켰다. 그는 "민주화는 소통이다. 웨이보는 앞으로 중국 민주화를 이루는 거대하고도 핵심적인 수단(tool)"이라고

11 李建盛·陳 華·馬春玲 主編『首都网絡文化 發展報告 2010-2011』, pp. 5-20 참조.

12 <揚子晩報>, 2011年 3月 2日.

13 온라인 공간에서 정부와 시민 간의 상호작용에 관한 자세한 내용은 다음 참조. 李建盛·陳 華·馬春玲 主編『首都网絡文化 發展報告 2011-2012』, pp. 346-352; 人民網輿情監測室 著,『如何應對網絡輿情』, pp. 5-8.

말했다.[14]

둘째, 중국 정부는 입법화 과정에서 기득권층의 반발을 약화시키기 위해 인터넷을 이용했다. 예컨대 관료들의 부정부패를 척결하기 위한 '공무원 재산 공개'를 입법화하는 과정에서 중국 정부는 온라인 여론을 적극적으로 활용했다. 2010년 3월 3일 전국인대에서 공무원 재산 공개 입법화가 제안되었다. 입법화를 추진하는 과정에서 신문 및 온라인 공간에서 이 이슈를 공론화하여 공무원 재산 공개는 '민의에 따른 것'이라는 여론을 조성했다. 예컨대 관방 뉴스 사이트 신화왕에서 "공무원 재산 공개는 부패를 자르는 예리한 칼이다."라는 시론을 발표하여 입법화라는 제도적 장치를 만드는 것이 중요함을 역설했다. 다른 신문 시론에서도 '공무원의 재산 공개는 민의이다.'라는 제목 하에 공무원 재산 공개는 본인 재산의 합법성을 증명하고 대중의 불신을 해소하는 길이며, 대중이 이를 요구하는 것은 당연하고 합법적이라고 역설했다.[15]

셋째, 중국 정부는 중앙 및 지방 관료들의 부정부패를 감독하는 수단으로 웨이보를 활용하기도 한다. 따라서 시민기자들이 웨이보를 통해 폭로하는 지방정부의 부패문제는 전국적으로 이슈화될 수 있다. 2010년 중국 인터넷에서 주요 이슈는 관료부패, 법 집행 과정에서 불공정, 관료 및 부유층 자녀의 횡포, 주택가격 및 물가상승 등이 핵심이슈였다.[16] 2010년 중국 온라인 공간에서 '우리 아버지가 리강(李剛)이야'라는 유행어가 인기를 끌었다. 이 사건은 권력층 자제의 부적절한 행동을 계기로 지방 공무

14 최형규, "웨이보 3억 명의 수다 … 비리 고위관료 80명 옷 벗겼다," <중앙일보>, 2013. 05. 27.

15 이에 관한 자세한 내용은 다음 참조. 杜駿飛 主編,『2010-2011 危如朝露: 中國網絡輿情報告』(杭州: 浙江大學出版社, 2011), pp. 270-272.

16 尹韻公 主編,『中國新媒體發展報告 (2011)』, p. 45, pp. 131-132.

원의 권력남용을 비판한 사건이다.[17] 또한 2011년 9월 초 중국 베이징 시내 한복판에서 인민해방군 장성 아들(15세)이 BMW 승용차를 몰고 가다 교통사고를 일으킨 뒤 도리어 피해자를 때려 중상을 입히고 구경꾼들에게 "누가 감히 나를 신고할 수 있느냐"고 큰소리를 친 사건이 웨이보에 게재됐다. 이는 곧바로 특권층의 오만과 안하무인에 대한 국민적 분노로 연결되었다.[18]

시진핑 정부에서도 부패척결 추진 과정에서 웨이보가 일등공신으로 부상했다. 경제정책을 지휘하던 고위 관료인 국가발전개혁위원회 부주임(장관급)이 웨이보에서 학력 위조가 이슈화되어 2013년 3월 낙마했다.[19] 2012년 11월 시진핑 주석 당서기 취임 이후 2013년 5월까지 낙마한 100여 명의 국장급 이상 고위 간부 80%가 모두 웨이보 비리 제보를 통해 감옥으로 갔다. 전국 공안기관에서 부패 척결 목적으로 개설한 웨이보가 1,228개다.[20]

웨이보는 민의 표출의 통로이자 민의 수렴의 중요한 플랫폼이다. 웨이보에서는 자주 사회공공인물 및 사건에 관한 논평을 볼 수 있고, 국가 중대사건이나 사회공공사건이 발생하면 바로 웨이보에서 관심 주제가 되어 많은 글이 올라온다. 따라서 웨이보 정보의 정리 및 분석은 온라인 여론을 이해하는 데 도움이 될 수 있다. 이를 인식한 중국 정부도 웨이보를 이용한 '중국식 온라인 문화 건설'을 추진하고 있다. 중국의 온라인 공간에서 웨이보는 상대적으로 자유로운 공간으로 보인다. 그러나 웨이보 역시 정부가 다양한 방식으로 통제하기 때문에 정부가 허용하는 범위 안에서만

17 이 사건에 관한 자세한 내용은 다음 참조. *International Herald Tribune*, November 18, 2010.

18 <중앙일보>, 2011. 09. 19.

19 이에 관한 자세한 내용은 다음 참조. <중앙일보>, 2013. 05. 14.

20 최형규, "웨이보 3억 명의 수다 … 비리 고위관료 80명 옷 벗겼다," <중앙일보>, 2013. 05. 27.

자유로운 일종의 '새장 속의 자유'와 비슷하다.

2. 인터넷 평론원제도

중국 정부는 새로운 인터넷 관리 방식을 사용하고 있다. 공식적 캠페인을 통해 사회적 책임이나 자기규제 향상, 인터넷에서 긍정적 공적 의견(positive public opinion) 강조 등을 들 수 있다. 중국 정부는 2004년부터 "인터넷 평론원(Internet commentators)" 제도를 도입하여 온라인 여론을 관리하고 있다. 인터넷 평론원은 정부에 고용된 대리인으로서 온라인 공간에 참여하여 정부가 원하는 방향으로 온라인 여론을 유도하는 역할을 한다. 자원하거나 돈을 받는 인터넷 평론원은 '리플 달기'를 통해 온라인 논쟁에 직접 참여한다. 이들의 임무는 비판적 논쟁을 유도하는 것이 아니라 당 선전부의 지침에 부합하도록 논쟁을 유도하는 것이다. 중국 네티즌들은 메시지 건당 5마오(毛)를 받는 인터넷 평론원을 '우마오당(五毛黨, fifty-cent party)'이라 부르기도 한다.[21] '우마오당'은 중국 정부에게 은밀하게 채용돼 중국 정부의 논리로 여론을 선도해 가는 인물이다.

반면, '왕터(網特: 인터넷 스파이, 50달러당)'는 서구 자유주의, 인권, 민주 등 어휘를 사용하며 중국의 국가 현실을 비판하고 서구적 가치관과 명분을 강조하는 네티즌을 지칭한다. 중국 네티즌은 '50달러당'을 비판하기도 한다. '50달러당'은 평범한 네티즌을 가장해 반정부 댓글을 올리는 이들을 지칭하는 네티즌 속어다. 중국 네티즌은 이들이 미국 정보기구의 사주를

21 Guobin Yang, *The Power of the Internet in China: Citizen Activism Online*, pp. 49-51.

받고 돈을 받으며 글을 올린다고 생각한다. 2008년 티베트 시위 반대와 올림픽 성화 봉송 시위를 둘러싸고 중국 민족주의 과열의 진원지인 인터넷에서 '우마오당', '왕터'라는 별칭이 붙은 네티즌이 논쟁을 벌인 바 있다.[22]

중국 정부는 네티즌들의 온라인 여론을 이용하여 정부 입장에 대한 국민들의 동의와 합의를 끌어내는 효과를 얻을 수 있었다. 그런 예를 소개하면, 2008년 중국 네티즌들은 온라인 공간에서 '티베트 독립 운동 반대'라는 중국 정부가 지지하는 이슈를 공론화했다. 2008년 나타났던 중국인들의 대규모 온라인 항의(서방 언론 비판 시위, 성화 봉송 지지 시위 등), 불매운동(까르푸 불매운동), 압력행사 등은 정부 이슈를 적극 지지했다는 점에서 새로운 형태의 시민 행동주의(civil activism)라고 볼 수 있다. 티베트 독립 운동을 주도 해 온 달라이 라마에게 까르푸가 재정적 지원을 했다는 것이 알려지자 중국 네티즌은 인터넷과 휴대폰 문자 메시지를 통해 '까르푸 불매운동'을 했다. 또한 2008년 3월 '라싸 시위 사건'을 서방언론이 왜곡 보도했다는 이유로 중국인들은 서방 언론 비판 시위를 했다. 티베트 독립 시위가 세계 각국에서 올림픽 성화 봉송 반대 시위로 이어지자 해외 중국인들은 올림픽 성화 봉송 지지 시위로 대응했다.[23] 이런 네티즌의 온라인 활동은 중국 정부가 시도해 온 '중국식 온라인 문화 건설'에 부합되는 사례라고 볼 수 있다. 티베트 독립 반대라는 온라인 집단행동은 민족주의에 기반을 둔 자발적인 행동으로 알려져 있지만, 그 배후에는 인터넷 평론원들(우마오당)의 '리플 달기' 활동이 영향을 미쳤을 가능성이 있다.

중국 정부가 비공식적으로 민간인을 활용하여 온라인 여론을 관리하

22 <동아일보>, 2008. 05. 06.

23 <동아일보>, 2008. 04. 20; <동아일보>, 2008. 04. 29.

는 또 다른 방법은 '유언비어 관리 사이트'를 민간인 이름으로 운영하는 것이다. 예컨대 2011년 베이징 TV 프로그램(BTV 公共新聞, 說面孔)은 인터넷에서 유언비어(謠言)를 관리하는 민간 사이트 개설자 및 사이트의 역할을 소개했다. 이 사이트의 역할은 인터넷을 통해 유포되는 소문의 진원지를 찾아 진위여부를 조사한 후 근거 없는 유언비어일 경우 글 작성자를 찾아내어 글을 올린 해당 사이트에 공개적으로 사과문을 올려 정정하도록 하는 것이다. 사이트 관리자의 인터뷰 내용을 보면 사이트 개설 목적을 짐작할 수 있다. "해외에서 강한 중국이 혼란해지는 것을 바라고 인터넷을 이용하여 유언비어를 올리는 사람들이 있다. 나는 유언비어를 관리하여 이런 혼란을 막기 위해 활동하고 있다. 처음에는 친구들과 함께 사이트 활동을 시작했다. 일부에서는 내 사이트를 사려고도 하고, 온라인 공간에서 네티즌들의 많은 비난을 받기도 했다. 우리 사이트 활동의 한 가지 사례를 소개하면 다음과 같다. 다통(大同)에서 집을 철거하는 과정에서 소문에 기초하여 철거를 비난하는 글이 올라왔다. 조사해 보니 유언비어임을 확인하고 글을 올린 사람을 찾아 사과 및 정정 글을 올리도록 한 적이 있다."[24]

유언비어를 관리하는 사이트는 중국의 안정적 발전을 지지하는 민간인에 의해 자발적으로 개설되는 형식을 취했다. 그러나 인터뷰 과정에서 배후에는 중국 정부기관이나 특정 단체의 지원을 받고 있다는 의혹이 짙었다. 이처럼 사이트 운영을 통해 유언비어 관리 명분을 내걸고 네티즌의 비판적 글을 세밀하게 검열할 경우 글 작성자들은 상당한 부담을 느끼고 자기검열을 강화하게 될 것이다.

24 유언비어 관리 사이트(謠言聯盟) 발기인 인터뷰. BTV 公共新聞, 說面孔 www.btv.com.cn, 2011년 7월 17일 오전 9시-9시 30분 방송.

3. 중국산 검색엔진 서비스

미국 인터넷 검색시장의 70%를 장악하고 있고 국제 인터넷 검색시장에서도 독점적 지위를 지닌 구글(Google)에 대항하여 중국 정부는 정부가 만든 인터넷 검색엔진 사용을 확대하여 구글의 독주를 막으려 했다. 즉 중국 독자적인 뉴스 검색엔진을 만들어 네티즌의 뉴스 검색을 관리·통제하려는 목적이 있다. 2010년 1월 18일 '구글 사건'으로 세계의 관심을 받고 있을 때, 리장춘(李長春)은 인터넷 문화의 안전과 관련하여 중국 소유의 검색엔진회사를 육성해야 함을 강조했다. 2010년 4월 1일 중선부 부장은 국가 중점 뉴스 사이트의 검색엔진 건설 사업을 지시했다.[25]

중국은 '인민수색(人民搜索 www.goso.cn)', 및 '반고수색(盤古搜索, www.panguso.com)'이라는 독자적인 검색엔진을 만들었다. 첫째, '인민수색'을 만들기 위해 2010년 4월 런민왕과 중국과학원이 공동으로 인민수색(人民搜索) 연구개발팀을 만들고, 2010년 5월 31일 <인민수색 인터넷 주식회사>를 창설했다. 6월 20일에는 중선부, 국무원 신문판공실, 런민일보(人民日報)가 공동으로 '인민수색 검색 사이트(www.goso.cn)' 개통식을 열었다. 인민수색은 중점 뉴스 사이트는 아니지만, 런민일보와 런민왕과의 밀접한 관계를 활용하여, 휴대폰 사용자에게 뉴스를 전송한다. 2010년 12월 20일 인민수색은 '중국 검색엔진 발전전략 연구토론회'를 열기도 했다.[26] 둘째, 관영 신화통신은 차이나 모바일(中國移動通信)과 손잡고 인터넷 검색 사이트 '반고수색(盤古搜索: www.panguso.com) 서비스'를 2011년 2월 개시했다. 반고수색 역시 뉴스 검색에 중점을 둔다. 런민일보

---

25 尹韻工 主編, 『中國新媒體發展報告(2011)』, pp. 151-152.

26 尹韻工 主編, 『中國新媒體發展報告(2011)』, p. 152. p. 174.

도 별도 검색엔진(www.jike.com)을 2011년 6월말 출범시켰다.[27]

중국 정부가 중국산 인터넷 검색엔진 서비스를 보급하는 이유가 무엇인가? 인터넷 검색엔진은 이용자들이 키워드나 질문을 입력해 관련되는 웹 페이지를 찾아 정보와 지식을 획득하는 문화 및 지식 전파의 수단이다. 구글 및 야후 등 인터넷 포털은 최신 뉴스와 스포츠 결과 및 광고링크와 연결되어 있는 정보를 제공하여 검색엔진에 대한 네티즌의 관심을 유지한다. 검색엔진은 정보 및 지식을 목록화, 분류화하는 과정에서 특정한 이슈와 개념을 중요하게 제시함으로써 인식의 합법적 카테고리를 재생산하여 의제 설정의 역할도 수행한다. 따라서 네티즌이 어떤 검색엔진을 사용하느냐는 이들의 관심과 이슈에도 영향을 미칠 수 있다. 검색엔진에 대한 정부나 대기업의 통제가 강화되면 담론의 다양성이 사라지고 공론장의 이슈가 왜곡될 수 있다.[28]

이런 면에서 볼 때 중국산 검색엔진 서비스의 시작은 중국 정부의 통제를 받는 검색엔진을 이용하여 미국식 담론을 통제하고, 공론장에서 네티즌의 정치적 이슈를 통제하는 대신 중국 정부의 구미에 맞는 담론을 유행시킬 가능성이 높다. 중국 정부는 중국산 검색엔진을 확산시켜 공론장 이슈를 통제함으로써 '중국식 인터넷 문화'가 뿌리 내리도록 하려는 것이다.

한편, 중국의 독자적인 검색엔진 보급은 구글 철수 후 중국 시장을 독점한 바이두(百度)에 대한 견제라는 해석도 있다. 2010년 구글과 중국 정부와의 갈등 이후 2010년 4분기 바이두(百度)의 중국 시장 점유율은 83,6%, 구글의 중국 시장 점유율은 11.1%로 하락하여 바이두가 중국 검색 시장을 독점하게 되었다.[29] 중국 최대의 검색엔진 바이두는 인터넷 통

---

27 *International Herald Tribune*, July 18, 2011; 尹韻工 主編, 『中國新媒體發展報告(2011)』, p. 174.
28 정의철, "인터넷 규제와 정치공론장," pp. 214-215 참조.

제와 검열을 강조하는 중국 공산당과 인터넷 검열과 저작권 침해를 비판하는 월스트리트의 투자자들을 동시에 만족시켜야 하는 어려운 외줄타기를 하고 있다. 바이두는 2010년 구글이 중국에서 철수한 후 중국 검색시장의 80%를 점유하며 세계 3대 검색엔진으로 부상했다. 이에 중국 정부는 독점적 지위를 행사하는 바이두를 견제하기 시작했다.[30]

중국 언론매체들이 바이두가 인터넷 사기를 방조하고 있다고 비판하는 것도 바이두의 시장 독점 견제라고 볼 수 있다. 예컨대 중국 중앙TV방송(CCTV)은 돈을 많이 내면 검색 결과의 맨 위쪽에 노출시켜 주는 바이두의 경매식 검색영업으로 인해 수많은 사기 사이트들이 판을 치고 있다고 폭로했다. 런민일보는 CCTV의 이러한 보도가 나간 후 '바이두는 자신의 인터넷 권력을 신중하게 사용해야 한다.'는 제목의 논평기사를 내기도 했다. 런민일보는 이 논평을 통해 구글 검색엔진이 중국에서 퇴출된 후 바이두는 검색 분야에서 중국 최대의 사이트가 됐으며 발언권이 점점 커지고 심지어는 일종의 독점 권력까지 얻었다고 지적했다.[31] 이를 통해 볼 때 중국 정부는 미국의 검색 포털 사이트 구글의 중국 시장 장악을 막는 동시에 중국 검색 포털 사이트일지라도 정부의 통제를 벗어날 정도의 독점은 허용하지 않으려 함을 알 수 있다. 그 이유는 중국 정부가 온라인 공간에 대한 통제권을 지속적으로 유지하기 위한 것이라 볼 수 있다.

---

29 尹韻工 主編, 『中國新媒體發展報告 (2011)』, p. 153, pp. 173-174.

30 *International Herald Tribune*, July 18, 2011.

31 <동아일보>, 2011. 08. 16; <人民網>, 2011年 8月 16日.

4. 정부 온라인 활동의 효과 및 한계

온라인 공간은 정부의 인터넷 통제(Internet control)와 시민의 인터넷 활동(Internet activism)이 상호 경쟁하는 곳이다. 온라인 공간에서 무엇이 합법적 혹은 불법적 표현인지의 경계가 항상 움직이고 있다. 온라인 공간에서 이전에는 금기시되던 이슈들이 허용되는 사례가 증가하고 있다는 점에서 이슈의 경계선은 상황에 따라 유동적이다. 중국 네티즌은 정치적으로 민감한 이슈에는 침묵하는 반면 허용되는 이슈는 전국적 범위에서 공론화하여 '온라인 여론'을 만든다.

온라인 공간은 시민과 국가 모두 사용할 수 있는 상대적으로 열린 공간이므로 인터넷을 이용한 정보 유통을 누가 장악하느냐에 따라 인터넷의 영향은 상반된 효과를 보일 수 있다. 시민은 온라인 공간에서 개인의 권리 보호 및 언론 자유를 확대하기 위해 '온라인 활동'을 확대하려 한다. 반면에 국가는 걸러진 안전한 정보만을 유통시키기 위해 '온라인 통제'를 해왔다.

2000년대 중반부터 중국에서 집단행동(群體性事件)이 급증하여 사회 안정을 위협하고 있다. 중국의 집단행동은 1993년 8,700건에서 2005년 87,000건으로 10배 증가했고, 2010년에는 약 18만 건에 달했다.[32] 이런 사회 불안정에도 불구하고 중국의 온라인 공간은 시민들의 권리를 보호하고 지방 간부의 부정부패를 고발하는 장소로 활용될 뿐 정치민주화를 요구하는 정치적 저항의 장으로 활용되는 사례는 드물다. 그 이유가 무엇인지 중국 정부의 '온라인 통제와 활동'(기술적 통제, 이슈통제, 여론관리, 정부의 온라인 활동)을 중심으로 살펴보았다. 이를 통해 중국 정부의 온

32 <중앙일보>, 2011. 08. 17.

라인 공간 관리 방식의 특징은 '새장 속의 자유'라는 결론을 내렸다. 중국 정부의 온라인 통제 방식의 특징을 다음 몇 가지로 정리할 수 있다.

첫째, 중국의 온라인 여론 정보 유통 통제는 정부와 공산당의 핵심 지도자들이 참여하는 '중앙 인터넷 안전 및 정보화 영도소조'가 총 지휘부 역할을 하고, 공산당(중선부)과 국무원(국가인터넷정보판공실)이 서로 긴밀하게 협력하며 효과적으로 역할을 수행하는 것으로 알려져 있다. 인터넷에 대한 기술적 통제 역시 상대적으로 효과적이다. 즉, '인터넷 만리장성'이라 불리는 방화벽과 다양한 검색어 필터링 소프트웨어가 효과적으로 작동하기 때문에 정부가 허용하지 않는 이슈는 공론화되기 어렵다. 또한 거대한 중국 시장에 진출하려는 미국 IT 기업들이 중국 정부의 검열에 동의하고 기술 및 장비 제공에 협력했기 때문에 중국은 세련된 인터넷 통제 시스템을 구축할 수 있었다.

둘째, 중국 정부가 다양한 방식으로 온라인 이슈를 통제하고 있기 때문에 온라인 공간에서 표현의 자유는 '새장 속의 자유'이다. 물론 인터넷 보급 이전에 비해 언론 자유가 확대되고 있지만, 이 자유는 정부가 허용하는 이슈에 국한된 표현의 자유이다. 따라서 중국에서는 인터넷을 이용한 집회 제안, 공산당 일당체제에 도전하는 이슈, 소수민족 독립이나 집단 저항, 천안문사건 재평가, 중앙 고위급 지도자 비판 등은 금지된 이슈이기 때문에 인터넷에서 공론화되기 어렵다.

중국 정부는 온라인 여론 관리를 위해 여론을 주도하는 대표적 매체인 웨이보를 중국식으로 관리하고 있다. 중국 정부는 2011년 웨이보가 언론 통제에 위협적이라 인식하자 2011년 12월 베이징에서 웨이보 실명제 실시를 발표했고, 2012년 3월에는 이를 전국적으로 확대함으로써 웨이보를 통제하고 있다. 실명제 하에서 웨이보 사용자 스스로 자기검열을 통해 이슈를 선별하여 공론화하게 되므로 정부 의도에 따라 걸러진 정보가 웨이보에서 유통될 가능성이 높아졌다.

셋째, 중국 정부는 온라인 공간을 통제하는 데서 더 나아가 그 공간에 직접 참여하여 '온라인 활동'을 함으로써 국가 공간으로 만드는 작업을 해 왔다. 2009년부터 중국 중앙 지도자들은 인터넷을 이용하여 국민들의 민의를 적극적으로 수렴하기 시작했다. 중국 정부는 "중국식 인터넷 문화 건설"이라는 구호 하에 다양한 방식으로 정부 관료들이 인터넷과 웨이보를 통해 국민과 소통함으로써 사회통제에 유리한 온라인 여론을 만들고 있다. 따라서 중국 온라인 공간은 정부 관료들이 시민들에게 정책을 홍보하고 민심을 파악하는 수단으로 이용되기도 한다. 인터넷 평론원 역시 중국 정부의 입장을 반영하여 온라인 여론을 조성해 왔다. 또한 중국 정부가 만든 관방 뉴스 사이트는 정부가 허용하는 걸러진 뉴스만을 전달한다. 이런 정부의 온라인 활동을 보면, 중국 정부가 인터넷 시대에 '통제와 자유의 공존'이라는 유연한 대응을 통해 온라인 여론을 효과적으로 통제, 관리하고 있음을 알 수 있다.

'중국식 인터넷 문화 형성' 사례들은 국가의 온라인 활동이 정치체제의 정당성을 강화하는 데 도움이 될 수 있음을 보여 준다. 중국 정부는 때때로 온라인 공간에서 토론의 자유를 허용하여 온라인 여론을 정치투쟁이나 부패척결 등 공산당의 집정능력을 강화하는 데 이용한다. 정책집행을 할 때 '인민이 원해서'라고 선전하기 위해 온라인 여론이 활용되기도 한다. 따라서 온라인 언론 자유의 배경에는 정치적 의도가 깔린 경우 있으며 체제에 위협적인 이슈는 거의 걸러지고 있다. 중국에서 온라인 언론자유를 기초로 시민권 보호에 성공하는 사례가 증가하는 추세이지만 이런 시민들의 성공은 정부가 허용하는 범위 안에서 진행되고 있다는 것이 중국 온라인 공간의 특징이다. 중국 온라인 공간에서 시민과 정부의 줄다리기 게임에서 누가 더 많은 자유영역을 차지할지 지켜볼 필요가 있다. 시민들이 승리할 경우 중국의 민주화를 앞당길 수 있고, 국가가 승리할 경우 시민들의 표현의 자유는 새장 속에 영원히 갇히게 될 것이다.

제3부

온라인 공간: 국가와 사회의 줄다리기

제8장

닫힌 오프라인, 열린 온라인

제8장
닫힌 오프라인, 열린 온라인

1. 오프라인 언론 통제

중국에서 인터넷 사용자 보급률이 2014년 6월 기준 약 47%이며 정치적으로 민감한 도시 지역 네티즌이 약 71%임을 고려할 때, 인터넷의 정치·사회적 영향을 분석하는 시각이 주목받고 있다. 중국에서 인터넷 확산으로 열린 온라인 공간은 사회 세력과 국가가 주도권을 놓고 쉼 없이 경쟁하는 격전장이라 할 수 있다. 중국 인터넷의 정치적 영향에 대해서는 상반된 해석이 공존하고 있다. 중국적 특수성을 강조하는 입장에 의하면, 중국 정부가 효과적으로 인터넷을 통제할 수 있기 때문에 인터넷 확산이 자유주의 국가에서처럼 정치 참여의 증가, 시민 조직의 활성화, 정치적 민주화로 이어진다고 볼 수 없다는 것이다. 중국처럼 공산당 일당독재가 유지되는 국가에서 인터넷은 권위주의적인 정치체제의 영향을 받게 된다는 것이다. 반면에 인터넷의 효과를 강조하는 이들은 중국도 인터넷의 확산으로 개인이 온라인 공간에서 자유롭게 공적 영역을 확대하여 점차 정치적 민주화, 시민사회 발전의 길을 걷게 된다고 본다. 이런 논의를 통해 볼 때 중국에서 온라인 공간은 국가 혹은 사회 세력 중 어느 쪽의 공간도 될 수 있는 '움직이는 공간'이라 할 수 있다.

3부에서는 중국의 인터넷 확산이 정치·사회적 변화에 어떤 영향을 미치는지를 2005년 이전 사례를 중심으로 국가와 시민들의 '온라인 활동'을 통해 살펴본다. 2005년 말 기준 중국의 인터넷 인구가 1억 1,100만 명을 돌파한 후 온라인 공간에는 새로운 변화가 발생했다. 2005년 이전 온라인 활동은 다음 세 가지 내용을 중심으로 분석된다.

첫째, 온라인 문화는 오프라인 문화와 상호작용을 하며 만들어진다. 이런 맥락에서 온라인 활동에 영향을 미치는 오프라인 언론 통제를 소개하고, 인터넷의 미치는 영향에 대한 기존 연구를 살펴본다. 둘째, 사회세력(네티즌)들이 온라인 공간을 '사회 공간'으로 만들어 가는 과정을 공적 논의 활성화, 온라인 항의를 중심으로 설명한다. 셋째, 중국 정부가 온라인 공간을 어떻게 '국가 공간'으로 만드는지 구체적 사례를 통해 고찰한다. 이를 통해 정보화시대 중국의 국가-사회관계 역시 국가가 사회를 일방적으로 통제하는 정태적 관계가 아니라 양자는 서로 상호작용하는 쌍방향적이고 동태적 관계임을 보여줄 것이다.

인터넷의 정치 · 사회적 영향은 온라인 공간이 속한 오프라인의 정치적 환경과 밀접한 관계를 맺고 있기 때문에 오프라인 언론 통제 상황을 살펴보는 것은 온라인의 역할 및 성격을 논의하기 위한 기초 작업이라 하겠다. 권위주의 정부의 오프라인 언론 통제는 온라인 논의에 일종의 '토론의 제한선'을 제시한다는 점에서 온라인에서 활동 범위를 규정하는 주요 환경 중의 하나라 하겠다. 우선 중국 정부가 2000년대 상반기 오프라인 언론 통제를 어떻게 했는지 살펴보자.

첫째, 2003년 여름 중국 공산당은 정치 개혁, 헌법 수정 논의, 천안문사건 재평가 등 세 가지 문제에 대해 지식인의 공개적 논의를 금지했다.

헌법 수정 논의로 대표적인 예가 '칭다오 헌법수정 토론회'이다. 이 토론회에서는 "인민민주독재"라는 국가 성격의 변화, 보통선거 실시, 인민해방군의 국가 군대화 등 공산당이 허용할 수 없는 내용이 제기되었다. 이 토론회에 참석했던 학자들이 정부의 감시를 받았고, 그 중 헌법학자 차오쓰위엔(曹思源)은 정보기관의 미행 및 24시간 감시를 받은 바 있다. 차오는 정부의 통제를 피해 미국으로 망명했다는 보도가 있었다. 워싱턴 포스트지는 차오에 대한 이런 감시는 중국 공산당 내부의 권력 투쟁의 희생물이라 본다.[1]

둘째, 중국 정부가 오프라인 신문을 통제했던 사례는 다음과 같다. 2003년 봄 마오쩌둥의 전 비서 리루이(李銳)의 정치 개혁 촉구 기사를 실었던 광저우의 <남방주말(南方周末)>이 일시 정간된 바 있다.[2] 2003년 2월 공산당의 사전 허가 없이 사스(SARS)를 보도하고, 4월에는 순즈깡(孫志剛) 사건을 보도했던 광저우시 <남방도시보(南方都市報)> 사장 위화펑(喩華峰)과 편집장 청이중(程益中)이 2004년 3월 뇌물수수와 공금횡령 혐의로 구속되어 중형을 받았다. 청이중이 수감된 후 언론 자유를 희망하는 언론인, 변호사, 작가, 퇴직 간부들이 석방운동을 벌인 결과 2004년 8월 청이중은 석방되었다. 중국 정부가 일시적으로 언론 통제를 완화한 이유는 보다

---

1 John Pomfret, "China Orders Halt to Debate on Reforms," *Washington Post*, August 27, 2003; Agence France-Press, "23 officials punished over young man's death from beating," *South China Morning Post*, June 6, 2003; "中共爲何嚴禁談論政改修憲六四平反," My China News Digest, September 1. 2003; "曹思源遭到當局監控," 多維新聞, 2003. 9. 5, http://www7.chinesenewsnet.com; "法律專家曹思源被警察24小時監控," 多維新聞, 2003. 3. 19. http://www7.chinesenewsnet.com.

2 그러나 리장춘(李長春)이 후진타오를 찾아가 홍콩, 마카오와 인접한 광둥성의 특수성을 설명하며 남방주말을 유지하는 것이 개혁 개방에 필요하다고 설득한 결과 중앙정부의 남방주말에 대한 태도가 누그러졌고 복간되었다. "從 '老辦法', '到新辦法' 從權力政府到責任政府," <中國青年報>, 2003年 6月 23日.

자유로운 언론이 반부패운동에 도움이 되고 관리(governance)에도 효과적이라는 언론계 및 당내의 목소리 때문이라는 추측이다.[3] 이런 일련의 사건들은 중국의 언론 자유는 정부가 허용하는 범위 안에서만 의미가 있는 '제한된 공간'임을 알 수 있다.

셋째, 대만, 홍콩, 미국 언론 매체의 보도에 의하면 『전략과 관리(戰略與管理)』 잡지가 텐진(天津) 사회과학원 연구원 왕충원(王忠文)의 북한을 비판하는 글을 실었다는 이유로 2004년 9월 정간되었다. 왕충원은 "새로운 각도에서 조선문제 및 동북아 정세를 주목하자"라는 제목 하에 북한의 극좌정책, 김정일의 군주통치, 핵문제를 비판했다. 또한 북한은 결정적인 순간에 중국을 지지하지 않을 것이므로 중국이 북한을 계속 지원할 의무가 없다고 주장했다. 북한의 조선노동당과 정부고위층은 이 글에 대해 중국 정부에 "강력히 항의"하고 적절한 조치를 취하지 않을 경우 6자회담에서 탈퇴할 의사를 밝혔다. 베이징 정부는 국면을 전환시키기 위해 중공 중앙정치국 상임위원 리장춘(李長春)이 북한을 방문하기 전 『전략과 관리』 잡지의 정간을 결정했다.[4]

『전략과 관리』는 개혁기 사회문제의 해결, 사회사상 수준의 향상을 위해 독자적인 관점을 제시하고 중국의 현행 정책에 도전하기도 했다. 이

---

3 John Pomfret, "Chinese Newspaper Shut after Call for Reform," *Washington Post*, March 14, 2003; Nailene Chou Wiest, "Radical magazine a no-show in capital," *South China Morning Post*, June 24, 2003; 王健民, "中國新聞史的黑暗一葉," 多維新聞, 2004. 4. 9, http://www7.chinesenewsnet.com; "<南方都市報> 總編輯程益中遭監控," 多維新聞, 2004. 1. 7, http://www7.chinesenewsnet.com; Philip P. Pan, "China Frees Pioneering Journalist," *Washington Post*, August 28, 2004.

4 "<戰略與管理> 因發表批朝文章被關閉," 多維新聞, 2004. 9. 21. http://www7.chinesenewsnet.com; "<戰略與管理> 並沒有因批金正日停刊," 多維新聞, 2004. 9. 24, http://www7.chinesenewsnet.com; "<戰略與管理> 雜誌停刊引發學者不滿," 多維新聞, 2004. 9. 23, http://www7.chinesenewsnet.com.

잡지는 격월간으로 중국전략 및 관리연구회(CSSM)에서 발행하는 잡지로 1989년 가을 만들어졌다. 중국의 외교, 국내 문제 및 경제 정책에 영향력이 있었던 학술잡지의 정간은 중국 학술계에서 열띤 토론을 유발했다. 한 중국학자는 "이 사건은 중국 정부가 출판계에 대해 정치적 심사를 단행하는 것"이라 해석했다.[5] 한편, 중국 학술계에서 중요한 잡지였던 『전략과 관리』가 9월 행정 당국에 의해 구체적 설명 없이 갑자기 폐간되었으나 온라인에서는 어떤 논의도 제기되지 못한 것이 중국적 현실이다.

넷째, 중국 농촌문제의 실상을 파헤친 『중국농민조사(中國農民調查)』라는 책이 출판된 후 곧 발행금지 조치가 내려졌다. 이 책은 현지조사를 바탕으로 중국 농촌의 삼농문제(三農問題)의 실상을 폭로했으며, 공산당 간부 수백 명이 거명되고, 중공중앙정치국 상임위원회 및 안후이성(安徽省) 지도자들도 거명되었다. 또한 저자는 베이징의 고위 지도자들이 농촌 현실 및 농민문제를 전혀 이해하지 못하고, 농민을 도와야 한다고 말하지만 실제 정책은 농민을 고려하지 않는다고 비판했다. 이 책은 출판되자마자 중국 국내외에서 많은 사람들의 관심을 모았다. 처음에는 중국 정부가 이런 책과 저자를 허용할 수 있다는 것은 중국이 아직은 희망이 있다는 반응이었으나, 얼마 안 가 이 책은 출판 금지되었고 저자는 정부 관리에 의해 기소되었다. <뉴욕 타임즈> 보도에 의하면, 중국 정부는 중국 농민을 이등 국민으로 묘사한 것을 용납할 수 없었으며, 조사 내용의 사회적 영향을 우려하여 출판 금지했다. 이 사건은 베이징 정부가 비록 농촌문제에 관심이 있지만, 공개적으로 농촌문제를 폭로하길 원치 않는다는 점을 보여 주었다.[6]

---

5 "<戰略與管理> 因發表批朝文章被關閉," 2004; "<戰略與管理> 並沒有因批金正日停," 2004.

6 "<中國農民調查> 一書的作者遭起訴," 多維新聞, 2004. 07. 10. http://www7.chinesenewsnet.com.

이상에서 살펴본 바와 같이 국가가 오프라인 언론을 강력히 통제하는 중국적 상황은 온라인에서의 토론이나 문제 제기의 수준에 영향을 미친다. 이런 제한적 상황에서 사회 세력이 온라인 공간을 개인 의견 표출 및 대중 여론을 형성하기 위해 어떻게 이용하는지 살펴보자. 중국처럼 집회와 결사의 자유가 금지된 권위주의 국가는 정치 세력의 조직화 과정에서 다른 사회에 비해 위험부담이 크다. 이런 조건하에서 낮은 위험도, 저비용으로 공동체를 형성할 수 있는 온라인 공간이 열린 것은 시민들의 조직화에 미치는 영향이 적지 않을 것이다. 사이버 시민운동은 기존체제에서는 결집이 어려웠던 세력을 정치화시키고, 일상적인 문제를 정치 쟁점화할 수 있다.

2. 인터넷과 시민사회

중국 온라인 여론의 시작을 알리는 사건은 1998년 5월 인도네시아 화교탄압 이후 전 세계 화교들이 온라인 항의를 한 것이라 볼 수 있다. 당시에는 중국 국내의 온라인 게시판(BBS)이 적었기 때문에 많은 사람들이 싱가포르, 미국 등 해외 화교들이 주로 접속하는 사이트를 이용하여 인도네시아인들의 화교 탄압에 대해 온라인 항의를 했다.

중국 국내 사이트에서 민의를 표출하는 계기가 된 사건은 1999년 5월 9일 런민왕(人民网)에 유고 주재 중국 대사관에 대한 나토의 폭격에 항의하는 시사논단이 만들어졌던 것이다. 당시 많은 네티즌들이 온라인상에서 폭격에 대해 강력히 항의하는 여론을 조성했고, 한 달 후 이 시사논단은 오늘날의 '강국논단(强國論壇)'으로 이름을 바꾸었다. 강국논단

으로 개편되기 직전까지 40일 동안 "항의논단"에는 9만여 개의 글이 실렸다.[7]

런민왕(人民网)의 BBS 강국논단은 중국에서 정치, 시사문제에 관해 가장 영향력이 있는 BBS로서, 2004년 현재 회원이 8만 명이고 매일 접속 인원은 최대 2만 명이다. 강국논단 외에 시나닷컴(www.sina.com)의 뉴스 뒤에는 발전논단(發表評論), 시사논단(時事論壇), 지신추천(知信推薦) 등이 있으며, 그 외에도 다양한 사이트에서 게시판을 운영하고 있다. 북방망(北方网)은 백성지성(百姓之聲), 동방망(東方网)은 네티즌의 투고 위주인 백성성음(百姓聲音) 및 이 사이트 기자가 투고 내용을 조사하여 올리는 동방직통차(東方直通車)를 개설하고 있다.[8]

위와 같은 다양한 BBS 사이트들이 증가하자 인터넷 상에서 새로운 의제 설정 및 여론 압력으로 사회문제를 해결하고 국가권력을 견제하여 사회영역을 확장시키는 사례들이 증가했다. 이처럼 중국에서 온라인 정치 참여가 증가하자 인터넷의 확산이 권위주의 정치체제의 변화, 국가의 사회통제에 영향을 미칠 수 있다는 문제의식이 관심을 모으기 시작했다. 즉, 중국에서 인터넷이 확산되면 정치적 민주화, 시민사회 발전에 어떤 영향을 미치는가? 중국 공산당이 인터넷을 성공적으로 통제하여 인터넷이 지닌 경제적인 잠재력을 최대화하면서 정치권력을 유지할 것인가? 라는 질문이 제기되었다.

중국 인터넷의 정치·사회적 영향에 대한 기존 연구를 보면 상반된 주장이 제기되고 있다. 중국 정부의 인터넷 통제 능력을 강조하는 시각에 의하면, 중국 정부가 인터넷을 효과적으로 통제할 수 있기 때문에 인터넷

---

7 林楚方 · 趙淩, "南方周末: 人民网文章增加了偵破孫志剛案的決心," 人民网, 2004. 01. 09. http://www.people.com.cn.

8 中國互聯网絡信息中心, 『中國互聯网絡年鑒 2002』(北京: 中國互聯网絡信息中心, 2002).

의 확산이 민주화로 이어질 수 없다는 것을 강조한다. 즉, 인터넷이 정부를 비판할 수 있는 보다 많은 기회를 제공하지만, 정부 비판자들의 인터넷 사용은 아직은 중국 정부에 도전할 정도는 아니다. 중국 정부는 '위로부터의 통제' 방식으로 인터넷을 효과적으로 통제할 수 있다. 서구와 달리 중국 정부는 인터넷의 상업적 이익은 극대화하면서 부정적 영향은 극소화할 수 있기 때문에 인터넷은 중국 권위주의 체제에 치명적인 영향을 미치지 못한다.[9]

반면에 구오빈 양(Guobin Yang)은 중국에서 인터넷의 확산은 시민사회 발전을 촉진하여 정치체제를 개혁시킬 가능성이 있다고 본다. 즉, 인터넷 확산으로 공적 영역에서 새로운 이슈가 제기되며, 기존 사회조직을 활성화하는 동시에 가상 공동체 등 새로운 공동체가 형성되고, 대중이 온라인으로 항의할 수 있게 되므로 인터넷은 시민사회 발전을 촉진한다. 인터넷은 전통적 미디어에 비해 시민의 개인적 표현과 공적 참여에 적합한 새로운 공간을 만들고, 시민은 인터넷을 이용하여 시사문제, 국정을 토론함으로써 온라인 공간을 공적 참여를 위한 '열린 공간'으로 변화시킨다.[10]

구오빈 양은 시민사회의 발전을 보여 주는 공적 영역, 사회조직, 온라인 항의 등 세 가지 개념을 사용하여 중국에서 인터넷 확산의 결과 시민사회 형성을 촉진한다고 주장한다. 첫째, 공적 영역(public sphere) 및 새로운 의제 설정(agenda setting)이란 인터넷의 사회적 이용이 공적 이슈에 관한 토론과 문제 제기를 활성화한다는 것이다. 인터넷은 관료의 부정부

9 Tamara Renee Shie, "The Tangled Web: does the Internet offer promise or peril for the Chinese Communist party," *Journal of Contemporary China* 13(40), August 2004, pp. 537-538.

10 Guobin Yang, "The Internet and Civil Society in China: a preliminary assessment," *Journal of Contemporary China*, 12(36), August 2003, pp. 453-475; Guobin Yang, "The co-evolution of the internet and civil society in China," *Asian Survey*, Vol. XLIII, No. 3, May/June 2003, pp. 460-472.

패 비판, 중국의 혼인법 수정 등 중국 정치를 감독하는 역할을 할 수 있는 잠재력을 보여 주었다.

둘째, 사회조직(social organizations)과 시민운동 면에서 온라인에서 활발한 의사소통은 기존 모임을 활성화하여 사회조직을 강화하고, 가상 공동체와 같은 새로운 조직을 형성한다. 중국에서 급속히 증가하는 환경단체 및 NGO의 대부분은 웹 사이트를 통해 유지된다. ① 조직의 형성 목적, 멤버십 정보, 이벤트 등을 전하며, ② 뉴스 및 환경문제 등을 알리고, ③ 환경보호와 관련된 국제환경조직과 같은 다른 사이트로 링크시키며, ④ 멤버가 1,000명 이상인 "그린 베이징(Green Beijing)"처럼 토론 포럼을 운영하여 환경에 관한 지식을 전파하기도 한다. 또한 가상 공동체는 고립된 개인을 공동의 이슈 아래 결집하게 하고, 온라인 공간에서 저비용으로 공동체를 형성하도록 한다.

셋째, 온라인 대중항의(popular protest)와 정치 참여는 조직적인 사회운동의 가능성을 열고 있다. 중국에서 온라인 대중항의는 뉴스그룹이나 BBS를 기반으로 발생하고 있다. 오프라인에서 정부 허가 없이 조직적 저항운동이 힘든 중국적 상황에서 온라인 대중항의는 특별한 의미를 지닌다. 온라인 항의는 신속성과 공개성 면에서 상당히 효율적인 정치 참여 통로가 되고 있다.[11]

위의 기존 연구 둘 다 중국 온라인의 양면성을 설명하지 못하는 한계를 지니고 있다. 우선 중국 정부가 인터넷을 효과적으로 통제할 수 있다는 시각은 사회세력에 의해 온라인 대중 여론이 형성되어 국가 행정을 감시하는 변화를 간과하고 있다. 또한 인터넷 확산은 정치민주화, 시민사회

11 인터넷이 공적 영역, 사회조직, 온라인 대중항의에 미치는 영향에 관한 자세한 내용은 다음을 참조. Guobin Yang, "The Internet and Civil Society in China: a preliminary assessment."

발전을 촉진한다는 시각은 중국의 온라인 공간에서 논의 수준이 정부에 의해 통제될 수 있는 능력을 과소평가하고 있다. 인터넷은 공적 영역에서 새로운 의제를 설정하고, 온라인 항의를 통해 정부의 행정을 감시한다는 면에서 시민사회를 활성화하지만, 정치체제 개혁 논의는 금지되어 있다. 또한 시민운동 단체가 인터넷을 통해 조직을 형성하고 정보를 교환하는 것은 비정치적 성격일 때 가능하다. 정치적 색채를 띤 시민운동 단체의 온라인 활동은 중국 정부의 감시 대상이 된다. 이런 면에서 한국의 '노사모'와 같은 인터넷 정치집단의 형성이나 참여를 논하기는 시기상조이다.[12]

따라서 이런 기존 연구의 한계를 보완 설명하기 위해 9장 및 10장에서는 사회세력에 의한 '공적 영역의 활성화' 및 '온라인 항의'를 보여 주는 사례를 통해 그 논의 수준 및 성격을 살펴보고, 국가가 어떤 방식으로 인터넷의 정치·사회적 영향을 이용하고 통제하는지 살펴보려 한다.

12 인터넷 정치집단의 형성과 참여를 보여 주는 노사모 연구는 다음을 참조. 강원택, "인터넷 정치 집단의 형성과 참여: 노사모를 중심으로," 『한국과 국제정치』, 제20권 제3호, 2004, pp. 161-184.

제9장

온라인 사회 공간 확대

제9장 온라인 사회 공간 확대

1. 베이징대학 여대생 피살 사건

'온라인 사회 공간'이란 주요 게시판(BBS)에서 새로운 이슈를 제기해 공적 이슈로 만들거나 혹은 공적 이슈에 대한 토론을 활성화하여 여론을 형성함으로써 국가에 일종의 압력을 가하는 공간을 의미한다.[1] 온라인에서의 공적 이슈화 및 대중항의 효과를 단적으로 보여 준 것은 2000년 5월 베이징대학(北京大學) 창핑 캠퍼스에서 발생한 여대생 피살사건의 처리과정이었다. 당시 1989년 천안문 11주년을 2주 앞둔 민감한 시기였기 때문에 베이징대학은 이 사건을 발표하지 않기로 결정했으나, 이 뉴스가 베이징대 산지아오디(三角地) BBS에 5월 22일 폭로되었고, 5월 23일에는 방문자가 평소 400여 명에서 11,863명으로 급증하여 공적 이슈로 변화되었다. 인터넷을 통해 이 피살사건은 중국의 유명한 BBS로 확산되

1 사회적 이슈에 관한 의견교환이나 학술적 교류가 활발한 사이트는 다음과 같다. 人民网 强國論壇, 新浪网, 中國社會學(學術网站), 一塌糊塗 BBS, 北大未名 BBS, 水木清華 BBS, 思想的境界(學術网站) 등이다.

었고 온라인 항의로 이어졌으나, 오프라인 신문에서는 온라인 항의 동안에도 이 사건을 전혀 보도하지 않았다. 이 사건은 인터넷 없이는 상상할 수 없는 일이며, 인터넷이 중국 시민들에게 저항의 목소리를 들을 수 있는 유일한 기회를 제공할 수 있음을 보여 준 대표적 사례라 할 수 있다.[2]

여기서 특히 주목할 만한 것은 온라인 항의가 캠퍼스 내 오프라인 항의로 이어졌다는 점이다. 항의기간 동안 인터넷은 목표, 요구를 토론하고 캠퍼스 시위를 조직화하는 데 이용되었다. 학생들은 대학 당국자가 이 사건에 책임지고 사임하거나 대학 당국이 희생자 부모에게 보상해야 하고 캠퍼스에 대한 보안을 강화할 것을 요구하기도 했다. 인터넷은 항의에 이용될 뿐만 아니라 그 자체가 투쟁의 장소가 되기도 했다. 오프라인 언론이 통제되는 중국적 상황에서 인터넷 사용자들은 인터넷을 표현의 자유를 실현하는 공간으로 변화시켰다.[3] 그러나 대학 당국이 이 사건 당시 BBS 글을 삭제하는 등 인터넷을 통제했던 것을 보면, 중국의 인터넷은 상대적으로 개방적이지만 완전한 자유공간은 아니다.

이 사건은 개인이 온라인을 통해 일상의 이슈를 공적 이슈화하여 대학 당국의 불합리한 행정에 저항하여 성공했다는 점에서 주목할 만하다. 대중항의는 정치권력에 저항하고 시민의 권리를 수호하는 시민사회의 중요 요소라는 점을 고려할 때, 인터넷은 정보 전달, 전략과 목표 형성, 반대자 설정, 항의의 조직화에 효과적인 수단으로서 시민사회 형성을 촉진한다고 하겠다. 그러나 이 사례는 베이징대학 교내에서 발생한 사건으로 온라인의 정치적 영향을 보여 주지는 못한다는 점에서 국가-사회관계의 변화를 설명하는 데 한계가 있다. 이런 면에서 다음에 소개하는 순즈깡 사건은

2 Guobin Yang, The Internet and Civil Society in China: a preliminary assessment, *Journal of Contemporary China* 12(36), August 2003, pp. 469-471.

3 Guobin Yang, The Internet and Civil Society in China: a preliminary assessment, pp. 469-471.

온라인을 통해 공적 · 정치적 이슈로 변화되었고 법률 개정으로까지 발전했다는 점에서 시사하는 바가 크다.

2. 순즈깡(孫志剛) 사건

인터넷에 의한 공적 영역 확대 및 온라인 대중항의를 보여 주는 또 다른 사례는 순즈깡 사건 처리과정에서 나타난 온라인 여론의 정치적 힘이다. 중국의 경우 정부의 강력한 통제 하에 있는 오프라인 언론이 지배하는 시기에는 의제 설정(agenda setting)은 전적으로 정부의 권한이었다. 그러나 온라인에서 공적 논의가 활성화되자 온라인 공간은 중국 정부가 회피하려는 새로운 의제를 설정하고 더 나아가 네티즌들이 국가권력을 감시하는 역할을 해 가고 있다.

순즈깡 사건의 내용을 보면, 2003년 3월 광둥성 광저우시에서 순즈깡이라는 27세의 디자이너가 유랑인 수용소에서 구타당해 사망하는 사건이 발생했다. 순즈깡은 2003년 3월 17일 저녁 10시 집을 나와 PC방에 가다 불신 검문에 걸려 광저우(廣州) 수용소로 보내졌다. 순즈깡은 수용소에 수감된 지 3일 후 2003년 3월 20일 사망했으며 시체부검 결과 사망 원인은 전신의 심한 타박상으로 인한 출혈 과다로 밝혀졌다. 만일 경찰이 순즈깡의 해명을 듣거나 신분증을 검사했다면 죽음이라는 비극은 피할 수 있었을 것이다.[4]

4 "大學畢業生因无暂住證被收容并遭毒打致死," <南方都市報>, 2003年 4月 25 日: "畢業生之死引起社會關注 誰爲非正常死亡負責?," <南方都市報>, 2003年 4月 25日; "大學畢業生因何命喪收容所," <北京青年報>, 2003年 4月 26日.

순즈깡이 수용소에서 돌연 사망한 사건은 다음과 같은 면에서 억울한 죽음이었다. 2002년 4월 1일부터 실시된 『광동성 수용자 관리 규정』에는 “광동성 도시의 유랑자, 생활 근거지가 없는 수용자 관리에 본 규정을 적용한다”고 되어 있다. 이 규정에 비추어 볼 때 순즈깡은 “합법적인 신분증이 있고 정상적인 숙소 및 직업이 있는데, 단지 신분증을 휴대하지 않았으므로 본인이 상황을 설명하고 신분증 조사 결과 맞다면 수용할 수는 없는 조건이었다.” 순즈깡은 임시 거주증이 없었는데 기자가 조사한 바에 의하면 임시거주증이 없다고 수용할 수는 없었다.[5]

2003년 4월 <남방도시보(南方都市報)>[6]에서 이 사건을 처음 보도하여 공권력에 의한 폭력과 인권문제를 사회적 쟁점으로 만들었다. 그 후 다른 신문과 인터넷을 통해 이 사건이 알려지면서 폭력 가담자 및 관련 경찰의 처벌을 요구하는 목소리가 높아졌다. 전국인대 회의 기간 인대대표, 국무원 각부 부장이 강국논단(强國論壇)의 초청으로 네티즌들과 직접 대화를 했다. 이때 강국논단에서 순즈깡 사건에 대해 강력히 항의하며 관련 부문의 엄중한 징계, 공개적이고 투명한 사건 처리를 요구하는 대중 여론이 형성되었다. 특히 한 네티즌이 런민왕(人民网)에 “순즈깡 사건, 누가 모르는 척 하는가”라는 글을 발표했는데, 이 글은 공안 부문이 이 사건을 수사하여 해결하도록 결심하는 데 상당히 도움이 되었다.[7]

---

5 “畢業生之死引起社會關注 誰爲非正常死亡負責?,” “大學畢業生因何命喪收容所.”

6 중국 공산당 광동성 위원회(廣東省委)의 기관지인 <남방일보(南方日報)> 그룹 소속의 신문으로 <남방도시보>가 1997년 창간되었다. 선전(深圳)은 신흥공업도시로서 높은 광고 효과를 기대할 수 있는 곳이었기 때문에 <남방도시보>에 광고 게재 수요가 많았다. 이 신문은 선전 시장을 겨냥하여 선전의 시민의 일상생활, 다른 일간지에서 보도되지 않는 사건들을 보도하여 독자층을 확보했다. 이 신문은 선전의 다른 신문에 비해 상대적인 자유를 누렸다.

7 林楚方 · 趙淩, “南方周末: 人民网文章增加了偵破孫志剛案的決心,” 人民网 2004. 01. 09. http://www.people.com.cn.

또한 소장 법률가 3인은 『도시 유랑자 수용 및 송환 규정(城市流浪乞討人員收容遣送方法) (1982)』이 헌법 및 관련 법률에 위배된다는 이유로 "위헌 심사 청원서"를 전국인대 상임위원회에 제출하여 심사를 건의했다. 그 후 유랑자 강제 구금을 규정한 법규 폐지를 둘러싸고 인터넷 상에서 보다 활발한 토론이 벌어졌다. 그러자 원자바오(溫家寶) 총리는 이 사건에 대한 철저한 조사와 관련자 전원에 대한 처벌을 지시했다(Agence France-Press, 2003; Daniel Kwan, 2003). 결국 국무원이 인권보호 및 공권력에 의한 폭력 처벌 차원에서 조사에 들어갔고, 2003년 6월 18일 법령이 개정되고 『도시 유랑자 구제 및 관리 규정(城市生活無着的流浪乞討人員救助管理方法)』이라는 신규 법규가 제정되었다. 이런 사건은 인터넷이 이미 대중의 정치 참여의 중요한 수단이 되었음을 단적으로 보여 준다.[8]

순즈깡 사건은 다음 세 가지 면에서 중국 정치 및 사회 변화에서 중요한 의미를 지닌다. 첫째, 순즈깡 사건은 전문가, 언론매체, 대중 등 사회 각계에서 『도시 유랑자 수용 및 송환 규정』 제도를 재고하도록 했다. 3명의 법학자들이 "위헌 심사"를 제출한 것 외에 많은 전문가들이 사법, 인권, 국민권리 및 정부책임 등의 각도에서 격렬한 토론을 전개했는데, 이런 목소리들이 불합리한 법 개정에 있어서 일종의 추진력이 되었다. 이 사건은 국민이 국가를 상대로 법률문제를 제기하여 성공시켜 "국민권리"에 대한 인식을 새롭게 한 사례라 할 수 있다.[9]

둘째, 온라인 항의는 대중 여론을 형성하여 중국 정부가 불합리한 법을 개정하도록 하는 압력 요인이 되었다. 대중 여론은 "순즈깡 사건"을 성공

---

8 "孫志剛之死, 輿論, 收容的法律問題," 人民网, 2003. 5. 20, http://www.people.com.cn; "中國廢除收容遣送辦法," 多維新聞, 2003. 6. 19. http://www7.chinesenewsnet.com; 劉文, "网絡時代政治參與的難題及對策," 『中州學刊』 第6期 (總第138期), 2003, p. 15.

9 "三名法學傳家上書建議審查<收容遣送辦法>," <中國青年報>, 2003年 5月 16日.

적으로 감독함으로써 공권력 견제 과정에서 여론의 힘을 무시할 수 없다는 것이 확인되었다. 이 사건에 대해 각계에서 입장을 피력했으며, 전국 언론매체가 지속적으로 보도했고 인터넷 상에서 많은 네티즌들이 적극적으로 토론했다. 만일 언론 매체가 이 사건을 폭로하지 않았고, 인터넷 상에서 그렇게 많은 분노의 목소리가 없었다면 이 사건은 소리 없이 지나갔을 것이다. 이런 면에서 인터넷에서 공적 이슈의 제기 및 온라인 항의는 불합리한 사회문제를 해결하는 중요한 수단이 되고 있음을 보여 준다.[10]

셋째, 후진타오 정부는 민간의 목소리를 수용하여 즉각 기존 규정을 검토했고, 시대 변화를 반영하여 기존 규정을 폐지하고 새로운 규정을 제정했다. 순즈깡 사건이 불합리한 법률 개정으로까지 발전할 수 있었던 것은 2003년 후진타오 정부가 법치주의를 강조하고 "민중 속으로"라는 국민통합 방식을 강조했던 정치적 분위기의 영향도 컸다. 이런 면에서 온라인 정치 참여의 효과는 오프라인 정치 환경과 밀접한 관계가 있다.[11]

3. BMW 사건

2004년 1월 'BMW 사건'에 대해 법정이 부당한 판결을 했다고 온라인에서 강한 분노가 표출되었다. 이 사건 역시 전통적 언론 매체인 신문에서는 전혀 보도되지 않은 사건이 온라인 공간에서 새로운 이슈로 제기되었

10 "我們暫住在這地球上," <人民网>, 2003年 5月 5日. http://www.people.com.cn.

11 "讓人口流動更加自由,"『中國經濟時報』, 2003年 6月 22日; "暫住證殺人 媒體與社會責任," 2003年 5月 23日, http://dynamic.sohu.com; "新法出台已經醞釀多年," <揚子晚報>, 2003年 6月 23日; "從'老辦法'到新辦法' 從權力政府到責任政府," <中國青年報>, 2003年 6月 23日.

고, 온라인 여론의 압력으로 문제가 전국인대(全國人大)에서까지 공론화 되었던 사례이다. 온라인을 통해 폭로된 'BMW 사건'의 주요 내용은 다음과 같다. 부유한 BMW 소유자 쑤(Su)는 양파 자루를 가득 실은 트랙터를 끌던 리우(Liu)라는 농민을 차로 치어 죽이고, 주변에 있던 12명의 농민을 다치게 했다. 쑤(Su)는 부상자들에게 돈을 지불하고 집행유예로 풀려났다. "BMW 사건"은 빈자와 부자, 도시와 농촌, 기득권자와 농민 간의 불평등에 대한 중국인들의 좌절감을 자극했다. 이 사건은 처음에는 어느 신문에서도 기사화되지 않았는데, 시나닷컴(Sina.com)에서 소개된 후 광저우 및 상하이의 일부 기자들이 기사화했다. 채팅룸에서 활발한 토론이 벌어졌고 일부 사이트에는 그 사건을 보기 위해 네티즌들이 하루 18만 명이나 접속하여 사회적 화제가 되었다.[12] BMW 사례는 인터넷에서 활발한 활동을 통해 많은 사람들이 BMW 소유자에 저항하는 분위기를 고조시켰다.

재판을 다시 열라는 온라인 항의가 거세지자 행정 당국은 이 사건에 대한 토론이나 어떤 보도도 금지했으며, 중국 내 주요 신문사에 이 사건에 대한 토론 기사를 게재하지 말라는 지시가 내려졌다. 그런데 전국인대 개회 기간 일부 인터넷 사이트 폐쇄의 원인은 2004년 1월 BMW 사건에 대해 온라인에서 강한 분노를 표출했기 때문이라는 문제가 제기되었다. 전국인대가 네티즌이 올린 BMW 사건을 채택함으로써 중국 정치인들이 인터넷을 이용하여 여론을 파악하고 아이디어를 얻기 시작했음을 보여 주었다. 이 사건은 중국에서 어떤 사건을 사회적으로 수용할지 여부의 경계 범위가 인터넷에 의해 결정될 수 있다는 것을 보여 주었다.[13]

---

12 "China mutes online news," *The Christian Science Monitor*, March 10, 2004. http://www.csmonitor.com/2004/0310.html.

13 2001년 3월 24일 <강국논단 (强國論壇)>에는 "성산촌인(城山村人)"이라는 필명으로 "철로,

위에서 살펴본 세 사례의 공통점은 첫째, 일상적인 일로 치부될 수 있는 사건을 온라인을 통해 공적 이슈로 만들고, 온라인 항의를 통해 불합리한 법률 및 행정을 개선했다는 것이다. 둘째, 온라인 항의가 효과적이었던 세 사건 모두 약자의 권리를 법적으로 보호하는 '사회적 이슈'라는 공통점이 있다. 만일 정치적으로 민감한 이슈였다면 온라인 공간에서 공론화되어 어떤 성과를 얻기는 쉽지 않았을 것이다.

중국 온라인 공간이 정치인과 시민 간의 쌍방향 의사소통의 공간으로 활용되는 '인터넷 행정'의 가능성도 보였다. 2002년 11월 한 네티즌이 강국논단 및 발전논단에 "선전(深圳), 너는 누구에 의해 버려졌는가?(深圳, 你被誰拋弃?)"라는 장문을 글을 올려 선전시의 경쟁력에 대해 우려를 표명했다. 이 글에서 선전 정부의 효율, 치안, 교통, 도시 관리, 외지인, 생활 스트레스, 인정, 문화, 선전시와 홍콩의 협력 부진 등 다방면에 걸쳐 비판되었다. 이 글은 많은 네티즌의 관심을 모아 순식간에 인터넷을 통해 확산되었고, 급기야 선전 시장 및 고위층 관리들도 그 글을 읽었다. 드디어 2003년 1월 19일 선전 시장은 그 글을 올렸던 네티즌과 만나 2시간 반 동안 대담했는데, 이것은 인터넷 논단 탄생 이후 처음 있는 일이었기 때문에 많은 주목을 받았다.[14]

사스(SARS) 위기 중에도 인터넷은 오프라인 매체에서 보도할 수 없는 내용을 전달함으로써 그 위력을 충분히 보여 주었다. 또한 후진타오 정부의 사스 대응 과정에서 네티즌들의 관료들에 대한 강렬한 분노 표출은 장원캉(張文康), 멍쉐농(孟學農)의 해임을 촉진했을 것이다. 중국에서 인터넷 논단은 민중이 민의를 표출하는 하나의 중요한 통로이며, 온라인

너 도대체 어떻게 된 거냐"라는 글을 게재하여, 철도 부문의 불합리함이 시정되기도 했다. 이 사건 역시 인터넷이 아니면 숨겨졌을 사건이 공적 이슈화되어 해결된 사례이다.

14 閔大洪, "互聯网傳播影响," 2004, http://www.people.com.cn.

여론은 정책 결정 및 국정 운영에 이미 강한 압력으로 작용하고 있다. BBS, 답글, 온라인 여론 등의 단어가 최근 몇 년 동안 중요해졌고, 현실에서 표현하지 못하는 정서가 온라인을 통해 표출되고 있다. 중국 국내외에서 중요 사건이 발생하면 인터넷에서 강렬한 반향 및 격렬한 논쟁이 발생하는데, 네티즌의 여론은 시나닷컴의 뉴스 댓글, 강국논단을 보면 잘 알 수 있다.[15]

인터넷의 급속한 확산으로 온라인 여론을 정치적으로 무시할 없게 되었다는 것은 중국 지도자들의 온라인 논의에 대한 관심에서도 드러나고 있다. 중국에서 온라인 여론의 영향력이 갈수록 강해지자 정치지도자들도 인터넷에 접속하기 시작했다. 국가주석 후진타오는 광저우에서 사스 예방에 참여하고 있던 의사에서 "인터넷에서 당신 글을 보았는데 그 의견 매우 좋았다."라고 했다. 국무원 총리 원자바오는 2003년 4월 26일 베이징대학 방문 때 "학생들이 온라인에 쓴 글들을 읽고 정부에 대한 신뢰가 점점 강해지고 있는 것에 매우 감동했다."고 했다. 서방 언론매체들은 "중국의 최고 정치지도자들이 온라인 여론을 이해하려고 인터넷 접속을 했다는 것은 온라인 여론에 대한 인정 및 관심을 반영하는 것이며, 중국의 온라인이 대중 정서의 반영, 여론 감독 면에서 현실적인 작용을 하기 시작했음을 의미한다."고 해석했다.[16]

위의 논의를 통해 내릴 수 있는 결론은 오프라인 언론이 지배하는 전통적인 공간은 국가에 의해 엄격히 통제되는 닫힌 공간이었으나, 온라인 공간은 국가와 사회가 상호 공존하며 경쟁하는 열린 공간이라 하겠다. 중국 공산당 기관지를 발행하는 런민일보사에서 만든 런민왕(人民網)은

---

15 林楚方・趙淩, "南方周末: 人民网文章增加了偵破孫志剛案的決心."

16 林楚方・趙淩, "南方周末: 人民网文章增加了偵破孫志剛案的決心."

오프라인 언론의 시각에서 보면 당연히 국가의 입장을 대변하는 국가 공간이다. 그러나 강국논단은 국가 혹은 사회 어느 세력에 의해서도 장악될 수 있는 온라인 공간으로 변화되고 있다. 한 예로 순즈깡 사건을 둘러싼 대중 여론이 형성된 공간이 바로 강국논단이라는 점을 보면, 국가 공간이 사회 공간으로 변화될 수 있음을 보여 준다. 그러나 온라인 공간일지라도 정치적으로 민감한 이슈(정치 개혁, 천안문사건 재평가, 파룬공, 티베트 독립 등)를 공개적으로 논의하기는 어렵기 때문에, 인터넷 확산이 정치적 민주화로 이어진다고 단정하기는 어렵다.

인터넷 확산이 민주주의, 시민사회 형성에 어떤 영향을 미치는지에 대해서는 민주주의 가능성을 강조하는 낙관론과 감시의 가능성을 강조하는 비관론이 공존한다. 낙관론에 의하면 정보화의 진전에 따라 정보의 생산, 유통, 소비와 관련된 거래 비용이 축소되어 참여 비용이 감소했고, 권력에 대한 감시가 용이해졌으며, 각종 사안에 대한 토론의 가능성이 증대되었다는 점을 강조한다. 비관론은 정보화로 인해 시민사회가 권력을 감시할 수 있는 가능성이 높아진 것과 동시에 기존의 권력이 사회를 감시할 수 있는 능력은 이보다 더 증대되었다고 본다. 정보화의 정치·사회적 영향은 정보화가 어떤 세력의 이해관계에 의해 어떠한 방식으로 추진되느냐에 따라 국가마다 다른 결과를 나타낼 수 있다.

4. 풍자에 의한 정부 비판

중국인들은 전통적으로 황제가 통치하는 전제사회에서 살면서 무엇을 논하고 무엇을 논하지 말아야 할지를 감각적으로 알았다. 예컨대 중국 전통사회에서 희곡이나 만담에서 다루는 주제는 민감하게 선별되고, 정치적 내용은 모호하게 비유나 풍자를 통해 표현하는 데 익숙하다. 이런 감각이 온라인 공간에서 네티즌의 글쓰기에도 영향을 미쳐 자기검열을 거친 후 글이 올라온다. 온라인 이슈를 선택할 때 네티즌 스스로 이슈 영역의 경계선을 알고 자발적으로 조심하여 경계를 넘을 것 같으면 비유나 풍자를 사용하여 신중하게 표현한다. 네티즌들은 정부가 허용하는 경계를 넘을 경우 글쓰기가 금지되고, 신분이 노출되어 제재를 받으며 정부와의 관계가 불편해지는 것을 꺼리기 때문이다.17

중국 정부가 검열과 통제를 위한 각종 수단을 동원하여 대상 콘텐츠를 감시하고 삭제하면, 이에 대해 네티즌들은 새로운 단어나 콘텐츠를 만들어 검열을 피할 방법을 찾아낸다. 이런 숨바꼭질 속에서 네티즌들은 차단 우회를 위한 프록시 서버 사용과 같은 기술적인 회피술을 사용하거나, 해음(諧音)과 같은 언어유희적 수단을 통해 새로운 어휘와 콘텐츠들을 발전시켜 왔다.

중국 공산당에 대한 직접적 비판은 철저히 금지되지만, 풍자적 비판이 일시적으로 유행하기도 한다. '차오니마(草泥馬)'와 '허시에(河蟹)'라는 풍자적 비판은 2009년 상반기 최고 유행어였다. 즉, '차오니마'를 괴롭히는 '허시에'라는 적을 상정함으로써 '허시에 사회(和諧社會) 건설'을 주장해 온 중국 정부에 대한 불만을 간접적으로 표현했다. 또한 시계 3개를 찬 '허시에' 모습(三個戴表)을 형상화하여 '삼개대표론'을 비판하기도 했다. 이런 공산당 및 당의 정책비판은 이전에는 없었던 새로운 풍조이다. 온라인 검열 정책을 풍자적으로 비판한 '루빠냥(綠壩娘 Green Dam Girl)' 캐릭터와 동영상이 유행하기도 했다. 이를 통해 볼 때 2000년 후반 온라

17 중국 인터넷 연구자와 인터뷰, 베이징, 2011년 7월.

인 이슈의 경계선이 부정부패 비판에서 더 나아가 공산당 비판이라는 정치적 이슈로까지 확장되고 있음을 알 수 있다. 2009년 중국 온라인 공간에서 유행했던 '루빠냥(綠壩娘, Green Dam Girl)', '차오니마(草泥馬)'와 '허시에(河蟹)'가 네티즌들이 풍자적으로 정부의 인터넷 통제를 비판하는 대표적인 사례라 하겠다. 중국 네티즌의 풍자 표현 사례를 소개하면 다음과 같다.

1) '차오니마(草泥馬)'와 '허시에(河蟹)'

2009년 초 중국 인터넷 상에서는 '차오니마(草泥馬)'라는 이름의 귀여운 캐릭터를 주인공으로 한 몇 편의 온라인 동영상이 커다란 반향을 불러일으켰다. 1분 남짓한 길이의 뮤직 비디오에서부터 장난스럽게 패러디한 자연 다큐멘터리에 이르기까지 다양한 형식으로 제작된 동영상이 투떠우(土豆)나 여우쿠(優酷)와 같은 중국 내 무료 동영상 공유 사이트 등을 통해서 유포되면서부터였다. 이들 동영상은 수많은 사람들에 의해 유포되면서 중국 국내에서뿐만 아니라 유투브(YouTube)와 같은 국제적인 동영상 공유 사이트 등에도 게시되어 수십만 건에 이르는 조회 수를 기록하게 되었고, 또한 수많은 변형된 버전의 동영상들이 만들어져 확산되었다.[18]

동영상이 나오기 직전인 2009년 1월경 바이두(百度) 백과에 실린 '차오

---

18 중국 국내의 사이트들에서는 '차오니마' 관련 동영상이 대부분 삭제된 관계로 거의 찾아볼 수 없게 되었기 때문에, 2009년 초반에 정확히 얼마나 많은 관련 게시물이 있었고, 어느 정도의 조회수를 기록하였는지를 현재로서는 확인할 방법이 없다. 다만 중국 당국의 검열과 통제가 닿지 않는 미국의 경우를 통해 간접으로나마 그 유행 정도를 확인해 볼 수 있는데, 유투브(http://www.youtube.com)에서 '차오니마'와 관련된 주제어(草泥馬, 草泥馬, Cao ni ma, Grass Mud Horse)로 검색해 본 결과 약 1,200여 건의 동영상이 게시되어 있었으며, 가장 많은 조회수를 얻는 동영상은 2011년 4월말 현재 70만여 건이 넘는 조회 수를 얻었다. '차오니마'를 중심으로 한 중국의 풍자 문화에 관한 자세한 내용은 다음 참조. 윤영도, "중국 인터넷 통제정책에 대한 풍자문화 연구," 『중국현대문학』, 제57호, 2011, pp. 200-225.

니마' 의미를 보면, 차오니마는 고비사막에서 사는데 풀이 부족하기 때문에 진흙 풀을 먹고 살아서 '차오니마'라는 이름이 붙었으며, 그 모습은 얼룩말과 유사하다는 정도의 설명이 실려 있었다.[19] 이처럼 바이두 백과는 중국에서 가장 심한 욕설인 '操你媽(혹은 肏你媽, fuck your mother)'의 해음(諧音, 같거나 유사한 발음)을 사용한 언어유희적 단어인 '차오니마'를 마치 실존하는 동물인양 설명하고 있다. 그런데 언제부터인가 '허시에(河蟹; 민물게, 和諧의 해음)'들이 나타나 차오니마가 주로 먹는 풀인 워차오(臥草; 누운 풀, 我操: fuck의 해음)를 다 망쳐 놓는 바람에 '차오니마'가 점차 줄어들게 되었다고 한다.[20]

여기서 결정적으로 정치적인 비판의 성격이 강해진 것은 '허시에'라는 괴물로 인해 '차오니마'의 생존이 위협받게 되었다는 것이다. 이전까지 '차오니마'라는 간접적인 욕설을 통해 세상에 대한 불만을 자조적인 형태로 표현하는 것에 불과했다면, '차오니마'를 괴롭히는 '허시에'라는 적을 상정함으로써 '허시에 사회(和諧社會: 조화조운 사회) 건설'을 주장해 온 중국 정부에 대한 불만을 간접적으로 표현했다. '허시에'는 중국 후진타오(胡錦濤) 총서기가 2005년 제시한 중국 공산당 지도이념의 근간이 되는 개념인 '허시에(和諧)'와 발음이 같다. 이것은 공산당의 지도이념을 선량한 '차오니마'를 괴롭히는 악당으로 희화화함으로써 중국 정부를 비판한 것이다.

또한 '허시에'는 2001년 장쩌민(江澤民)이 주창한 중국 공산당의 영도

19 http://xueshen.net/wp-content/uploads/2009/01/6.jpg.

20 해음(諧音)이란 발음은 같지만 철자가 다른 동음이철어 (homophonous)를 말한다. 해음은 중국 풍속에 녹아 있다. 중국어로 술을 의미하는 지우(酒)는 '오래, 길게'를 뜻하는 지우(久)와 발음은 같으나 철자가 다른 해음이다. 술 선물이 상대와 오래 사귀겠다는 의미를 갖게 된 것은 해음의 효과이다.

이론인 '삼개대표(三個代表)'에 관한 풍자와 결합하여 "삼개대표(三個戴表: 戴는 '몸에 차다', 表는 '시계'라는 의미)의 허시에"가 등장했다. 그 의미는 <그림 9-1>과 같이 시계 3개를 차고 있는 '허시에'의 모습으로 형상화되었다. 이처럼 '차오니마'는 중국 네티즌들의 수많은 상상력과 결합하여 각계각층의 사람들에 의해 확대 재생산되면서 2009년도 상반기 중국의 인터넷을 뜨겁게 달군 최고의 유행어가 되었다.[21]

<그림 9-1>에서처럼 중국 네티즌은 '차오니마'에서 시작하여 후진타오 정부의 '조화로운 사회건설' 및 장쩌민 정부의 '삼개대표론' 모두 비판함으로써 공산당의 지도이념 및 정책에 대한 불만과 불신을 표출했다. 공산당 지도 이념에 대한 비판을 중국 온라인 공간에서 직접적으로는 표출하기는 쉽지 않지만, 중국어의 특성인 해음을 이용하여 풍자적으로 국민들의 감정을 표출했다는 면에서 '차오니마와 허시에'는 정치적 의미가 있다.

출처: 윤영도, "중국 인터넷 통제정책에 대한 풍자문화 연구," p. 210.

〈그림 9-1〉 차오니마(草泥馬)와 허시에(河蟹)를 형상화한 그림

21 위키피디아 중문판 "中國網路流行語" 항목에서는 '차오니마' 이외에 '這事不能說太細', '不差錢', '躲貓貓', '喝涼水', '洗臉死', '很傻很天真', '欺實馬' 등 총 20개의 인터넷 유행어를 선정하였는데, 이 가운데 대부분은 당 간부나 관료의 부정 비리 사건과 관련된 사회 비판적 의미를 지닌 유행어들이다. '차오니마'가 정부 정책에 대한 비판이었던 것과 달리, 위의 유행어는 관료들의 공권력 남용에 의한 부패를 비판하는 성격이 강하다. http://zh.wikipedia.org/wiki/.

이런 온라인 풍자 유행하기 시작한 지 얼마 안 되어 서구에서도 이 유행 현상에 주목하여 '차오니마'와 '허시에'를 단어 그대로 "Grass Mud Horse"나 "River Crab"으로 번역하여 관련 내용을 소개했다. 2009년 3월에 '차오니마'의 유행에 관한 기사가 미국의 CNN과 뉴욕 타임즈, 그리고 영국의 BBC(중국어판)와 같은 언론에 의해 연이어 보도되었다. 2009년 9월에는 오스트리아 린츠(Linz)의 전자예술제(Ars-Electronica)에서는 그 독창성과 사회・문화적 의미를 인정받아 특별상을 받기도 하였다.[22]

중국 국내외에서 폭발적인 인기와 유행에도 불구하고 2009년 4월 이후로는 점차 중국 국내의 인터넷상에서 '차오니마' 관련 콘텐츠들을 보기 힘들어졌다. 중국 정부의 검열을 피하기 위해 해음으로 위장한 '차오니마' 역시 검열의 대상이 되었기 때문이다. '차오니마'에 대한 검열과 삭제가 본격적으로 시행된 것은 2009년 3월 말부터로 보이는데, 이는 서구 언론 매체에 의해 '차오니마' 관련 기사가 집중적으로 보도 된 시기이다. 3월 12일 뉴욕타임즈, 3월 17일 BBC, 3월 19일 CNN 등 3월 중순에 서구 언론 매체를 통한 보도가 이뤄진 이후로 중국 인터넷상에서 '차오니마'와 관련된 게시물과 동영상들의 상당수가 사라지고, 그 이후 새로운 게시물과 동영상도 중국 내에서는 더 이상 보기 힘들게 되었다. 따라서 서구에서의 관심이 중국 정부의 '차오니마'에 대한 적극적인 검열과 관계가 있을 수 있다.

22 http://edition.cnn.com/video 2009년 3월 19일; 오스트리아 린츠(Linz)의 전자예술제(Ars-Electronica) 공식 사이트 내 기사 http://www.aec.at/prix_history; 윤영도, "중국 인터넷 통제정책에 대한 풍자문화 연구," pp. 210-211.

2) 루빠냥(綠壩娘 Green Dam Girl)

2009년 여름 중국 정부가 내놓았던 검열 통제를 위한 대안이 바로 '루빠(綠壩·花季護航, Green Dam Youth Escort)' 계획이었다. 이 계획은 2009년 7월 1일을 기점으로 인터넷에 접속하는 개인 단말기인 모든 컴퓨터에 '그린댐' 필터링 프로그램을 설치하여 청소년에게 위해한 콘텐츠를 원천적으로 차단하려 한 것이었다. 이 계획은 컴퓨터 판매상을 비롯한 많은 관련업체의 반발로 인해 결국 시행이 보류되었다.

출처: 윤영도, "중국 인터넷 통제정책에 대한 풍자문화 연구," p. 212.

〈그림 9-2〉 일본 애니메이션 캐릭터를 모방한 루빠냥(绿坝娘, Green Dam Girl)

네티즌 사이에서는 정부의 이런 온라인 검열정책을 풍자하는 새로운 아이콘으로 '루빠냥(綠壩娘 Green Dam Girl)'이라는 캐릭터 동영상이 유행했다. 인터넷 필터링 프로그램인 '루빠(綠壩, Green Dam)'를 일본 애니메이션의 미소녀 형상으로 의인화하였기 때문에 '루빠냥'이라는 이름이 붙게 되었다. 이 풍자 캐릭터는 다양한 버전의 이미지와 동영상으로 만들어졌다. 그 이미지는 주로 인민모와 허시에(和諧) 완장을 차고 검열 표시용 페인트를 들고 있어 문화대혁명 시기의 정치 검열을 연상시키는 모습으로 그려졌다(<그림 9-2> 참조).[23]

'루빠냥 캐릭터'는 문화대혁명을 연상시킬 만큼 지나치게 엄격한 중국 정부의 인터넷 검열에 대한 네티즌의 불만을 풍자적 만화로 표현한 것이다. 네티즌은 중국 정부 정책을 공개적으로 직접 공격할 수는 없지만, 이런 캐릭터를 이용한 풍자를 보며 서로의 불만을 공감하며 통쾌해 했을 것이다. 풍자에 의한 정부 비판이 온라인 공간에서 인기를 끄는 것은 통제된 현실 사회를 살아가는 사람들의 유머감각이 탁월한 해학이라 볼 수 있다.

23 윤영도, "중국 인터넷 통제정책에 대한 풍자문화 연구," p. 212.

제10장

온라인 국가 공간 탈환

제10장 온라인 국가 공간 탈환

1. 온라인 여론 수렴 및 정책 홍보

중국 정부는 온라인 국가 공간을 형성 혹은 탈환하기 위해 정부 정책 및 정치적인 주요 사건을 국민에게 알리고 대중 여론을 수렴하는 창구로 온라인 공간을 이용한다. 강국논단은 정부가 국민들의 목소리를 듣는 창구로서 중국인의 언론자유의 정도를 반영한다고 볼 수 있다. 이 논단은 중국의 사이버 공간에 형성된 언론특구(言論特區)로서 정치 · 경제 · 군사 · 외교 등 다양한 화제를 토론하는 장이며, 주요 화제는 중미관계, 대만문제, 민주문제, 부패문제 등이다. 특히 BBS의 시사정치논단은 온라인 참여자가 가장 많은 부분으로 정치적으로 영향력이 가장 크다. 강국논단에서는 전문가를 초청하여 토론함으로써 사회 각계의 이해, 지지, 참여를 끌어내어 정부가 온라인 여론을 수렴하기도 한다. 예컨대 전국인대 및 정협의원들은 회의기간에 인터넷을 이용하여 대중과 교류하며 대중의 건의 및 의견을 이해하고 수집했다. 정부개혁, 사법처리, 중국의 WTO 가입, 농민부담, 정보통신 개혁, 주식시장 정책, 의료개혁, 순즈깡(孫志剛) 사건 등 공공 영역의 중요한 문제가 모두 인터넷을 통해 관심을 모았으며 십만 여 개의 글들이 발표되었다. 네티즌들은 수많은 BBS, 자유토론란, 메모란, 채팅방, 평론발표란, 정부 이메일 등을 통해 자유롭게 개인의 의견을 표출하기 시작했다.[1]

다음으로 중국 정부가 정부정책을 홍보하는 수단으로 온라인 공간을 적극적으로 활용하여 '국가 공간'으로 만드는 예를 살펴보자. 첫째, 런민왕은 중국공산당 80주년 경축, 장쩌민 총서기의 7·1 강화, 인민대표대회, 인민정치협상회의, 2008년 세계올림픽의 중국 개최 결정 등을 홍보하는 창구역할을 한 바 있다. 또한 런민왕은 중미 정찰기 충돌사건, 9·11 테러 사건에 관한 보도를 통해 중국 정부의 입장과 태도를 전달하고, 시사문제에 관한 다양한 자료 소개를 통해 사이버 공간에서 여론을 감독하는 기능을 성공적으로 담당하기도 한다.[2]

둘째, 강국논단에 "당의 통치능력 건설"에 관한 토론의 장을 열어 민의를 수렴하는 통로로 활용하고 있다. 2004년 8월 강국논단에 글을 올려 "당의 통치능력 건설" 문제에 대한 의견 및 건의를 적극적으로 제시할 것을 촉구한 바 있다. 이 논단에 올라온 네티즌들의 글에 의하면, 공산당은 사상건설, 조직건설, 분위기 쇄신, 통치능력 강화, 기층조직 형성 등을 강화하기 위해 다양한 조치를 취했으며, 반부패 투쟁을 통해 부패척결 능력을 향상시켰다. 이런 글들은 후진타오 체제의 통치능력 강화 노력을 홍보하기 위한 것이라 볼 수 있다.[3]

---

1 李俊淸, "論互聯网絡在中國民主化進程中的作用,"『晋陽學刊』, 2004年 第2期.

2 中國互聯网絡信息中心, 『中國互聯网絡年鑒 2002』 (北京: 中國互聯网絡信息中心, 2002), pp. 103-104.

3 "歡迎參與 '黨的執政能力建設' 大家談," <人民网 强國論壇>, 2004. 8. 24, http://www.people.com.cn.

셋째, 중국 공산당 기관지 런민일보(人民日報)는 최근 인터넷을 통해 네티즌들의 의견을 공모했다. 야스쿠니 신사 참배 문제로 교착상태에 빠진 중일 관계의 개선 방안이 주제다. 공모에는 일반인은 물론 정부 당국자, 학자, 기자 등 광범위한 계층이 참가했다. 탁월한 의견은 매주 1회 런민일보에 게재됐다.[4] 이것은 온라인 공간이 반체제인사들만의 공간이 아니라 중국 정부도 여론 수렴의 수단으로 인터넷을 활용할 수 있다는 가능성을 보여준 예이다.

넷째, 중국의 온라인 공간은 네티즌이 국가가 지지하는 이슈를 홍보하는 채널로 이용되기도 했다. 온라인 공간에서 2008년 티베트인 시위를 비판하는 분위기가 민족주의를 기반으로 고조된 적이 있다. 예컨대 티베트인들의 시위를 우호적으로 보도한 CNN 방송이 중국 네티즌의 공격 목표가 되었다. 2008년 4월 "CNN처럼 굴지 마"라는 언론 비판 노래가 인터넷 포털사이트, 언론사 사이트, 블로그 등을 통해 확산되었다. 핵심 내용은 강한 중국을 강조하는 우월주의가 엿보인다. 즉, "너희들은 중국을 아프가니스탄, 이라크쯤으로 생각하고 있지만 우리는 너희들쯤은 간단히 제압할 힘이 있다. 중국은 강하기 때문에 조국을 통일하고 티베트 독립을 막을 수 있다." 또한 중국 해커들이 인터넷에서 공동으로 CNN에 대한 대규모 해킹을 논의 한 후 CNN 홈피가 중국 해커들의 공격으로 서비스 장애를 겪기도 했다.[5]

2008년 4월 3일 시나닷컴에서는 서방언론의 왜곡 보도에 항의하는 네티즌 서명 운동이 시작되었다. "라싸에서 폭행, 약탈, 방화가 일어났음에도 CNN, BBC 등 서방언론은 사실과 다른 왜곡 보도로 일관했다. 이에

---

4 <중앙일보>, 2004. 07. 26.

5 <동아일보>, 2008. 04. 18; <동아일보>, 2008. 04. 21.

항의하여 네티즌의 서명이 필요하다."는 것이다.[6] 또한 중국의 외신 비판 분위기는 인터넷 사이트 및 언론에서 서방 언론들이 보도과정에 사실(fact) 실수를 찾아내는 붐을 형성했다. 한 예로 BBC, 워싱턴 포스트(WP)가 2008년 네팔에서 티베트 시위대 진압 사진을 라싸 시위 및 진압 장면이라 소개하는 '실수'를 범한 것이 드러났다.[7] 이처럼 중국의 인터넷은 서방 언론에 대한 공격적인 민족주의를 자극하고 행동화하는 공간으로 활용되었다.

2008년 중국에서 민족주의로 촉발된 인터넷 집단주의는 우려할 수준이었다. 중국 네티즌들은 매국노를 찾는 '인육수색(人肉搜索)' 사이트를 가동해 미국의 중국 유학생(王千源, 20세)을 티베트 입장을 옹호했다는 이유로 집단공격하고, 사생활 정보(본인과 부모의 인적사항)까지 인터넷에 폭로하여 중국으로 귀국하기 힘든 처지가 되었다. 또한 친(親) 티베트 시위 가담자의 사진을 찍어 인터넷에 공개하는 등 민족주의 광풍이 불었다.[8]

위와 같은 민족주의 광풍에 대해 홍콩 시사 평론가(딩왕: 丁望)는 "중국 젊은 층은 전체주의적 중국과 자유로운 서방의 시민사회, 정치제도, 언론 공간의 차이를 인식하지 못한다. 중국인들의 국수주의적 민족주의는 언론 자유가 보장되지 않는 중국의 사회문제를 보여 준다."고 지적했다.[9]

위에서 살펴본 바와 같이 중국의 온라인 공간은 시민과 국가가 상호 경쟁하는 곳이다. 시민들의 온라인 활동이 활발한 동시에 국가도 적극적으로 온라인 공간에 개입하여 국가정책을 홍보하고 국민들의 여론을 이용하여 국가의 정책적 목적을 달성하는 창구로 활용하고 있음을 알 수 있다.

---

6 <조선일보>, 2008. 04. 06.

7 <동아일보>, 2008. 05. 02.

8 <동아일보>, 2008. 04. 29; <동아일보>, 2008. 05. 06.

9 <중앙일보>, 2008. 04. 30.

2. 온라인 정보 유통 통제

중국 정부는 다양한 명분을 내걸고 인터넷을 통제함으로써 사회세력이 온라인 여론을 형성하는 것을 방어해 왔다.[10] 인터넷 정보 유통에 '방화벽'과 '키워드' 필터링 시스템을 운영해 왔으며, 인터넷 법규를 어긴 포럼, 사이트, 웹 페이지 등을 강제로 폐쇄하는 조치를 취해 왔다.[11] 사이트를 폐쇄하지는 않더라도 웹 페이지를 강제로 다른 페이지로 전환시키는 하이제킹 기술을 쓰거나 아니면 일부 검색어의 경우 검색 사이트의 속도를 느리게 하는 등의 간접적인 방식으로 제재를 가하기도 하였다. 이런 기술적 개입 이외에도 ISP(Internet Service Provider, 혹은 Online Service Provider) 업체와 같은 인터넷 관련 민간업체에게 자신이 서비스를 제공하는 사이트나 블로그 등의 내용을 수시로 검열하도록 하고 있으며 이를 어길 시는 ISP업체 자체에 강력한 제재를 가해 왔다.

중국 정부가 온라인 정보 유통을 어떻게 통제하는지 살펴보면 다음과 같다. 첫째, 중국 정부 산하의 『중국인터넷협회』는 2004년 6월 10일 '위법, 불량정보통보센터'라는 사이트를 개설했다. 이것은 사이버공간에서 국가안전 위협, 국가기밀누설, 정권 전복 기도, 국가통일 파괴, 사회질서 교란, 포르노 등을 고발하는 창구로 신고하면 포상한다고 공지했다. 실제 1,344건이 신고 되어 공안이 즉각 관련자를 구속하고 사이트를 폐쇄했다. 기존의 인터넷 수사기능도 대폭 강화하여 '헌법개정포럼' 등 급진

10 중국 인터넷 통제의 기술적 · 법적 방식에 관한 구체적 내용은 다음을 참조. 이민자, "중국 인터넷: 정보 공개와 통제의 딜레마," 『계간사상』, 2003年 가을호, pp. 160-182.

11 뤄강, "중국의 인터넷 공공 공간 - 가능한 것과 불가능한 것," 임춘성 · 왕샤오밍 공편, 『포스트 사회주의 중국의 문화연구』 (서울: 현실문화연구, 2009), p. 216.

반체제인사들이 결성한 인터넷 사이트를 찾아내 전원 체포했다. 또한 상하이 당국은 포르노 단속용이란 구실로 모든 인터넷 카페 이용자들에게 전자신분증 등록을 의무화했다. 이는 네티즌에 대한 추적과 감시를 쉽게 만든 조치다.[12]

둘째, 중국 정부는 포르노 및 스팸 메일 단속이라는 명분을 내걸고 정부가 원하지 않는 온라인 정보 유통도 통제하고 있다. 2004년 7월부터 포르노 사이트에 대한 대대적인 단속이 벌어졌으며, 상하이에서는 인터넷에서 유료 포르노 사이트를 운영한 사람에게 5년형을 구형하고 사이트를 폐쇄했다. 항저우(杭州) 저지앙(浙江) 대학의 한 학생은 포르노 사이트를 운영한 혐의로 4년형이 구형되었다.[13] 또한 대량의 스팸 메일을 발송한 112개 스팸 IP 서버 주소가 적힌 블랙리스트가 공개되었다. 스팸 IP 서버 주소 중 39개는 중국이고(광동이 단일 성으로는 가장 많은 18개), 타이완 13개, 홍콩 2개, 나머지는 58개는 해외 IP 주소이다. 블랙리스트를 공개한 이유는 네티즌들의 스팸 메일 피해를 줄이기 위한 것이라 하지만, 73개의 IP 서버 주소가 해외라는 점을 고려할 때 단순한 스팸 메일 단속이 아니고 정치적으로 민감한 IP 주소를 차단할 가능성도 있다.

셋째, 여론 형성에 강한 영향을 미치는 온라인 뉴스를 통제하기 위해 뉴스 내용 및 시각이 허용 범위를 넘은 몇 개 사이트가 폐쇄되었다. 2004년 2월 말 정부는 인터넷 콘텐츠가 너무 무질서하다고 판단하고, 주요 포털 사이트(Sina.com, Sohu.com, 163.com 등) 담당자에게 생중계 방송, 해외 뉴스 번역, 온라인 인터뷰(학자, 예술가, 전문가를 대상) 등을 금지한다고 지시하고 신화사 공식 뉴스만을 제공하도록 했다. 또한 2000년대

---

12 <중앙일보>, 2004. 07. 26.

13 *China Daily*, September 29, 2004.

초반 중국에서 대부분의 서양 신문 사이트가 원천적으로 차단되었으나, 2004년 중국의 센서는 보다 세부적인 사이트(채팅방 또는 티베트 독립, 파룬공 같은 민감한 주제)를 차단했다.[14]

위에서 살펴본 것처럼 중국 정부는 열린 온라인 공간을 다양한 방식으로 통제하려 한다. 이런 통제는 일시적이고 부분적으로 효과를 거두지만, 지속적으로 완벽히 차단하는 것은 불가능하므로 온라인 대중 여론은 중국에서 이미 정치적으로 영향력을 발휘하고 있다. 이하에서는 중국 정부가 온라인 여론을 차단하기 위해 정치적으로 민감한 이슈를 다루는 사이트를 폐쇄한 과정을 살펴보자.

3. 이타후투(一塌糊涂) BBS 폐쇄

중국 정부의 온라인 공간에 대한 대표적인 공격은 베이징 대학 '이타후투(一塌糊涂)' BBS의 폐쇄라 할 수 있다. 중국 베이징 대학의 <이타후투> BBS는 중국의 BBS 중 언론자유의 수준이 높은 편이며 중국에서 상당한 영향력이 있었다. 그러나 이타후투 BBS는 사전에 어떤 통지나 공고없이 2004년 9월 13일 갑자기 들어갈 수 없게 되었고, 중국 대학의 BBS에 <이타후투>, <ytht>, <yi ta hu tu> 등 관련 단어 검색이 안 되었다. 그 외 수이무칭화(水木清華www.smth.org), 서안 교통대 BBS 등 대학 BBS가 검색되지 않았고, 게다가 '이타후투' 문제를 토론하는 것이 금지되었다. 2004년 9월 13일 북경시 통신관리국은 이타후투 BBS의 폐쇄를 통지했으

14 "China mutes online news," 2004.

며, 중국 각 대학의 BBS에 이타후투와 관련된 어떤 토론도 금지한다고 공고했다. 이타후투는 이미 여러 차례 관련기관을 통해 정돈 지시를 받은 바 있다. 2004년 9월 13일 오후 국무원 신문판공실, 정보산업부, 교육부, 베이징시 통신관리국, 베이징시 신문판공실에서 논의하여 이타후투 BBS의 폐쇄를 결정했다.[15]

특히 이타후투의 하나의 토론란인 싼지아오띠(三角地)는 중국 민중의 실제 상황 및 탐관오리의 부패를 폭로했기 때문에 많은 네티즌들이 거의 매일 방문할 정도로 인기가 높았다. 싼지아오띠에서 2000년 5월 베이징대학 창핑 캠퍼스 여대생 피살사건이 처음 폭로되었고, 방문자가 급증하자 이 사건은 공적 이슈가 된 바 있다. 이처럼 인터넷이 온라인 대중항의 및 공적 이슈에 대한 토론을 활성화하는 가능성을 보여 준 BBS가 바로 싼지아오띠라는 점에서 이타후투의 폐쇄는 온라인 여론 발전의 시각에서 시사하는 바가 크다고 하겠다.

이타후투 BBS는 중국에서 한 개인에 의해 시작되었으나 점차 다수의 관심을 모으게 되자 공적 이슈를 제기하는 온라인 여론 공간으로 발전한 중요한 사례라 할 수 있다. 이 BBS는 베이징대학 물리과 대학원학생이 1999년 9월 17일 만들었고, 처음에는 베이징대학 학생들만의 BBS였으나 점차 중국의 교육 사이트 중 최대 BBS로 발전했다. 이타후투 BBS는 700개의 토론란이 있고 등록자수가 30만을 초과했으며, 최대 동시 접속자수는 21,390명이다. 사용자는 주로 전국의 대학 및 연구기관의 학생, 연구원, 교수, 대학 졸업생이며, 교육 사이트 중 동시 접속자수가 가장 많고 중국 청년층에게 가장 영향력이 큰 BBS이다. 지난 5년 동안 이타후투는

---

15 "北大一塌糊涂网站被中共關閉," 多維新聞, 2004. 9. 15.
http://www7.chinesenewsnet.com.

생활 교류의 장소, 학술토론의 장소, 사회를 이해하는 창구 역할을 했다. 동시에 중국 정부는 이타후투를 통해 민간 여론을 이해했으며 많은 사회 사건은 이타후투의 토론을 거쳐 영향력을 발휘했다.[16]

이타후투 BBS의 최대 특색은 느슨한 관리 및 네티즌의 높은 자유, 민주적 분위기라는 점이나, 바로 이런 특색으로 인하여 이 사이트는 커다란 정치적 압력을 받게 되었다. 2004년 8월 19일 관련 부문이 한 달간 정리를 지시했고, 정치적 이슈를 다루는 면, 싼지아오띠의 대부분, 학술란의 국민생활, 인권연구 부분이 잠시 폐쇄되었다. 그 중 인기가 높았던 싼지아오띠는 상급부문의 허가 하에 단시일 폐쇄 후 다시 개방되었다.[17]

많은 이타후투의 네티즌 및 관심 있는 사람들이 이번 사이트 폐쇄를 주시하고 개별 행정부문의 위법 행정 처리에 대해 강력히 항의했다. 특히 3명의 법학자는 '이타후투' 폐쇄는 다음과 같은 몇 가지 이유로 위법이며 무효라고 설명했다. 첫째, 이타후투 BBS가 폐쇄된 후 1주일이 지났으나 공개적으로 법정의 처벌 결정서를 하달한 것도 아니고 법정의 처벌 절차를 지키지도 않았으므로 위법이며 무효이다. 둘째, 이 사이트 폐쇄는 1996년 전국인대에서 통과, 선포된 <중화인민공화국 행정처벌법>을 위반했으므로 위법이며 무효이다. <인터넷 정보 서비스 관리법>은 <중화인민공화국 행정처벌법>의 하위법이므로 <행정처벌법>의 원칙과 질서를 위반해서는 안 된다. 셋째, '이타후투' 폐쇄 이후 중국 내 어떤 인터넷 및 언론매체에서도 '이타후투' 사건에 대한 토론을 금지한 것은 헌법에서 보장한 국민의 언론 자유라는 기본권을 박탈했으며, 인권에 대한 공개적인 도전이다.[18]

---

16 "北大一塌糊涂网站被中共關閉," 2004.

17 "北京大學三位法學博士/教師發出致胡錦濤, 溫家寶公開呼吁信," 多維新聞. http://www7.chinesenewsnet.com, 2004.

위와 같은 법학자들의 노력에도 불구하고 중국 정부가 이타후투에 관한 어떤 논의도 금지한 상황에서 중국의 주요 인터넷 사이트는 침묵을 지켰다. 이타후투 사건은 중국에서 온라인 논의 공간은 열렸으나 그 문의 개폐를 결정하는 열쇠는 중국 정부의 손에 있음을 보여 준 사례라 할 수 있다.

이상의 논의를 정리해 보자. 국가 공간의 형성 및 탈환은 사회 여론이라는 견제를 받으며 진행되는 국가와 사회의 쌍방향적 힘겨루기 과정이라 할 수 있다. 중국 정부는 온라인 공간이 사회세력의 공간이 될 수 있음을 인식하고, 사회 · 정치적으로 민감한 이슈에 대해서는 인터넷을 통제한다.[19] 중국의 온라인 공간은 권위주의적 정부가 허용하는 범위 안에서 움직일 수 있다는 점에서 중국 정보화의 정치 · 사회적 영향은 중국적 특수성을 보인다. 그러나 인터넷 확산 이전과 비교할 때 사회세력이 온라인 공간에서 대중 여론을 형성함으로써 국가행정을 감시한다는 면에서 인터넷은 시민사회 발전을 촉진하기도 한다.

순즈깡(孫志剛) 사건, 베이징대 여대생 피살사건 등이 온라인 게시판에 폭로된 후 접속자가 급증하고 비난 여론이 거세지자, 온라인 대중 여론을 의식한 행정 당국은 불합리한 행정을 시인하고 개선했다. 이런 사건들은 중국에서 온라인 공간이 시민의 의견을 표출하고, 불합리한 사건에 대해 항의할 수 있는 '사회 공간'으로 변화되고 있음을 보여 주는 좋은 사례이다. 개인이 온라인 공간에서 공적 영역 확대 및 온라인 항의를 통해 국가 권력을 견제했다는 점에서 인터넷은 사회 영역을 확장시키고, 시민사회

18 "北京大學三位法學博士/教師發出致胡錦濤, 溫家寶公開呼吁信," 2004.

19 Eric Harwit and Duncan Clark1, "Shaping the Internet in China: Evolution of Political Control over Network Infrastructure and Content," *Asian Survey*, Vol. 41, No. 3, May/June 2001, pp. 377-408.

발전을 준비하는 역할을 하고 있다고 볼 수 있다.

그러나 이런 사회 공간은 중국 정부가 위험 수위에 달했다고 판단하는 순간 즉각적인 행정조치를 통해 '국가 공간'으로 변화될 수 있는 가변적인 것이다. 예컨대 온라인 뉴스를 통제할 목적으로 몇 개 주요 인터넷 사이트가 폐쇄되고, 비판적인 여론 형성의 공간이었던 베이징대학 BBS '이타후투'가 갑자기 폐쇄되었으며, 이 사건에 대한 어떤 토론도 금지된 것은 국가에 의한 온라인 자유공간의 축소를 보여 주었다. 이런 일련의 사건들은 언론탄압의 사례임에도 불구하고 중국 내 공식 신문에 전혀 보도되지 않았으며, 중국 국내 주요 인터넷 사이트에서도 논의가 금지되었다.

중국에서 온라인 정보 통제는 오프라인 언론 통제와 밀접한 관계가 있다. 중국의 온라인 공간은 사회세력과 국가가 상호 경쟁하며 발전시켜 나가는 변화무쌍한 새로운 여론 형성 공간이라 볼 수 있다. 하지만 이 공간은 권위주의적 정치체제라는 중국의 정치 현실과 민감하게 상호작용하면서 발전한다는 면에서 중국적 특수성을 보인다.

4. 인터넷 통제의 효과 및 한계

인터넷 확산의 정치·사회적 영향은 다음 몇 가지로 정리할 수 있다. 첫째, 온라인 공간은 '일상적 문제'를 '공적 이슈화'하여 새로운 여론을 형성함으로써 언론 자유를 확대하고 사회세력의 목소리를 대변하는 공간이 되고 있다. 정부의 통제가 엄격한 전통적인 언론매체(신문, 방송, 잡지 등)에서는 보도될 수 없었던 사건들이 인터넷 게시판에서 쉽게 폭로되고,

빠른 속도로 많은 사람들에게 전달되어 대중 여론을 형성하게 되었으며, 온라인은 개인의 표현의 자유 및 언론 자유를 실현하는 새로운 매체로 부각되고 있다. 국민들이 온라인에서 개인의사를 표출하고 이것이 순식간에 대중 여론으로 발전하는 것을 정부가 통제하는 것이 거의 힘들어지고 있다. 중국 정부는 온라인 여론에 대해 사후적인 조치(법규 개정 혹은 사이트 폐쇄 등)만을 할 수 있을 뿐이다. 따라서 인터넷의 확산은 중국 정부의 언론 통제 능력의 한계를 보여 주게 되었으며, 언론 통제가 권위주의 정부 통치의 중요한 수단이라는 점을 고려할 때 이것은 정치적으로 커다란 부담이라 할 수 있다.

둘째, 중국에서 인터넷은 행정 효율화를 실현하는 효과적인 수단이 되고 있으며, 온라인 여론은 이미 정치적 영향력을 발휘하여 국가권력을 견제하기 시작했다. 예컨대 '순즈깡 사건'이 인터넷을 통해 급속도로 확산되자 전국인대 의원 및 정치지도자들이 온라인 여론을 무시할 수 없게 되었다. 온라인에서 표출된 개인 의견은 단순한 '사적 논의'의 차원을 벗어나 정치적 압력으로 작용하여 불합리한 행정을 개혁하는 수단으로 변화되고 있다. 중국 온라인 공간의 주요 이슈는 중국 정부도 어느 정도 논의를 허용하는 이슈(부정부패 및 지방 간부의 행정적 횡포 폭로, 불합리한 법규 비판 등) 영역에서 여론 형성이 활발히 이루어지고 있다.

셋째, 인터넷 확산의 결과 중국의 시민사회 발전을 촉진하게 된다. 중국에서 온라인 공간은 정부가 통치의 수단으로 이용하기도 하고 정치적으로 불리하다고 판단될 경우 폐쇄할 수도 있다. 그러나 중국 정부가 중국 내의 모든 사이트를 폐쇄할 수는 없기 때문에 인터넷의 확산은 공적 이슈 형성 및 온라인 항의를 통한 여론 형성 면에서 시민사회의 발전을 촉진한다고 볼 수 있다. 국가가 일방적으로 이슈를 설정할 수 있었던 전통매체와 달리 인터넷에서는 국가와 사회세력 모두 공적 이슈를 제기할 수 있는 상호 경쟁적인 관계에 놓여 있다고 볼 수 있다. 따라서 인터넷 확산의 결과 국가의 통제에도 불구하고 사회세력이 국가권력을 견제할 수 있는 새로운 공간이 열린 셈이다.

넷째, 중국의 온라인 공간은 정부의 강력한 통제 하에 움직이기 때문에 이슈 설정 면에서 다른 사회보다 오프라인 정치 현실의 영향을 받게 된다. 중국 네티즌들은 정부의 법적, 기술적 인터넷 규제를 의식하여 자기검열을 통해 정치적으로 덜 민감한 이슈를 올리게 되고, 논의 수준도 정부가 제시하는 오프라인 언론 통제의 선을 넘지 않도록 조심하게 될 것이다. 급진적인 정치체제 개혁 요구, 주요 정치인에 대한 비판, 공산당의 정책 결정 및 집행에 대한 비판, 티베트 독립과 같은 소수민족 독립문제 등 정치적으로 민감한 이슈를 온라인에서 토론하는 것은 당분간 어려울 것이다. 따라서 중국 정부가 정치 개혁 논의를 금지하고 있는 상황에서 인터넷의 확산이 정치 참여의 비용과 위험성을 감소시켜 정치적 민주화를 촉진할 것이라는 전망은 중국 현실과 거리가 있다.

개혁기 중국은 도농격차, 연해 - 내륙의 지역격차, 삼농(三農: 農民, 農業, 農村)문제, 도시 실업 증가, 농민과 노동자의 집단 저항 등 심각한 사회문제를 안고 있다.[20] 중국 정부도 이런 사회문제가 경제 발전 및 정치 안정에 치명적인 영향을 미칠 수 있다는 점을 인식하고 있다. 따라서 중국 정부는 온라인 공간에서 지방간부의 부정부패나 민생문제에

20 쓰촨성(四川省)의 한위안현(漢源懸) 농민 2만 명이 2004년 11월 3일 시위를 벌였다고 홍콩 언론이 보도했다. 농민들은 수력발전소 건설 현장에서 당국의 강제 이주 및 보상액 하향 조정에 항의해 연좌시위를 벌였고 이들을 해산시키기 위해 1만 명의 무장경찰이 농민과 충돌했다. 황유성, "中 쓰촨성 또 대규모 농민시위... 토지수용 불만 2만여 명 참가," 『동아일보』, 2004년 11월 7일. 중국의 사회문제에 관한 구체적 내용은 다음 참조. "特高: 中國民衆由不滿走向公開抗議," 2004年 9月 15日; "66% 中國大陸學者: 2010年是 "危機多發期," <亞洲時報>, 2004年 9月 22日.

대한 공론화는 어느 정도 허용하여 분노를 해소하려는 정책을 취하고 있다. 하지만 민생문제가 전국적인 이슈화되고, 정부정책 및 정부 고위 지도자를 비판하는 정치적 이슈로 변화되는 경우에는 이슈를 통제하게 된다.

중국의 인터넷은 다른 자유주의 국가에 비해 효과적으로 통제되고 있지만, 인터넷 확산의 결과 중국 정부는 온라인 공간에서 보이지 않는 적과 '여론전쟁'을 하고 있는 셈이다. 온라인 공간에서 출현하는 '분산된 개인'은 사건이 발생하기 전까지는 누군지, 어느 사이트인지 실체를 알 수 없기 때문에 사전에 통제하거나 협상하기 어렵다는 면에서 '온라인 여론 전쟁'은 보이지 않는 다수와의 힘겨운 싸움이라 할 수 있다.

실제 중국에서 온라인 정보 통제가 쉽지 않다는 현실을 보여 주는 몇 가지 징후들이 있다. 첫째, 검색어 필터링이나 사이트 차단이 새로운 이슈에 대한 사전 방지보다는 '사후 관리'의 성격이 강하다. 일단 국제적 웹사이트 연결이 허용되면 국내외 수많은 사이트를 선별적으로 차단하는 것은 쉽지 않다. 2000년 파룬공 사이트는 차단되었지만 파룬공 관련 내용을 전달하는 사이트는 중국에서 접속할 수 있고, 티베트 독립 관련 사이트(savetibet.org)는 차단되었지만, 다른 유사 사이트(freetibet.org)에는 접속할 수 있다. 더구나 중국 네티즌이 사용하는 모든 이메일을 검열(monitering)한다는 것은 현실적으로 불가능하며, 당국은 특정인이나 특정 주제어 사이트를 검열할 수 있을 뿐이다.[21] 따라서 정부의 기술적 통제

21 Nina Hachigian, "China's Cyber-Strategy," *Foreign Affairs*, 80-2, March/April, 2001, pp. 127-128. 물론 기술 발전은 개인 이메일에 대한 감시의 가능성을 높이고 있다. 예컨대 FBI에서 개발한 소프트웨어 카니보어(Canivore)는 인터넷 서비스 회사 ISP에 장착되어 한 터미널에서 다른 터미널로 전송되는 인터넷 패킷(packet)을 가로챌 수 있다. 카니보어는 수초 동안에 수백만 통의 전자 메일 내용을 자동 검색할 정도의 위력을 갖고 있다. 홍성욱, 『파놉티콘-정보사회 정보감옥』 (서울: 책 세상, 2002), p. 88.

는 온라인 공간에서 시민과 숨바꼭질을 하는 것과 비슷하고, 시민은 다양한 방법으로 금지된 검색어를 피하여 의견을 표출할 수 있다.

중국 정부의 아틀란타 뉴스 서비스에 대한 차단의 예는 사이트 차단이 얼마나 비효과적인지를 보여 준다. 인터넷 사용자는 뉴욕 타임즈(New York Times), 타임(Time) 사이트를 이용하여 중국 관련 기사를 포함하여 다양한 기사를 읽을 수 있었다. 더 나아가 차단된 사이트의 종합적인 내용(反 중국적 논평을 포함하여)을 차단된 적이 없는 서구 미디어 사이트에서 볼 수 있다. 예컨대 미국의 일간지 유에스에이 투데이(USA Today)와 월스트리트 저널(The Wall Street Journal), 시카고 트리뷴(Chicago Tribune) 등은 중국에서 접속할 수 있다.[22]

중국 정부는 학생들의 민주화 운동을 막기 위한 하나의 전략으로 다양한 해외 신문 사이트, 인권단체(암네스티 인터내셔널), 반정부 단체, 대만 웹 사이트 등을 검열하여 차단한 바 있으나 비효과적임이 드러났다. 중국 인권단체, 중국 뉴스 다이제스트와 같은 몇 개 웹 사이트가 중국 정부에 의해 차단될지라도 중국 내에서 비슷한 내용을 다루는 다른 사이트에 접속할 수 있다.[23] 따라서 중국 정부가 다양한 방법으로 사이트를 차단하려 할지라도 완벽하게 국내외 정보를 차단하는 것이 불가능하므로 인터넷 접속 허용은 곧 상대적인 정보 공개를 의미한다.

둘째, 정부가 온라인 콘텐츠를 검열할지라도 반대 메시지나 체제 비판적인 글을 일시적으로 웹 페이지, 이메일, 게시판 등에 게재하여 온라인

22 Steve Friess, "China Quietly Unblocks U.S. Sites," www.wired.com/news/business/0,1367,47017,00.html (검색일: 2001년 11월 25일); Ray Cheung, "Beijing paper is closed after June 4 article," *South China Morning Post,* June 19, 2003.

23 Erik Eckholm, "China Cracks Down on Dissident in Cyberspace," *New York Times*, Dec. 31, 1997.

여론을 형성할 수 있다. 예컨대 순즈깡(孫志剛) 사건이 폭로되어 정치적 이슈로 발전하는데 인터넷 전자게시판(BBS)이 결정적 역할을 했다. 2003년 3월 중국 광둥성(廣東省) 광저우(廣州)에서 '순즈깡'이라는 청년이 <도시 유랑자 수용 및 송환 규정>으로 인해 유랑인 수용소에서 구타 당해 사망하는 사건이 발생했다. '순즈깡 사건'이 온라인에서 쟁점이 되자 전국인대 의원들이 전국인대 회의에서 공식 의제로 채택했고, 결국 국무원은 불합리한 법규를 개정했다.[24] 중국 민주당파는 인터넷이 1998년 멤버 구성과 신속한 동원에 결정적 역할을 했다고 주장했다.[25]

만일 해외 거주자가 금지된 웹 사이트의 내용을 복사하여 이 메일을 통해 중국으로 전송한다면, 정부는 아무리 정치적으로 민감한 내용일지라도 해외정보가 국내로 들어오는 것을 완벽히 통제하기는 거의 불가능하다.[26] 많은 중국인들은 공식 출판이 허용되지 않는 대만 총통의 연설을 웹 사이트를 통해 읽을 수 있으며, 중국 정부가 공개를 금지한『천안문 페이퍼』역시 미국에서 공개된 후 몇 시간 혹은 며칠 내에 중국 온라인 게시판에 올랐고, 채팅방에서도 토론이 벌어졌다.[27]

중국의 온라인 공간은 오프라인 언론이 다루지 못하는 이슈를 토론하는 정치적 의견 교류의 장으로서 정치적 비판이나 토론이 전통 매체(신문 및 방송)에 비해 상대적으로 자유롭다. 많은 중국인들이 채팅방에서 중국

---

24 순즈깡 사건의 구체적 내용에 관해서는 다음 논문 참조. 이민자, "중국 온라인 공간의 주도권 쟁탈전: 국가-사회의 경쟁,"『한국과 국제정치』, 제20권 제4호, 2004년 겨울.

25 Shanthi Kalathil and Taylor C. Boas, "The Internet and State Control in Authoritarian Regimes: China, Cuba, and the Counterrevolution," *Working Papers* (2001. 07), www.ceip.org/files/publications/wp21.asp (검색일 2001년 8월 17일), pp. 6-7.

26 이메일 사용 증가의 정치·사회적 함의에 관해서는 다음 참조. Bryce T. Mcintyre, "China's Use of the Internet: A Revolution on Hold, in Paul S. N. Lee, *Telecommunications and Development in China* (Cresskill, New Jersey: Hampton Press, 1997), pp. 161-165.

27 Nina Hachigian, "China's Cyber-Strategy," p. 130.

정부가 대만 독립을 지지하는 민진당 후보의 득표율을 낮추려 했던 시도들을 공개했으며, 대학 온라인 게시판에는 정부의 환경정책이나 관료들의 부패를 비판하는 글이 올라오기도 했다. 이메일은 위험한 개별 만남을 대체할 수 있고, 수천 명에게 정치적 사건에 대한 지속적인 반대 의견을 전달하여 과거의 어떤 매체보다도 빠르게 공감대를 형성할 수 있다. 중국 정부의 입장에서는 온라인 대화가 정치적 부담이 될 수 있지만 모든 채팅 내용을 감시하기에는 역부족이다.[28] 채팅방은 새로운 정치·사회적 사고를 유포시킬 수 있으며 전국적 범위에서 토론이 가능하다.

중국 정부는 오프라인 신문과 방송을 효과적으로 통제했기 때문에 정부가 원하는 정보만을 보도하도록 할 수 있었으나, 새롭게 열린 온라인 공간에서 유통되는 정보를 통제하는 것은 사실상 쉽지 않다. 중국은 상대적으로 다른 자유주의 국가에 비해 온라인 공간을 효과적으로 통제하고 있지만, 전통적인 언론 매체에서는 보도되지 않은 사실들이 온라인 공간에서 폭로되어 새로운 공적 이슈로 변화되는 사례들이 증가했다.

28 Nina Hachigian, "China's Cyber-Strategy," pp. 130-131.

제4부

디지털 정치 참여와 정치 민주화

제4부
디지털 정치 참여와 정치민주화

기존 연구는 인터넷이 국가-사회관계에 미치는 영향에 중점을 두었다. 즉, 인터넷이 국가의 힘을 강화시킨다는 주장과 공적 논의 활성화, 정치 감독 강화, 조직화라는 점에서 사회 세력의 힘을 강화시킨다는 상반된 주장이 공존하고 있다.[1] 그러나 인터넷이 중국 정치 변화에 어떤 영향을 미치는지에 대한 사례연구는 미진한 편이다.

여기서는 두 가지 질문을 제기한다. 첫째, 중국에서 온라인 활동의 특징은 무엇이며, 온라인 공간에서 어떤 이슈가 어떻게 공적 이슈화되는가? 둘째, 중국 정부의 강력한 인터넷 통제에도 불구하고 인터넷이 정치민주화에 어떤 영향을 미칠 수 있는가? 디지털 정치 참여가 어떤 면에서 새로운 정치담론과 정치 변화를 만들고 있는가?

연구 목적은 중국 동남부지역에서 인터넷으로 무장한 시민들의 온라인 활동(online activism)이 어떤 면에서 '정치과정'을 변화시키고 있는지를

1 이런 상반된 주장에 관한 자세한 내용은 다음 참조. Zheng Yongnian, *Technological Empowerment: The Internet, State, and Society in China* (Stanford: Stanford University Press, 2008), pp. 9-10; Guobin Yang, *The Power of the Internet in China: Citizen Activism Online* (NY: Columbia University Press, 2009), pp. 26-28.

설명하는 것이다. 중국에서 디지털 정치 참여가 어떻게 '정치과정의 개혁'을 촉진하는지 구체적 사례 분석을 통해 설명한다. 즉, 지난 몇 년간 온라인 공간에서 쟁점이슈가 되었던 ① 사법당국의 불공정에 항의, ② 지방 공무원의 부정부패 폭로, ③ 정치적·시민적 자유 보장 사례를 분석한다. 중국 네티즌이 디지털 정치 참여를 통해 정치과정을 변화시키는 것을 '영리한 군중(Smart Mobs)' 개념으로 설명할 것이다.

4부에서 주장하는 핵심 논지는 다음 두 가지이다. 첫째, 인터넷은 시민 참여 영역을 확대하고 참여의 채널을 다양화하는 데 효과적이다. 중국에서 온라인 이슈는 정치적 민감성에 따라 통제되는 정도가 다르다. 정부의 이슈 통제 수준에 따라 온라인 공간에서 어떤 이슈는 공적 이슈가 되고, 어떤 이슈는 사라지기도 한다. 이런 온라인 이슈의 차별성이 공적 이슈화 및 온라인 활동 영역을 확대할 수 있는 틈이다. '영리한 군중'은 이런 이슈 통제의 틈을 활용하여 '디지털 정치 참여 및 표현의 자유공간을 확대하며 권리를 찾아가고 있다.

둘째, 중국에서도 '디지털 정치 참여'가 '정치과정의 민주화'를 촉진하고 있다. 중국에서 공산당 일당체제가 유지된다는 점에서 중동의 '아랍의 봄'과 같은 정치체제 개혁은 없다. 그러나 온라인 공간에서 디지털 정치 참여, 정치적·시민적 자유 보장이 확대되고 있다는 점에서 '정치과정의 민주화'가 나타나고 있다. 또한 서구의 디지털 정치 참여에서 나타난 '영리한 군중(Smart Mobs)'이 중국에서도 등장하고 있다. 인터넷으로 무장한 '영리한 군중'은 효과적인 집단행동을 통해 중국 동남부에서 '인터넷 민주화'를 시작하고 있다고 볼 수 있다.

제11장

온라인 여론 형성

제11장
온라인 여론 형성

1. 온라인 활동 방법

중국에서 온라인 여론은 웨이보(Weibo, 微博), 포럼(Forum, 論壇), BBS(Bulletin Board System), 블로그(Blog), MSN, 뉴스 사이트 등을 통해 만들어진다. 온라인 활동 방법은 뉴스에 댓글 달기, 포럼에 글 올리기, 문자 메시지 보내기, 블로그 개설, 캠페인 웹 사이트 개설, 온라인 서명 운동 및 시위, 온라인을 이용한 오프라인 집회 조직화 등이 있다. 일부 네티즌은 여론 감독 사이트를 만들어 글을 올리고 정부가 폐쇄하면 다른 사이트로 이동하기를 여섯 번 반복할 정도로 온라인 공간에서 네티즌과 정부가 유격전을 벌였다.[2] 수많은 권리 옹호(rights defence) 웹 사이트가 개인이나 시민단체에 의해 개설되어 '온라인 권리옹호(online rights defence)'라는 말이 생기기도 했다. 온라인 공간에서 활동하는 시민기자

2 张淑華 著,『网络民意与公共决策权利和权力的对话』(上海: 复旦大学出版社, 2010), p. 22; 許靜, "新媒體環境下輿論監督的結構化特徵初探," 巢乃鵬 主編,『中國网絡傳播研究』(杭州: 浙江大學出版社, 2011), p. 113.

가 출현했으며, 권리 옹호 사이트에서는 공식 매체에서 무시된 중요한 사회적 이슈가 다루어진다.[3]

인터넷 시대의 온라인 소통 수단은 블로그, SNS(Weibo, Twitter, Facebook 등), 논단(論壇, Forum), 온라인 토론팀(網上討論組), 즉시통신(卽時通訊), 위키백과, 유투브(YouTube), 여우쿠(優酷), 투더우(土豆) 등이 있다.[4] 이런 다양한 온라인 의사소통 수단을 통해 네티즌은 정보를 교류하고 의견을 공유하며 온라인 여론을 형성한다. 중국의 다양한 온라인 소통 수단의 특징을 정리하면 다음과 같다.

〈표 11-1〉 온라인 소통수단의 특징

온라인 소통수단	공개적 의견 표현 희망 정도	소통방식
블로그(Blog)	매우 강함	일방적
웨이보(微博, Weibo)	매우 강함	쌍방향
SNS(Twitter, Facebook)	비교적 강함	쌍방향
논단(論壇, Forum)	비교적 강함	쌍방향
즉시통신(卽時通訊)	비교적 강함	쌍방향
유투브(YouTube), 여우쿠(優酷), 투더우(土豆)	비교적 약함	일방적
위키백과	비교적 약함	침묵

자료: 陳旭輝,『互聯網情境下的傳播機制硏究』(北京: 人民郵電出版社, 2014), p. 82.

중국의 온라인 활동 방법을 구체적으로 살펴보면 같다. 첫째, 온라인 여론이 수렴되는 대표적인 포럼(論壇)은 톈야논단(天涯論壇), 강국논단(强国论坛), 중화망논단(中華网论坛), 텅쉰(腾讯社區) 등이 있다. 네티즌은 포럼을 통해 본인이 흥미 있는 화제를 올리고 댓글을 단다.[5] 중국에서

3 Guobin Yang, *The power of the internet in China: citizen activism online*, p. 30.

4 陳旭輝,『互聯網情境下的傳播機制硏究』(北京: 人民郵電出版社, 2014), p. 81.

5 許靜, "新媒體環境下輿論監督的結構化特徵初探," p. 113.

'온라인 사회 공간' 형성의 기초가 마련된 것은 런민왕(人民网)에 1999년 강국논단(强國論壇)을 개설한 것이다.

중국에서 포럼이 저항의 온상이 될 수 있는 문을 연 것은 역설적이게도 중국 정부가 만든 토론 사이트였다. 1999년 5월 8일 미국 중심의 나토(NATO) 공군이 유고슬라비아 주재 중국 대사관을 폭격했다. 미국 측은 오폭이라고 해명했지만, 중국 정부는 의도적인 폭격으로 인식했고 중국인은 분노했다. 이런 여론을 의식한 런민일보는 1999년 온라인 사이트 런민왕(人民网)에 '항의 포럼(Protest Forum)'을 개설하여 나토 폭격에 대한 온라인 항의를 유도했다. 이것은 한 달 후 '강국논단(强國論壇)' BBS로 변화되었다. 강국논단 등장이후 온라인 항의가 급증했고 형식도 다양화되기 시작했다.

예컨대 2007년 17차 당대회를 맞이하며, 2007년 9월 30일 한 네티즌(小火龍이라는 필명 사용)이 런민왕(人民网) 강국논단(强國論壇)에 "후(胡)총서기님, 강국논단(强國論壇)에 나와 국민들의 의견을 들으세요."라는 글을 올렸다. 이 글은 많은 네티즌의 관심을 모았고, 단기간 내에 54만 명이 클릭했고, 1,500개의 댓글이 달렸다. 이 글은 바로 총서기와 총리에게 전달되었고, 중국지도자들이 온라인 여론을 피할 수만은 없다는 생각을 갖게 만들었다.[6]

둘째, 사건의 진상을 파헤치는 온라인 활동으로 '인육수색(人肉搜索: 인물검색)'이 주목받았다. 인육수색이란 네티즌이 인터넷에서 화제가 되는 사건의 당사자 및 사건의 진상을 파헤치는 것이다. '인육수색'은 단순히 사람을 찾는 것이 아니라 특정 인물을 표적으로 정하면 그 사람의 사진은 물론 개인적 신상 내역(학력, 거주지, 연락처, 가족관계 등)을 추적하

6 张淑華 著, 『网络民意与公共决策权利和权力的对话』, pp. 1-2.

여 공개한다. 따라서 중국에서 인육수색을 '인터넷 마녀사냥', '사이버 인민재판'이라고도 한다. 인육수색은 일반인들이 공정하고 자유롭게 의견을 표출함으로써 여론을 감독할 수 있는 역할을 했다. 그러나 지나친 사생활 침해라는 비판을 받기도 했다.[7]

인육수색은 2001년 한 회사원이 회사의 대변인을 애인이라 속였다가 진실이 밝혀지는 과정에서 처음 만들어졌다. 2006년 한 여성이 하이힐로 고양이를 짓밟는 동영상이 올라오자 화가 난 네티즌들이 수배령을 내리면서 인육수색은 유행하기 시작했다.[8]

셋째, 2010년부터 웨이보(微博)를 이용한 온라인 활동이 여론 형성을 주도하기 시작했다. 웨이보는 신속하게 어디에서나 정보를 전달할 수 있기 때문에 정보 유통 및 여론형성 수단으로 주목받았다. 예컨대 2010년 11월 지방 공안국장의 '부패일기'가 웨이보에 처음 폭로된 후, 인터넷 토론 사이트 '텐야논단(天涯論壇)'에 공개되어 폭발적인 관심을 모았다. 이 일기는 공개된 지 사흘 만에 100만 명이 조회하고 3천여 개의 댓글이 달렸다.[9]

웨이보는 중국 정부의 인터넷 통제에 도전했다. 웨이보는 순식간에 많은 사람들에게 문자와 동영상을 전달할 수 있으므로 중국 정부가 한꺼번에 검열·삭제하기는 역부족이다. 따라서 2011년 8월 공산당 기관지 <런민일보(人民日報)>는 사회 안정을 위해 웨이보에 대한 관리를 강화해야 한다는 내용의 사설과 기사를 잇따라 게재했다.[10] 베이징시는 2011년 12

---

7 段 俊 等著, 『从輿論喧囂到理性回歸』(成都: 四川大學出版社, 2009), pp. 2-12 참조; 李建盛·陳華·馬春玲 主編, 『首都网絡文化發展報告 2009-2010』(北京: 人民出版社, 2010), pp. 200-201.

8 段 俊 等著, 『从輿論喧器到理性回歸』, pp. 2-12 참조.

9 尹韻工 主編, 『中國新媒體發展報告 (2011)』(北京: 社會科學文獻出版社, 2011), p. 47.

10 <한겨레>, 2011. 08. 28.

월 ‘웨이보 실명제’를 실시한다는 규정을 발표했다.[11] 웨이보 실명제는 정치적으로 민감한 내용이 웨이보에 올라오는 것을 사전에 차단하고자 하는 ‘인터넷 여론 통제 강화’라고 볼 수 있다.

중국의 ‘온라인 활동’ 연구는 중국 정부와 시민사회 간의 동적인 상호작용을 이해하는 데 중요한 주제이다. 최근 중국의 공적 담론에서 점점 정보 접근, 정보 공개, 알 권리, 의사소통 권리를 요구하고 있다. 온라인 활동의 이슈와 형식은 시민이 창조적으로 정치권력과 타협하는 방식을 보여준다. 이슈별 특수한 정치적 기회는 경쟁적인 이슈들이 공적 영역으로 들어오는 데 영향을 미친다. 시민들은 인터넷 통제에 대응하여 정당한 저항(rightful resistance, 기술적 논쟁(artful contention), 디지털 숨겨진 정보(digital hidden transcripts) 등을 사용하여 적응한다.[12] 따라서 중국 정부의 효과적인 인터넷 통제에도 불구하고 시민사회가 온라인 공간에서 활동영역을 확대하는 방식과 힘을 연구하는 것은 중국의 정치 변화를 이해하는데 도움을 줄 수 있다.

2010년 중국의 주요 여론 형성 매체는 전통매체 43%, 인터넷 매체 34%로서 전통매체 외에 인터넷도 중요한 정보 제공 매체로 부상했다. 아직 전통매체가 인터넷보다 우위를 점하는 이유는 중국에서 2000년과 2005년 발표된 뉴스 보도 관련 법규에 의하여, 전통매체가 만든 사이트만이 신청 및 심사를 거쳐 뉴스 우선 보도권을 지니기 때문이다. 기타 사이트는 전통매체나 뉴스 사이트의 뉴스만을 전달할 수 있다. 따라서 포털 사이트의 뉴스 정보는 전통매체 및 뉴스 사이트에서 보도한 뉴스를 전달하기 때문에 네티즌 역시 뉴스는 전통매체에 대한 의존도가 아직은 높은

---

11 <北京市微博客发展管理若干规定>, <北京晚報>, 2011年 12月 16日. www.eastmoney.cn.

12 Guobin Yang, *The Power of the Internet in China: Citizen Activism Online*, pp. 26-28.

편이다. 그러나 민감한 뉴스나 먼 곳에서 발생한 사건의 경우 전통매체보다 인터넷의 보도가 더 빠르다. 예컨대 사스(SARS)의 경우 전통매체는 관리부문의 허가 없이 보도할 수 없었지만, 인터넷 포럼에서는 글이 먼저 게재되었다. 2008년 “원저우(溫州) 공무원 해외 시찰단 사건”의 경우에도 사건이 명확해지기 전까지 전통매체는 보도할 수 없었지만 많은 인터넷 사이트에서는 이미 글이 올라왔다.[13]

2. 온라인 이슈 영역 확장

1990년대 중반까지 중국 지도부는 정보화를 새로운 경제 영역으로 보았고 정치적 저항의 장으로 보지는 않았다. 중국 지도부는 인터넷이 상시 의사소통의 채널로서 당의 정책을 국민들에게 알리는 수단으로 사용될 수 있다는 점도 인식했다. 정보화는 산업현대화, 중앙의 통제력과 안정을 강화시킬 것으로 생각되었다.[14] 그러나 2000년대 들어 인터넷이 정치·사회적 불만을 공적 이슈화하는 통로 역할을 하기 시작했다. 시민 권리 보호 및 정치인의 부정부패 감시 사이트들이 급증했다. 특히 2000년대 후반 온라인 집단행동이 새로운 사회 불안정 요인으로 부각되자 중국 정부는 인터넷을 강력히 통제하기 시작했다. 2008년 티베트인 시위사건 당시 중국 정부가 무력 진압하는 영상을 올렸던 유투브(YouTube) 접속이 2009년

---

13 尹韻工 主編, 『中國新媒體發展報告 (2011)』, p. 46.

14 Guobin Yang, *The power of the internet in China: citizen activism online*, p. 54. 중국 정부의 인터넷 통제에 관한 자세한 내용은 다음 참조. Evgeny Morozov, “Whither Internet Control?,” *Journal of Democracy*, Vol. 22, No. 2, April, 2011; Rebecca MacKinnon, “China’ Networked Authoritarianism,” *Journal of Democracy*, Vol. 22, No. 2, April, 2011.

3월 차단되었고, 8월에는 중국 내에서 판매되는 모든 컴퓨터에 웹 사이트 차단 소프트웨어를 장착하도록 의무화했다.[15]

중국 정부의 온라인 통제에도 불구하고 네티즌이 온라인 공간에서 공적 이슈화 및 이슈 영역을 확장할 수 있는 배경은 무엇인가? 첫째, 온라인 활동에 대한 중국 정부의 통제 정도는 정치적 민감성에 따라 '이슈의 차별성'을 보인다. 중국 정치에서 다양한 이슈는 명확한 위계를 지니고 있다. 정부는 어떤 이슈에 대해서는 다른 이슈에 비해 관대하다. 따라서 전통매체에서 다루기 어려운 이슈들이 인터넷을 이용하여 공적 이슈화될 수 있다. 당-국가의 정당성에 직접적으로 도전하는 이슈는 통제되는 반면, 공산당 통치의 정당성에 도전하지 않는 이슈는 허용된다. 이런 이슈의 차별성은 온라인 집단행동이 성공할 수 있는 틈을 만든다. 정치적으로 민감하지 않고 공적으로 호소력 있는 이슈는 공적 영역으로 들어와 저항사건(contentious events)이 될 수 있다.[16]

둘째, '온라인 공간'은 정부의 인터넷 통제(Internet control)와 시민의 인터넷 활동(Internet activism)이 상호 경쟁하는 곳이다. 온라인 공간에서 무엇이 합법적 혹은 불법적 표현인지의 경계가 항상 움직이고 있다. 온라인 공간에서 이전에는 금기시되던 이슈들이 허용되는 사례가 증가하고 있다는 점에서 이슈의 경계선은 상황에 따라 유동적이다. 중국 네티즌은 민감한 이슈에는 침묵하는 반면 허용되는 이슈는 전국적 범위에서 공론화하여 '인터넷 여론'을 만든다. 중국 네티즌은 법적으로 허용되는 '정당한 저항(rightful resistance)'[17]의 범위 내에서 불합리한 법규 개정 및 정책

---

15 *The guardian*, January 14, 2010. www.guardian.co.uk.

16 Guobin Yang, *The power of the internet in China: citizen activism online*, p. 44, p. 55.

17 1999년 중국 정부가 법에 의한 통치(依法治國)를 전면 실시함에 따라 2000년대 들어 합법적 저항은 정당한 저항이라는 인식이 확산되었고, 이런 분위기 하에서 농촌 및 도시에서 대중의

변화에 영향을 미친다. 온라인 공간에서 국가와 시민사회 간의 경쟁은 일종의 '줄다리기'와 비슷하다. 국가는 온라인 공간을 국가 공간으로 만들기 위해 '온라인 통제'를 하고, 시민들은 표현의 자유를 누릴 수 있는 공간으로 만들기 위해 '온라인 활동'으로 대응한다.

셋째, 국가권력은 온라인 활동의 범위를 규정하며, 네티즌들은 창조적으로 국가통제에 대응한다. 네티즌은 국가권력과 타협하고, '허용된 채널의 경계에서(near the boundary of authorized channels)' 합법적이고 정당하게 인터넷을 활용하여 불만을 표출한다. 정치적 통제는 저항의 방식은 규정하나 발생 자체를 막지는 못한다.[18] 온라인 공간은 시민들의 담론의 공간이다. 이 공간은 유행하는 새로운 언어의 장이고 새로운 정체성 형성의 공간이다. 오프라인에서 침묵하는 다수도 온라인 공간에서는 사회 불의에 대해 급진적 저항을 할 수 있다.

그러면 중국 정부의 인터넷 통제 하에서 어떤 이슈는 허용되고 어떤 이슈는 금지되는가? 정치체제 개혁, 소수민족 독립운동, 중앙 고위급 지도자 비판 등은 금지된 이슈이기 때문에 인터넷에서 공론화될 수 없다. 그러나 약자 및 시민들의 권리 보호에서 시작하여 지방간부의 부정부패 폭로 및 정부정책 비판 등의 정치적 이슈까지 다루고 있다는 점에서 중국 네티즌은 새로운 이슈 영역을 개척하고 있다. 따라서 중국의 온라인 공간은 정부에 의해 통제되는 '제한된 자유공간'이지만, 시민들은 온라인 활동을 통해 '새장과 같은 자유 공간'을 확장해 가고 있다.

합법적인 집단적 저항이 증가하는 새로운 추세가 시작되었다. 이런 '정당한 저항'의 확산은 시민의 권리를 보호하기 위한 온라인 집단행동의 활성화에도 긍정적 영향을 미쳤다고 볼 수 있다. 2000년대 중국에서 발생한 '정당한 저항(rightful resistance)'에 관한 개념 및 성공사례 분석은 다음 참조. Kevin J. O'Brien and Lianjiang Li, *Rightful Resistance in Rural China* (New York: Cambridge University Press, 2006).

18 Guobin Yang, *The power of the internet in China: citizen activism online*, pp. 44-45 참조.

정부가 통제하는 '이슈의 차별성'으로 인하여 다음 <표 11-2>와 같이 합법적 저항과 불법적 저항의 경계가 만들어진다.

〈표 11-2〉 이슈의 경계: 합법적 저항과 불법적 저항

합법적 저항	불법적 저항
약자 권리 보호: 사법당국 불공정에 항의 - 2009년 술래잡기 사건 - 2009년 덩위자오(鄧玉嬌) 사건	공산당 일당체제에 도전 - 서구식 민주화 주장 - 08민주헌장과 류샤오보(劉曉波) - 중국민주당 창당 사건
시민의 권리 보호: 정부정책 비판 - 2007년 샤먼(廈門) PX 공장 이전 운동 - 2011년 온저우(溫州) 고속철도 사고 비판	정치이념 비판 - 천안문 사건 재평가 - 공산당 지도이념(조화사회론, 삼개대표론) 비판 - 파룬공(法輪功) 지지
지방간부의 부정부패 폭로 - 온저우 공무원 해외시찰단 비리 폭로 - 공공재정 지출 투명화 요구	고위급 중앙 지도자 비판 - 2010년 구글에 리장춘 비판글 게재로 구글 해킹 지시
중화 민족주의 지지운동 - 1999년 반미시위 - 2005년 반일 시위 - 2008년 反티베트운동과 서방언론 비판	'하나의 중국 원칙'에 도전 - 티베트 독립운동 - 신장위구르 독립운동 - 타이완 독립운동

출처: 필자 작성, 2014. 09.

중국에서 온라인 여론은 사건 해결을 위한 여론 압력이 되고 있다. 즉, 2003년 순즈깡 사건의 경우 1982년 국무원이 발표했던 "도시 유랑자 수용이송에 관한 법"을 폐지시켰고, 2008년 산시(山西) 랑펀(襄汾) 댐 붕괴 사건의 경우 인터넷에서 여론의 영향이 강렬해지자 관리 100여 명에게 문책 폭풍을 일으켰다. 2007년 샤먼(廈門) PX 사건의 경우 인터넷 여론은 중앙 및 지방정부의 결정을 수정하도록 만들었다. 온라인 여론이 주목하는 이슈는 정부 관리의 통치능력 및 민생문제이며, 경찰과 주민의 대치,

주택 철거 문제 역시 네티즌이 주목하는 이슈이다. 온라인 여론의 영향력을 고려하여 중국 정부도 2009년부터 온라인 여론 감독 기능을 강화하고 있다. 주요 온라인 여론 사건은 주로 50% 이상이 중국 동남부지역 대도시에서 발생했으며, 전국적 이슈(부동산 가격 폭등, 교육문제, 2008년 금융위기 등)가 주목받았다.[19]

19 尹韻工 主編, 『中國新媒體發展報告 (2011)』, pp. 49-50.

제12장

디지털 정치 참여와 영리한 군중

제12장
디지털 정치 참여와 영리한 군중

중국 인터넷은 중앙정부가 아니라 중간관리자에 대한 불만을 고발하는 '신문고' 역할을 하기 때문에 민주화를 위한 세력 조직화에 한계가 있다고 보는 시각이 있다.[1] 그러나 중국의 온라인 활동은 정부가 국민 의견을 수용하도록 하는 압력으로 작용함으로써 정책 결정을 변화시키고 있다. 중국에서도 디지털 정치 참여는 '영리한 군중(Smart Mobs)'의 등장을 보여준다.

디지털 정치 참여의 세계적 추세를 하워드 라인골드(Howard Rheingold)는 '영리한 군중(Smart Mobs)'의 등장과 활동으로 개념화한다. 영리한 군중이란 디지털 정치 참여의 행위자로서 컴퓨터와 인터넷으로 무장한 시위 참여 대중들을 의미한다. 이들은 하나의 목표를 향해 나아가는 움직임에 동참하고 있다는 것을 스스로 철저하게 의식하는 군중을 의미하며, 이들의 정치 참여는 오프라인에 중요한 영향을 미친다.[2] 영리한 군중은

---

1 스테판 할퍼 지음, 권영근 옮김, 『베이징컨센서스』(서울: 21세기북스, 2011).

2 라인골드의 '영리한 군중' 개념 및 논의에 관한 자세한 내용은 다음 참조. Howard Rheingold, *Smart Mobs: The Next Social Revolution* (Cambridge: Perseus publishing, 2002), p. 305.

정치 참여의 영역을 확대하여 양적 정치 참여를 증대시킨다. 또한 영리한 군중은 기존의 지배적인 오프라인 의제들에 대한 도전과 적극적인 대응을 통해 질적으로 기존 정치체제 변화를 가져온다.

12장에서 다루는 중국 네티즌의 다양한 성공사례들을 보면, ① 숨겨질 뻔한 사건들을 온라인 공간에서 공론화했다는 점에서 지배적인 오프라인 의제에 대한 도전이다. ② 이슈 공론화 및 집단행동 과정에서 네티즌들이 관심 이슈에 동참함으로써 '정치 참여'가 확대되었다. ③ 온라인 여론 압력이 오프라인에서 법 판결 및 정책 변화를 가져왔다는 점에서 오프라인 정치에 중요한 영향을 미쳤다. 따라서 위 세 가지 점에서 중국 정부의 강력한 인터넷 통제에도 불구하고 중국 네티즌의 온라인 활동에서도 '영리한 군중'의 모습을 발견할 수 있다. 이하에서 '영리한 군중'이 목표 달성을 위해 어떻게 온라인 활동을 하는지 성공 사례를 살펴보자.

1. 사법당국의 불공정에 항의

1) 2009년 술래잡기(躲猫猫) 사건

2009년 술래잡기(躲猫猫) 사건은 인터넷 여론이 사건의 진상을 폭로하고 사법당국의 불공정을 바로잡은 사례이다. 2009년 중국 네티즌들이 꼽은 최고의 유행어는 교도소 수감자의 의문사에 대해 경찰이 어설프게 해명했던 '술래잡기'였다.

'술래잡기' 사건의 주요 내용은 다음과 같다. 2009년 2월 12일 윈난(雲南)성 진닝(晉寧)현 구치소에 수감되었던 24살의 리치아오밍(李蕎明)이 숨졌다. 경찰은 그가 죄수들과 '술래잡기'를 하다 벽에 부딪혀 숨졌다고 사망 원인을 설명했다. 이 사건의 내용이 2월 13일 인터넷 사이트에 올라오자 경찰 해명에 의문을 제기하는 네티즌의 글이 폭주했다. 또한 '술래잡기'라는 용어는 '얼토당토않은 오리발'을 의미하는 유행어로 인터넷에서 퍼졌다. 바이두, 시나닷컴, 텐야 등에서 '술래잡기' 사건이 주요 이슈가 되었다. 관방 조사단을 불신하는 온라인 조사단이 인육수색을 통해 사건 진상 조사에 나섰다. 쿤밍(昆明)시 검찰과 공안국이 진상조사를 한 결과 리치아오밍이 구치소에서 경찰에 맞아 사망한 사실을 밝혀냈다. 윈난성 진닝현 공안국 부국장이 이 사건으로 면직되었고, 공안국은 리치아오밍 가족에게 인민폐 35만 위안을 배상했다.[3]

이 사건의 해결 과정에서 나타난 디지털 정치 참여의 의미는 다음과 같다. 첫째, 온라인 여론이 사법제도의 공정성에 대한 불신 및 공권력의 남용을 고발했다. 온라인 공간에서 공적 이슈화를 통해 여론 압력을 행사함으로써 오프라인에서 사건 진상 규명에 성공한 사례이다. '술래잡기'는 네티즌이 국가의 사법제도와 공권력 남용을 비판하는 풍자어가 되었다. '술래잡기(躲猫猫)' 사건은 대표적인 풍자어 사건이다. 네티즌은 화제가 되는 사건의 풍자어를 만들어 사회 여론을 조성함으로써 사건 해결에 영향을 미쳤다.

둘째, 네티즌들의 활발한 토론을 통해 시민의 알 권리 및 표현권에 대한 관심이 증가되었다. 이런 논의는 사법질서의 합리성 및 사법정보의 투명성에 대한 의문으로 확산되었다. 셋째, 전통언론에서 주목받을 수 없는 약자의 권리가 온라인 여론을 움직일 경우 보호받을 수 있음을 보여주었다. 이 사건을 계기로 중국인들은 온라인 여론의 영향력에 더욱 주목

3 张淑華 著, 『网络民意与公共决策权利和权力的对话』(上海: 复旦大学出版社, 2010), pp. 179-192; 葉 皓 等著, 『正確應對网絡事件』(南京: 江蘇人民出版社, 2009), pp. 121-130; 鄧兆安· 張 濤 著, 『中國式网絡問政』(廣州: 南方日報出版社, 2010), pp. 27-31.

하게 되었다.

2) 2009년 덩위자오(鄧玉嬌) 사건

덩위자오(邓玉娇) 사건은 온라인 민의가 '법정 판결을 바꾼 사례'이다. 중국 네티즌은 '법에 의한 통치(以法治國)' 범위 내에서 온라인 저항을 통해 사법당국의 불공정에 항의하여 판결을 변화시켰다. 이 사건의 주요 내용은 다음과 같다. 지방공무원이 호텔 여종업원 덩위자오(邓玉娇)와 충돌한 사건으로, 덩위자오가 지방공무원을 죽여 법정에 서게 되었다. 2009년 5월 후베이성(湖北省) 바둥현(巴東縣)의 한 호텔에서 3명의 지방간부가 술에 취해 호텔 여종업원 덩(邓玉娇)에게 '함께 목욕하자'고 치근댔다. 완강하게 저항하던 덩은 얼떨결에 과도를 휘둘러 일행 중 한 명인 덩(鄧) 주임을 찔러 숨지게 했다.

현지 공안국이 그녀를 과잉방어 혐의로 구속 기소했다. 이 사건이 네티즌에게 알려지자 덩위자오는 약자를 대변하는 상징이 되어 네티즌의 동정을 받았다. 많은 네티즌들이 덩위자오의 정당방위 권리를 주장하며 적극 옹호했다. 결국 법원은 원래의 판결을 바꾸어 그녀에게 정당방위를 인정하여 무죄를 선고했다. 무죄 선고는 온라인 여론이 약자(가난한 여성)의 인권 보호 및 인격 존중을 가능하게 한 성공 사례가 되었다. 이 사건은 처음에는 정의 및 사법공정에서 시작하여 여성권익보호로 발전했다.[4] '덩위자오 사건'은 사법당국의 불공정한 사건 처리 및 판결을 바로잡은 사건이라는 점에서 '술래잡기 사건'과 공통점이 있다.

---

4 2009년 덩위자오(鄧玉嬌) 사건에 관한 자세한 내용은 다음 참조. 曾慶香·李 蔚 著, 『群體性事件: 信息傳播與政府應對』 (北京: 中國書籍出版社, 2010), pp. 180-181. "關於邓玉娇的命運, 維護婦女合法權益," 西部女性网, 2009年 6月 12日; 鄧兆安· 張 濤 著, 『中國式网絡問政』, pp. 24-27.

3) 2009년 허난성(河南省) 왕시(王師) 사건

온라인 여론은 억울하게 체포된 사람을 구명하는 데도 결정적 역할을 했다. 2009년 3월 6일 허난성(河南省) 링바오시(灵宝市)의 한 청년 왕시(王師)가 상하이(上海)에서 일하다 공안에 의해 체포되었고, 3월 9일 허난성으로 이송되어 구류 처분이 내려졌다. 그 이유는 그가 2009년 2월 12일 텐야논단(天涯論壇)에 "토지 수용 과정의 부당함을 알리는 글"을 게재했기 때문이었다. 왕시의 고향 링바오 시정부는 2008년 5월 28일 공업지역을 만들기 위해 농민 토지를 30년 장기 임대하는 과정에서 <토지관리법> 규정을 위반하고 낮은 보상을 하여 농민들의 이익을 침해했기 때문에 원성을 샀다. 왕시는 이런 부당한 토지 수용을 하소연하는 글을 텐야논단에 올린 후 많은 네티즌의 관심을 모았다. 왕시의 글은 텐야에 올라온 후 왕이, 시나닷컴, 소후 등 주요 포털 사이트의 홈페이지에 게재되었고 많은 네티즌들이 링바오시를 비판하는 댓글을 달았다. 이런 상황에서 링바오시 경찰(公安)이 왕시를 체포하여 그의 글이 올라오지 않자 한 네티즌이 그의 실종 소식을 사이트에 올렸다.[5]

공안국은 처음에는 왕시가 토지수용 보상에 불만을 품고 링바오 시정부를 비방했다는 이유로 '정부 비방죄'를 적용하려 했다. 그러나 이 사건에 대한 온라인 여론의 압력을 받게 되자 공안국은 상급 공안기관에 자문을 구한 후 왕시를 풀어 주고 사과한 후 손해배상을 했다. 링바오시 경찰국(公安局)의 사건 관련자들은 처벌을 받았다. 허난성의 부성장 및 경찰청장(公安廳長)은 런민왕(人民網)에 공개적으로 사과했고 네티즌의 감독에 감사함을 표했다. 이 사건은 온라인 감독이 억울하게 체포된 한 사람의

5 张淑華 著,『网络民意与公共决策权利和权力的对话』, pp. 230-237; 葉 皓 等 著,『正確應對网絡事件』, pp. 88-104.

무죄를 입증하고 경찰국의 부당한 업무 처리를 바로잡은 대표적 사례로 알려졌다.[6]

2. 지방 공무원의 부정부패 폭로

1) 2008년 온저우 공무원 해외 시찰단 사건

2008년 11월 저장성(浙江省) 온저우(溫州) 공무원 해외시찰단(溫州出國考察團) 사건이 인터넷에서 주요 이슈가 되었다. 이 사건은 처음에는 온라인 공간에서 지방 공무원의 부패 비판으로 시작되어 '공공재정 지출의 투명화' 요구로 이어졌고, 오프라인에서 '삼공비용(三公經費)[7] 예산공개'를 성공시켰다. 온라인 활동이 오프라인에서 정책을 변화시켜 정치적 효능감(efficacy)을 보여 준 대표적 사례이다.

2008년 11월 상하이 전철 2호선에서 발견된 상자 안에는 온저우시 공무원 해외 시찰단이 미국에서 시찰시 과잉 소비한 내역이 모두 적혀 있었다. 2008년 11월 26일 텐야(天涯)에 이 자료가 사진 찍혀 올려졌다. 단시간 내에 다른 사이트로 퍼질이 잇달았고, 약 9만 명에 달하는 네티즌들이 이 자료를 열람했고, 약 700여 개의 댓글이 달렸다. 공공재정 지출의 투명화가 전국적 화제로 되었다. 해외시찰 참여자는 온저우시 주요 공직자 23명이었다. 시찰의 목표는 미국 정부기관의 선진적인 행정관리 경험을

6 张淑華 著, 『网络民意与公共决策权利和权力的对话』, pp. 230-237; 葉 皓 等 著, 『正確應對网絡事件』, pp. 88-104.

7 삼공비용(三公經費)이란 공금으로 지출되는 출국경비(公費出國), 차량구매 및 운영비(公車消費), 접대비(公款吃喝) 등 세 가지 정부 판공비를 지칭한다.

배우는 것이었다. 그러나 21일 일정 중 공무활동은 5일에 불과하고 나머지 기간에는 미국의 10개 주요 도시(LA, 라스베이거스, 뉴욕, 워싱턴, 샌프란시스코 등)를 여행했다. 라스베이거스에서는 1박에 700달러를 지불하는 호텔에 묵었다. 인터넷에 이 사건이 올라온 후 신문 및 방송에서도 이를 보도하자 전 국민이 주목하는 사건이 되었다. 이 사건이 명확해지기 전까지 전통매체는 보도할 수 없었지만 많은 인터넷 사이트에서는 이미 글이 올라왔다.[8]

이 사건을 계기로 "사회가 공공재정 지출을 어떻게 규범화하고 감독할 것인가?", "공무원의 해외 시찰을 어떻게 규제하고 감독해야 하는가?" 등이 인터넷 사이트에서 주요 화제가 되었다. 2008년 12월 3일 런민왕 런민시평(人民詩評)에는 "지도자님! 당신은 왜 라스베이거스에 시찰을 갔습니까?"라는 비판 글이 게재되었다.[9] 이 사건은 세금으로 충당되는 공금 사용을 감독할 필요성을 처음으로 전국적 차원에서 이슈화했다. 이 사건 이후 중국 언론과 인터넷에서 공공재정 투명화와 관료의 부정부패 폭로가 주요 이슈로 되었다.

온라인 공간에서 시작된 공공재정 감독 이슈는 그동안 금기시 해 온 '재정부 예산 공개 및 삼공비용 예산 공개'를 이끌어냈다는 점에서 정치적 영향이 컸다. 2011년 3월 중국 언론 및 인터넷에서 정부 부처가 삼공비용을 과다하게 사용하는 등 예산을 낭비한다고 지적받았다. 특히 원자바오(溫家寶) 총리가 신화왕(新華網) 네티즌과 직접 소통하는 과정에서 네티즌들이 삼공비용을 문제 제기한 것이 예산공개를 결정하는 계기가 되었다.

98개 중앙부처가 2011년 6월말까지 삼공 예산을 공개할 것을 2011년

8 이 사건에 관한 자세한 내용은 다음 참조. 葉 皓 等著, 『正確應對网絡事件』, pp. 38-54; 尹韻工 主編, 『中國新媒體發展報告 (北京: 社會科學文獻出版社, 2011)』, p. 46.

9 葉 皓 等著, 『正確應對网絡事件』, p. 43.

3월 국무원이 발표했다. 중국 재정부는 2011년 4월 5일 홈페이지를 통해 처음으로 재정부 내부 예산 현황을 공개했다.[10] 또한 공금 남용과 부패를 막기 위해 삼공관련 공금을 지출할 때 관용 신용카드 사용을 2012년 1월 1일부터 의무화하는 조치가 발표되었다.[11] 이처럼 온라인 여론은 공무원의 공금 사용을 투명화하기 위해 중국 정부가 다양한 조치를 취하도록 만들었다. 중국 온라인에서 공적 이슈화는 중국 정부가 국민의 민의를 수용하고 국민과 타협하도록 만드는 촉매역할을 하고 있다.

2) 2011년 광둥성(廣東省) 우칸촌(乌坎村) 사건

2011년 광둥성(廣東省) 루펑시(陆丰市) 우칸촌(乌坎村)에서 발생했던 지방간부의 부패 고발 사건은 성(省)정부가 촌민들의 요구를 수용하고 타협하는 것으로 끝났다. 우칸촌 사건은 농촌 토지 수용과정에서 지방간부의 부정부패로 인해 발생한 농민저항이었다. 왕양(汪洋) 광둥성 당서기는 우칸촌 토지비리 의혹사건을 철저히 조사하여 해결하겠다고 밝혔다.[12]

광둥성 우칸촌(乌坎村)은 중국 남부의 경제 중심지 선전(深川), 광저우(廣州), 홍콩에 인접해 있기 때문에 개발에 유리한 입지 조건을 지닌 곳이다. 따라서 1990년대 이후 우칸촌은 농업보다 공업과 각종 개발 사업에 집중했다. 1993년부터 2011년 동안 우칸촌은 마을 토지의 60%를 외부 기업에 팔거나 임대를 주었다. 토지임대 과정에서 문제는 촌간부들이 촌민들과 상의하거나 보고하지 않고 마을 토지를 부동산개발회사에 팔아온 것이다. 2011년 9월 마을 사람들은 비꾸이위엔(碧桂園, Country Garden)

10 "國務院決定6月份公開中央部分三公經費," 新華網, www.sina.com.cn, 2011. 3. 23; <중앙일보>, 2011. 04. 05.

11 *SCMP*, December 10, 2011.

12 <중앙일보>, 2011. 12. 21; <동아일보>, 2011. 12. 22.

이라는 유명한 부동산개발회사가 우칸촌에서 개발 사업을 하는 광경을 목격했다. 농민들은 공사현장에서 마을 토지가 이미 부동산개발회사에 팔렸다는 말을 들었다. 우칸촌 주민들은 마을 토지를 외부에 팔면서도 자신들에게 어떤 보상도 하지 않았다는 것을 알게 되자 촌간부들의 해명과 마을기업 회계의 투명성을 요구하며 시위를 하기 시작했다.[13]

우칸촌 주민들은 불법 토지수용에 저항하며 대규모 시위를 2011년 9월 21일 시작하여 12월까지 지속했다. 촌과 상급 정부 간부들은 처음에는 우칸촌 농민들의 요구를 받아들이지 않았다. 오히려 주민 시위를 진압하기 위해 경찰이 마을로 들어왔다. 시위과정에서 경찰에 연행된 마을 대표가 2011년 12월 11일 의문사하자 사태는 격화되었다. 분노한 주민들은 12월 12일 마을에서 당·정부·경찰 관계자들을 모두 몰아내고 '해방구'를 만들었다. 급기야 12월 22일 왕양(汪洋) 당서기가 나서 우칸촌 토지비리 의혹사건을 철저히 조사하여 해결하겠다고 밝혔다. 그 후 성(省)정부 부서기가 마을대표와 만나 주민들의 요구를 적극 수용함으로써 문제 해결의 통로가 만들어졌다.[14]

성정부와 촌민 간의 타협의 배후에는 중국 정부의 언론 통제에서 상대적으로 자유로운 인터넷 및 해외언론의 영향이 컸다. 2011년 9월 우칸촌에서 시위가 시작된 후 차이예펑(30세)과 장젠싱(20세)은 우칸촌 상황을 외부로 알리는 것이 중요하다고 판단했다. 경찰이 마을을 포위하고 도로가 봉쇄되자 기자들이 산을 넘거나 배를 타고 마을로 잠입할 수 있도록 안내했고, 마을 집 한 채에 프레스센터도 만들었다. 정부가 거짓 발표를 할 때마다 촌민들이 휴대전화로 찍은 동영상이나 사진을 웨이보(微博)에

13 양한순, "우칸(乌坎)촌 농민시위를 통해 드러난 중국농촌의 토지문제," 『동아시아 브리프』, 제7권 제1호, 2012. 02. 01, pp. 41-42.

14 <중앙일보>, 2011. 12. 21; <동아일보>, 2011. 12. 22.

올려 진상을 밝혔다. 시위과정을 담은 <우칸, 우칸>이라는 다큐도 만들어 인터넷을 통해 유통시켰다. 중국 웨이보에서 '지징'이란 별명으로 유명한 우지진(16세)은 2011년 9월부터 시위 상황을 웨이보를 통해 중국 전역에 생중계했다.[15]

웨이보를 통해 우칸촌 사건의 진행과정이 알려지자 온라인 공간에서 주요 이슈화되었고, 해외 언론도 우칸촌의 상황을 전 세계에 알렸다. 2011년 12월 12일부터 우칸촌에 외신기자의 접근이 통제되었음에도 불구하고 <명보(明報)>, <월스트리트 저널(Wall Street Journal)>, <BBC 인터넷> 등 해외 주요 언론이 이 사건을 보도했다. '우칸촌의 승리' 소식은 웨이보를 통해 빠르게 확산되었다. 경찰이 우칸촌을 물리적으로 고립시켰으나 주민들은 인터넷과 해외 언론을 이용해 상황을 외부에 전달하며 의사소통했다.[16] 그 결과 중국 네티즌 및 세계 언론이 주목하고 있는 관심 사건이 되자 광둥성 정부는 "촌민들의 이익보호 요구가 합리적이므로 모두 수용하고, 집단 시위도 이해할 수 있다."라고 밝히며 협상에 나섰다.

우칸촌 농민시위는 마을 주민들의 집단행동을 통해 국가의 공권력 집행에 저항했던 민감한 사건이었다. 그러나 이 사건에 대한 광둥성 정부의 해결 방안은 보다 강력한 공권력을 동원한 '강제 진압'이 아니라 '농민과 대화'를 통해 그들의 요구를 적극 수용하는 합리적 해결책을 제시했다. 광둥성 당서기 왕양이 사건이 더욱 확산되기 전에 대화로서 평화적으로 해결한 것은 민주적 리더십을 보여 주는 것이라고 중국 국내외 언론은

15 "乌坎事件妥协未必不是民主," <天崖论坛>, 2011年 12月 23日; 박민희, "해방구 만든 4인방, 민주선거 통해 관리 견제해야," <한겨레>, 2012. 02. 26.

16 "乌坎事件妥协未必不是民主," <天崖论坛>, 2011年 12月 23日; Hess Steve, "Foreign Media Coverage and Protest Outcomes in China: The case of the 2011 Wukan rebellion," *Modern Asian Studies*, Vol. 49(1), Jan. 2015.

평가했다.

예컨대 <런민일보(人民日報)>는 "광둥성 공작조가 우칸촌 사건에 대해 '민의중시, 군중우선, 인간중심, 광명투명, 법률 우선'의 태도를 보였다. 촌민 요구의 핵심은 '이익'이고, 이것은 합리적 요구이다. 군중의 이익문제 해결이 사회 관리에서 중요함을 보여 준 것이 우칸촌 사건이다."라고 평가했다.[17] 중국의 대표적인 온라인 포럼 <톈야논단(天崖論壇)>은 "민중의 합리적 요구를 수용해야만 진정한 안정이 가능하다. 성(省) 정부가 촌민의 합법적 권익을 보장하는 것은 가장 좋은 해결 방법이며 진보이다. 우칸 사건에서 나타난 타협은 민주방식의 한 가지 수단이다."[18]라고 했다.

홍콩 과기대 딩쉐량 교수는 우칸촌 사건 해결을 '민주의 시작'이라 평가했다. 즉, "광둥성 당서기 왕양이 우칸 사건을 처리한 방식은 진보라고 생각한다. 왕양도 대규모 무장경찰을 동원해 사람을 잡아들이는 방식으로 해결할 수 있었지만 그렇게 하지 않았다. 우칸의 해법이 중국의 여러 지방정부에 긍정적 의미를 주길 희망한다. 중국 지방의 위기와 충돌을 합법적으로, 민중이 참여하는 방법으로 해결해야지, 민중을 적으로 삼으면 안 된다. 민주는 한걸음 한걸음씩 온다. 관리들이 우칸에서 긍정적 교훈을 얻고, 최고위층도 우칸 해법에서 경험을 얻어 이를 공산당 중앙당교의 교재로 삼아야 한다."[19]

우칸촌 승리의 학습효과는 산터우(汕頭) 하이먼진(海門鎭) 시위에서도 나타났다. 광둥성 정부는 하이먼진 주민들의 요구를 수용하며 타협했다. 하이먼진에서 수천 명 주민이 화력발전소 건설 반대시위를 하며 환경오

17 "人民日報評乌坎事件: 基層政府沒正視村民合理," <人民日報>, 2011年 12月 22日.

18 "乌坎事件妥协未必不是民主,"< 天崖论坛>, 2011年 12月 23日; <南方日報>, 2011年 12月 23日.

19 박민희, "중국, 전환의 기로에 서다, 딩쉐량 홍콩 과기대 교수 인터뷰," <한겨레>, 2012. 02. 29.

염문제를 제기했다. 이들은 "정부가 주민들의 요구와 인권을 무시하고 있다."고 주장했다. 전체 주민 16만 명 중 5만 명 이상이 시위에 참가하여 고속도로를 점거하고 진(鎭)정부 청사를 공격했다. 광둥성 산터우시 공산당위원회는 2011년 12월 23일 하이먼진 대표들과 협상을 한 후 주민들이 반대하는 화력발전소 건설을 중단하겠다고 약속했다.[20]

광둥성 농민의 집단 저항에 대한 광둥성 지방정부의 '타협'은 집단 저항을 무력진압으로만 해결할 수 없다는 새로운 인식을 보여 준다. 정부의 타협은 중국인들에게 강하게 집단 저항하여 상급정부의 관심을 끌어야 문제를 해결할 수 있다는 학습효과를 줄 것이다. 중앙정부가 언제까지 농민들의 불만이나 사회갈등을 지방정부의 책임으로만 돌릴 수 있을지는 미지수이다.

3) 2009년 난징시(南京市) 부동산국 국장 사건

2009년 네티즌이 부패 관리의 행태를 인터넷상에서 이슈화함으로써 사법 처리 또는 파면으로 이어진 사례가 적지 않았다. 예컨대 난징시(南京市) 장닝구(江寧區) 부동산국 국장 저우주징(周久耕)이 한 보루에 1,500위안(약 26만 원)짜리 담배를 피운 장면이 온라인에 유포되었다. 그 후 검찰 조사 결과 그의 뇌물수수가 밝혀져 파면되고 11년 형을 선고받았다.

저우주징은 2008년 12월 10일 "개발 원가보다 낮은 가격에 주택을 파는 개발업체들을 조사하겠다."고 반(反)서민적 발언을 하여 네티즌의 분노를 유발했다. 이 사건은 인육수색(人肉搜索)을 통해 사건의 진상이 알려졌다. 성난 네티즌들은 인육수색을 통해 그를 조사하여 그의 동생은 부동산개발업자이고, 아들은 건축자재상을 하는 것을 밝혔다. 또한 온라

20 <明報>, 2011年 12月 24日; <新華通信>, 2011年 12月 24日.

인에는 "일개 부동산국 국장이 어떻게 한 보루에 1,500위안(약 26만 원)짜리 고가 담배를 피울 수 있는가?"라는 글이 올라온 후 주요 화제가 되었다. 이에 검찰이 그를 조사한 결과 부동산국 국장 직위를 이용한 뇌물수수가 드러나 2008년 12월 29일 파면되었고, 2009년 10월 10일 11년형을 선고받고 인민폐 120만 위안을 몰수당했다.[21] 이 사건은 네티즌이 온라인 공간에서 효과적으로 지방 관료의 부정부패를 이슈화하여 처벌까지 끌어낼 수 있음을 보여 준 사례이다. 이 사건 역시 덩위자오(邓玉娇)사건처럼 인육수색의 힘을 보여 주었다.

3. 시민의 권리와 표현의 자유 보호

1) 2011년 고속철도 사고 사건

중국 포털사이트 바이두(百度)에서 가장 많이 검색되었던 2011년 뉴스는 '2011년 7월 23일 발생한 원저우(溫州) 고속철 사고'였다.[22] 전 국민이 가장 주목한 이 사고는 처음에는 국민의 생명보호라는 '사회문제'로서 제기되었다. 그러나 점차 사고의 원인 규명 및 사고처리 과정에서 네티즌들이 정부정책을 비판하고 정치 개혁을 요구하는 '정치적 이슈'로 변화되었다. 중국 네티즌은 '사고 원인 조사 지연'과 '사고 처리에 대한 정부의 미숙한 대처 및 철도부'를 비판했다. 중국 정부는 철도부 비판이 공산당 중앙 지도부로까지 확산되는 것을 경계했기 때문에 보도 지침을 통해 언

---

21 鄧兆安·張 濤 著, 『中國式网絡問政』, pp. 19-23.

22 <人民網>, 2011年 12月 23日.

론을 통제하려 했다. 언론 통제를 강행한 정부와 시민 권리 및 정치적 비판의 자유를 요구하는 시민 간의 여론 경쟁은 인터넷으로 무장한 '영리한 군중'의 승리로 끝났다.

① 웨이보 여론 형성 역할 부각

고속철도 사고 사건을 계기로 웨이보는 '속보성', '표현의 자유 공간', '여론 주도', '오프라인 정치에 영향'이라는 면에서 주목받았다. 첫째, 고속철도 사건 관련 소식 전파 과정에서 웨이보의 '속보성'이 정부의 언론 통제를 무력화시켰다. 사고 당일인 7월 23일 중국의 방송사들은 고속철도 사고 소식을 제대로 전하지 않았다. 웨이보에 실시간으로 사고 소식이 전해지고 관련 글이 2,600만 개나 올라오는 동안 오프라인 언론은 관변 입장만 실었을 뿐이었다.[23] 웨이보 사용자들은 중국 당국이 추락한 객차를 함부로 폐기하는 장면과 중국 철도부장이 착용한 고급시계를 포착해 소개하여 네티즌의 분노를 유발하는 촉매역할을 했다.[24] 웨이보는 오프라인 언론이 침묵할 때 시민들에게 실시간으로 속보를 전하는 새로운 대안 매체로 부각되었다.

둘째, 보도 지침으로 인해 신문이나 방송이 보도 통제를 받는 상황에서 웨이보는 '자유로운 열린 공간'으로서 인터넷 여론을 주도했다. '웨이보'는 민의가 자유롭게 표출되는 '자유언론'으로서 주목받았다. 신문과 방송에서 하지 못하는 말들을 기자들이 자신의 웨이보를 통해 토로했다. 고속철도 사고를 비판 보도해 정직당한 중국중앙TV(CCTV) 왕칭레이(王青雷) PD는 그의 웨이보에 "강권을 두려워하지 않고 사회폐단을 지적하고

---

23 <중앙일보>, 2011. 08. 01.

24 *Financial Times*, July 28, 2011.

바로잡는 기자가 단 한 명이라도 있으면 그 나라는 아직 혼이 있다."라는 글을 올렸다. 광둥성의 한 기자는 "독재자들은 언론을 누르면 대중의 분노가 사라질 것이라고 보는데 이번에는 그들이 틀렸다."고 말했다.[25] 언론 통제로 인하여 신문과 방송에서 하지 못하는 말들을 기자들이 자신의 웨이보를 통해 토로함으로써 웨이보는 언론 통제의 사각지대가 되었다.

셋째, 웨이보는 정부정책 및 책임자를 비판하는 여론을 주도했다. 네티즌은 "철도부는 인명에는 관심이 없고, 사고원인 조사도 필요 없고 오로지 열차 운행 재개에만 관심을 가질 만큼 사람 목숨을 들풀처럼 가볍게 여긴다."고 비난했다. 웨이보를 이용한 활발한 의사소통의 과정에서 고속철도 사고는 사회문제 차원을 넘어서 정치적 이슈가 되었다. 중국 지식인들은 무책임한 관료들을 비판했고, 직접선거를 통한 전국인대와 공산당 대표 선출 등의 정치 개혁을 요구하기도 했다.[26]

베이징 이공대학 후싱더우(胡星斗) 교수는 "국민이 전국인대나 공무원을 해고할 권리가 없다면 권력기관은 태도를 바꾸지 않을 것이다. 선거제도만이 국민에게 권력을 부여하고 무책임하고 무분별한 관료들을 교체할 수 있다. 전국인대 대표들과 공산당 대표들을 직접선거로 선출해야 한다"고 강조했다. 또한 중국 공산당 중앙당교 출신인 두광(杜光)은 "이번 참사가 권위주의체제에 대한 정치·경제적 해체를 위한 동력이 된다면 중국은 아직 희망이 있다."고 말했다.[27]

웨이보에 "원자바오(溫家寶) 총리가 자연재해 현장에는 가면서 인재 현장은 외면한다."고 비판 글이 올라왔다. 웨이보에 총리를 비판하는 글

---

25 <중앙일보>, 2011. 08. 01.

26 <동아일보>, 2011. 08. 03; <중앙일보>, 2011. 08. 02; *SCMP*, August 2, 2011.

27 <동아일보>, 2011. 08. 03; <중앙일보>, 2011. 08. 02; *SCMP*, August 2, 2011.

이 하루 동안 수백 건에 달했다. 고속철사고에 대한 네티즌의 비판은 총리의 책임을 추궁하고 사고대처 방식의 변화를 요구했다.[28] 중국에서 국가지도자에 대한 비판이 사실상 금기시되어 온 점을 고려할 때, 원 총리 비판은 이례적인 일이었다. 이처럼 인터넷에서 민심이 동요하자 정부의 조기 수습 계획이 변경되었다. 원자바오 총리는 2011년 7월 27일 사고원인을 엄밀히 조사하여 공개적이고 투명하게 결과를 밝히라고 지시했다.[29]

② 언론 통제: 국가와 시민의 줄다리기

인터넷 여론은 일부 오프라인 언론이 보도 지침에 저항할 수 있는 환경을 제공했다. 일부 신문은 인터넷 여론에 민감한 독자들을 의식하여 언론통제에 저항했다. 인터넷에서 시작된 알 권리와 표현의 자유 요구는 오프라인 언론에도 변화를 가져왔다. 언론 통제를 둘러싸고 정부와 시민 간의 힘겨루기를 보여 주었다.

원저우(溫州) 고속철도 사고 처리 과정에서 중국 정부가 신문을 통제하려 했으나 균열이 발생했다. 문제 지적이나 논평 대신 미담을 보도하라는 중국 정부의 '보도 지침'이 언론사에 하달되었으나 이를 거부하는 언론매체들이 있었다. <신경보(新京報)>는 중국 정부의 불투명하고 미숙한 대처를 비판했다.[30] 관영매체도 '고속철 사고 의문점'이나 '해명 없는 정부에 국민 분노 커져'와 같은 기사를 실었으며, 사고원인 조사가 지연되는 것을 비판했다. 중국 관영지 <환구시보>는 '사고를 다루는 당국의 거만한

28 <중앙일보>, 2011. 08. 01. 중국 관영 중앙방송(CCTV)의 한 기자는 현장을 찾은 원자바오(溫家寶) 총리 면전에서 "참사 며칠 만에 사고현장을 치운다면 조사 결과의 투명성을 어떻게 기대할 수 있겠는가"라고 비판했다. <중앙일보>, 2011. 08. 01.

29 <동아일보>, 2011. 07. 27; <중앙일보>, 2011. 07. 27.

30 <新京報>, 2011年 7月 27日.

관료적 자세가 인터넷을 타고 확산되는 민주주의 요구에 부응하지 못하고 있다.'고 지적했다.[31]

중국 정부는 보다 강력한 보도 지침을 내려 언론 통제를 시도했으나 저항에 직면했다. 7월 29일 밤 9시 공산당 중앙선전부(中央宣傳部)는 다음과 같은 강력한 보도 지침을 내렸다. "고속철도 사고 이후 중국 내외 여론 정서가 복잡해지고 있다. 신문, 잡지, 웹 사이트 등 모든 국내 언론들은 7월 23일 원저우(溫州)에서 발생한 고속열차 추락사건 관련 보도 수위를 낮춰야 한다. 관계당국이 제공하는 긍정적 뉴스나 소식을 제외한 어떤 보도나 논평도 보도하는 것을 금지한다."[32] 중국공산당의 강력한 보도통제는 고속열차 참사에 대한 여론의 분노가 격화되는 것에 대한 당국의 당혹감을 드러내는 것이었다. 부패와 특권의 철옹성으로 여겨졌던 철도부의 전횡이 사건의 주요인으로 부상하자, 그 비판이 공산당 중앙지도부로까지 확산되는 것을 중국 정부는 경계했다.

대다수 중국 언론매체들은 중앙선전부의 보도 지침을 수용했으나, 일부 언론은 중앙선전부의 보도 지침을 거부했다. <남방도시보(南方都市報)>는 7월 31일 2면에 걸쳐 원저우 고속철도 추락 참사를 보도했다. <양성만보(羊城晩報)>, <남방주말(南方周末)>, <남도주간(南都周刊)> 등 신문 및 잡지들도 '용감한 진실 보도'를 계속했다. <경제관찰보(經濟觀察報)>는 8월 1일자에서 '원저우에 기적은 없다'는 제목의 머리기사를 포함하여 9개면에 걸친 특별보도를 강행했다. 이 신문의 논설위원들은 전국인대에 이번 사고에 대한 특별조사를 호소했다. 이처럼 일부 언론은 보도지침을 거부한 채 특별보도를 내보냈다.[33] 고속철도 사고를 계기로 중국

31 <環求時報>, 2011年 7月 28日; <한겨레>, 2011. 07. 28.

32 *South China Morning Post*, July 31, 2011; <明報>, 2011年 7月 31日.

정부가 인터넷뿐만 아니라 전통언론 통제에도 한계가 있음이 드러났다. 그동안 중앙선전부에 길들여져 왔던 중국 언론들이 독자를 의식하여 비판의 목소리를 내기 시작했다.

한편, 이 사건에 관한 보도 통제를 통해 중국 인터넷 및 언론을 통제하는 핵심기관은 '중앙선전부'라는 것을 알 수 있다. 홍콩 아주주간(亞洲週刊)에 따르면, 중앙선전부는 2010년 11월 '여론 왜곡과 논지에 문제가 있다.'면서 잡지 '옌황춘추(炎黃春秋)'에 경고와 사장 교체 등을 요구하기도 했다.[34] 중국 정부가 민생이나 사회문제 비판은 허용하지만, 정치적 이슈화되면 강력히 보도 통제를 한다는 것도 확인되었다.

③ 중국 정부의 정책 변화

인터넷 여론은 오프라인에서 '고속철도 관련정책 전면 수정'이라는 정책 변화를 끌어냈다. 인터넷으로 무장한 '영리한 군중'들의 비판여론이 강해지자 중국 정부는 언론을 통제하고 조기 수습하려던 계획을 변경했다. 2011년 8월 10일 국무원은 다음과 같은 후퇴 결정을 했다. 즉, 고속철 최고속도를 낮추고, 완공된 고속철 개통을 늦추고, 신규 고속철 사업 승인도 잠정 중단하기로 했다. 고속철 추돌 참사를 계기로 '속도전' 대신 안전을 요구하는 분노한 민심을 반영한 파격적인 조치였다.[35]

이 사건은 온라인 여론 압력에 밀려 고속철 관련 정책을 대폭 수정하며 정부가 후퇴한 대표적인 사례이다. 이런 후퇴를 이끌어 낸 것은 웨이보로 무장한 시민의 정보력과 자유로운 표현의 공간이었다. 이 사건은 시민과

---

33 <南方都市報>, 2011年 7月 31日; <經濟觀察報>, 2011年 8月 1日; <중앙일보>, 2011. 08. 01; <동아일보>, 2011. 08. 01.

34 <동아일보>, 2010. 11. 20; *SCMP*, July 31, 2011.

35 <중앙일보>, 2011. 08. 12.

정부의 여론경쟁에서 '영리한 군중'이 국가의 강력한 언론 통제의 장벽을 넘어 잠시 승리했음을 보여준다. 중국 정부가 인터넷 여론을 수용해야 하는 압력을 받게 된 것은 새로운 정치적 변화라고 볼 수 있다.

2) 2007년 샤먼(厦门) PX 사건

2007년 중국 푸젠성(福建省) 샤먼(厦门) PX(PX: para-xylene) 사건은 인터넷 여론이 정부의 '정책 결정을 변화'시킨 사례이다. 시민들은 디지털 정치 참여를 통해 건강을 위협하는 정책을 거부할 권리를 행사했다. 인터넷으로 무장한 '영리한 군중'들이 지방정부와 여론 전쟁에서 승리함으로써 중앙 및 지방정부가 공동으로 결정한 PX 화학공장 건설 계획은 다른 지역으로 변경되었다. 화학공장 입주가 중앙 및 지방정부에 의해 이미 결정되었으나 블로그 및 언론매체를 동원하여 공장 이전 운동을 전개한 시민들이 정부 정책을 바꾸도록 만들었다. "샤먼 PX 사건은 중국에서 시정부가 시민 여론에 귀를 기울이고, 정책 결정에 시민 의견을 반영한 최초의 사건으로 평가된다. 이 사건은 중국의 일반 시민이 정책 결정에 참여하는 것을 촉진하는 기초를 제공했다고 볼 수 있다."[36]

시민과 정부 사이의 설득 및 타협 과정에서 활발한 여론 경쟁이 나타났다. 샤먼 PX 사건은 처음에는 현지 신문 및 방송 보도가 금지되었다. 샤먼 PX 사건 관련 기사를 실었던 <봉황주간 (鳳凰周刊)> 256호가 몰수당했다. 2007년 5월 29일 <남방도시보 (南方都市報)>의 샤먼 PX 사건 관련 기사도 보도 금지되었다.[37] 이처럼 지방언론이 침묵하는 이슈를 샤먼 시

---

36 Xiao Qiang, "The Battle for the Chinese Internet," *Journal of Democracy*, Vol. 22, No. 2, April 2011, p. 57; "Common Chinese Have More Say in Policy-Making," *Xinhuanet*, January 3, 2008.

37 志灵, "短信扳倒厦門百亿工程是偶然事件," <東方早報>, 2007年 5月 31日; 藍云, "厦門 PX短信事

민들은 어떻게 공적 이슈화했고, 목적을 이루었는가?

첫째, 지방언론에 호소할 기회가 막힌 상황에서 시민들은 중앙언론 및 온라인 공간을 이용하여 PX사건을 공적 이슈화했다. 정치협상회의(정협) 위원이자 샤먼대학 교수였던 자오위펀(趙玉芬)이 샤먼 PX 사건을 정협에서 정치의제로 만들었다. 자오위펀 등 105명이 서명한 <샤먼 PX 프로젝트 이전에 관한 건의>[38]가 2007년 정협에 제출되었다. <중국경영보(中國經營報)>는 전국 정협 1호 제안으로 이 건의를 보도했다. 또한 유명한 언론인 롄위에(連岳)가 블로그를 통해 여론을 주도하자 시민의 권익보호, 샤먼 환경보호 등이 주요 이슈로 부각되기 시작했다.[39] 샤먼 시민들은 샤먼시의 유명한 사이트 <샤오위셔취(小漁社區)>와 샤먼대학의 BBS, 이메일, MSN QQ, 휴대폰 문자 메시지를 이용하여 환경오염 및 건강문제를 공적 이슈화했다. 저우슈광(周曙光)이 만든 블로그는 샤먼 PX 사건 등 많은 사건을 폭로했고, 사이트가 폐쇄된 후 국외에 사이트를 만들어도 방화벽의 방해를 받는 경우, 트위터를 통해 글을 올렸다.[40] 온라인 공간은 샤먼 PX 사건에 관한 정보를 얻고 토론하는 공공장소 역할을 했다.

둘째, PX 사건에서 샤먼시 정부와 시민은 서로 다른 언론매체를 활용하여 여론경쟁을 했다. 샤먼시 정부는 주로 <샤먼르빠오 厦門日報>, <샤먼완빠오 厦門晚報>, <샤먼상빠오 厦門商報>, <샤먼왕 厦門网> 등 샤먼 언론을 이용했다. 샤먼 시민은 <펑황주간 鳳凰周刊>, <난팡두시빠오 南

件報道始末," <南方网>, 2008年 12月 25日.

38 이 문서에서 "PX는 고(高) 발암물질로 태아의 기형률이 아주 높다. 따라서 새로 개발되는 미래 해안 주택가에서 4km, 샤먼시에서 7km 떨어진 곳에 PX 화학공장이 세워지면 아주 위험하므로 부지를 다른 곳으로 이전해야 한다."고 주장했다.

39 許靜, "新媒體環境下輿論監督的結構化特徵初探," p. 115.

40 <人民日报>, 2008年 1月 2日; 曾慶香·李 蔚 著, 『群體性事件: 信息傳播與政府應對』, pp. 131-161 참조.

方都市報>, <중궈징지빠오 中國經營報> 등 샤먼시 밖의 지역 언론을 활용했다. 샤먼시 정부는 이 프로젝트가 중앙의 비준을 받은 국가산업정책이며 샤먼시는 협조하는 것임을 강조하여 프로젝트 추진의 정당성을 홍보했다. 샤먼 시민들은 시민의 자격으로 환경오염 및 건강문제를 제기했고, 전문가들이 참여하여 PX 프로젝트의 위험성을 지적하며 집단 저항했다. 시민들은 온라인 공간을 통해 PX 프로젝트 중단 필요성을 알림으로써 시민공동대응을 이끌어냈다.[41]

PX 사건에서 샤먼시는 현지 언론을 이용하고 시민들은 샤먼 밖 언론을 이용하여 언론 경쟁을 할 수 있었던 배경은 무엇인가? 중국 언론매체는 국유기업이며 각급 매체는 각급 당위원회의 지도 및 지방정부의 관리를 받는다. "뉴스매체는 사회안정과 발전을 고려하여 농촌의 군체성사건(群體性事件, 집단행동)에 대해 공개적으로 보도해서는 안 되고, 관련 평론을 게재해서도 안 된다." 이런 군체성 사건 보도 지침에 근거하여, 샤먼시 정부는 현지 언론매체를 통제할 수 있었다. 따라서 이 사건의 초기 단계에 현지 신문·방송 등 전통적 매체는 침묵으로 일관했다. 현지 신문이 보도를 하지 않았기 때문에 샤먼 시민들은 휴대폰 문자 메시지, 인터넷을 통해 PX 관련 소식을 접했다.[42]

2007년 6월 1일 샤먼 시민의 산보 시위사건 이후 샤먼 현지 언론매체는 PX 프로젝트의 합법성 및 무해함을 지속적으로 보도하며 시민들이 이 프로젝트를 지지할 것을 호소했다.[43] 샤먼 PX 사건 관련 보도는 현지 매

41 <人民日报>, 2008年 1月 2日; 曾慶香·李 蔚 著, 『群體性事件: 信息傳播與政府應對』, pp. 131-161 참조.

42 志灵, "短信扳倒厦門百亿工程是偶然事件," <東方早報>, 2007年 5月 31日; 藍云, "厦門 PX短信事件報道始末," <南方网>, 2008年 12月 25日.

43 藍云, "厦門 PX短信事件報道始末," <南方网>, 2008年 12月 25日.

체와 외지 매체의 보도 태도가 상반되는 특징을 보였다. 현지 매체는 정부의 입장을 대변하고 옹호하는 보도를 한 반면, 샤먼시 밖의 외지 매체는 PX 프로젝트를 반대하는 시민의 입장을 지지하는 보도를 했다. 현지 매체는 정부 담당자 및 지지자의 입장을 인용한 반면, 외지 매체는 시민, 학자, 전문가, 작가 등 반대자의 입장을 인용했다. 이렇게 언론매체의 입장이 달랐던 이유는 군체성 사건 보도의 관할권이 중앙정부에서 지방정부로 이관되었기 때문에 외지 매체를 샤먼시 정부가 통제하기 어려운 상황에서 외지 매체는 상대적으로 보도의 자율권을 행사할 수 있었기 때문이다.[44]

샤먼 밖 언론매체들이 군체성 사건을 보도할 수 있었던 또 다른 배경은 언론기관이 주식회사로 된 것이다. 중국 정부의 언론매체 관리 방식이 '통제'에서 '관리'로 변화됨에 따라 언론매체가 '사업단위 혹은 기업화'되었다. 이에 따라 이익을 추구하는 주식회사로 변한 언론매체는 정부의 언론 통제에 순응하면서도 독자를 의식하여 주요 이슈를 다루었다. 대중의 알 권리를 만족시키지 못한다면 시장에서 퇴출될 수 있기 때문이다. 또한 중국의 언론매체는 등급의 차이 및 지역성을 지니고 있기 때문에 지방정부는 현지 언론만을 통제할 수 있다. 군체성 사건 발생지 밖의 언론매체는 대담하게 군체성 사건을 보도할 수 있는 여지가 있다.[45] 따라서 샤먼시 밖의 언론들이 샤먼시 정부 입장에 반대하는 샤먼시 시민들의 입장을 대변할 수 있었다.

셋째, 시민들은 블로그, BBS, QQ, 휴대폰 문자 메시지 등을 이용하여 2007년 6월 1일 산보시위를 효과적으로 조직화했다. PX 공장 건설이 주

44 曾慶香李 蔚 著, 『群體性事件: 信息傳播與政府應對』, pp. 207-208.

45 曾慶香李 蔚 著, 『群體性事件: 信息傳播與政府應對』, pp. 206-207.

민 건강에 위험하다는 내용과 함께 대중시위 장소와 날짜가 블로그와 휴대폰 문자 메시지를 통해 샤먼 시민들에게 신속히 전달되었다. 6월 1-2일 샤먼시 유사 이래 가장 대규모 시민들이 자발적으로 참여하여 '산보' 형식으로 평화시위를 했다. 시민들은 "녹색, 청결, 아름다운 집"이라는 구호 하에 사회동란이라는 이미지를 주지 않고 조용히 평화시위를 했다. 이 사건은 온라인 활동이 시민들의 오프라인 집단행동을 조직화하는 데 성공한 사례이다. 온라인 공간이 없었다면 샤먼 PX 사건은 시민들의 공동 대응으로 이어지기 어려웠을 것이다.

넷째, 시민들의 온라인 여론 압력과 평화적 집단행동이 샤먼시 지방정부의 정책을 바꾸도록 했다. 시민들의 평화시위가 이어지자 샤먼시 상무 부시장은 기자회견을 통해 PX 프로젝트를 잠시 유보하고 시민 및 전문가의 의견을 청취하겠다고 밝혔다. 그 후 샤먼시 시민과 정부가 협력하여 공개 의견 수렴 및 시민 좌담회 등 여러 형식으로 몇 개월에 걸쳐 민의를 조사한 후, 샤먼시는 여론 위기에 직면했다고 판단했다. 따라서 2007년 12월 25일 샤먼시는 샤먼왕(廈門網)을 통해 "PX가 암을 유발할 수 있음을 시인하고, 민의를 존중하여 PX 공장을 다른 지역에 건설할 것"이라 발표했다. 시민들은 온라인 여론과 집단 시위를 통해 '공장 이전이 시민 이익 보호'라는 여론을 만들어 목적을 이루었다. 샤먼시 정부는 신속하고 효과적인 대처 덕분에 여론 위기에서 벗어나고 과학과 민의를 존중하고 환경을 중시한다는 좋은 이미지를 얻었다.[46]

이 사례는 온라인 공적 이슈화, 집단행동 조직화, 정부의 정책 변화라는 점에서 영리한 군중의 디지털 정치 참여가 오프라인 정치를 변화시킬 수 있음을 보여 주었다. 샤먼 PX 사건은 시민저항과 시민의 정치 참여를

46 曾慶香·李 蔚 著, 『群體性事件: 信息傳播與政府應對』, p. 211, pp. 131-161 참조.

보여 주는 좋은 사례이다. 즉, 시민저항은 온라인 토론과 거리시위를 통해 거주지 주변에 화학공장 건립을 반대하는 것으로 표출되었다. 시민들이 삶의 질과 관련된 정책 결정(인체에 유해한 PX공장 건설)에 참여하는 시민의 정치 참여는 민주주의의 기본적 요구라고 볼 수 있다.[47]

샤먼 PX 사건에서 시민의 승리는 2011년 8월 다롄(大蓮) PX 공장 폐쇄에도 긍정적 영향을 미쳤다. 다롄에서 시민 1만 2천명이 PX 화학공장을 다른 지역으로 옮길 것을 요구하며 시위했다. 온라인 공간에서 BBS와 웨이보를 통해 다롄 시위 사진이 유포되면서 동조 여론이 급속히 확산되었다. 이에 다롄시 정부는 화학공장 가동을 중지하고 폐쇄하기로 결정했다. 샤먼 PX 시위에서는 블로그의 역할이 컸던 반면 2011년 다롄 시위 과정에서는 '웨이보'의 역할이 부각되었다.

2011년 8월 14일 랴오닝성 다롄에서 시민 1만 2천여 명이 유독성 화학물질인 파라크실렌(PX: paraxylene)을 생산하는 화학공장을 다른 지역으로 옮길 것을 요구하며 시위했다. 이에 다롄시 정부는 당장 화학공장 가동을 중단하고 폐쇄하기로 결정했다고 발표했다. 다롄 정부의 '신속 대응'의 배경은 환경오염에 대한 중국인들의 각성과 여론의 성장, 인터넷을 통해 일반인들이 요구를 조직해 낼 수 있게 된 힘을 보여 주었기 때문이었다.

PX는 공기나 물을 통해 인체에 흡수될 경우 사지 마비, 의식 상실 등의 증상이 나타나고 심하면 사망에 이를 수 있다. 세수를 높이려고 위험한 화학 공장을 대량 유치한 당국에 분노한 시민들은 휴대전화와 인터넷을 통해 대규모 시위를 조직해 냈다. 웨이보에서는 8월 14일 다롄 시위 장면

47 시민저항과 정치 참여에 관해서는 다음 참조. Guobin Yang, *The power of the internet in China: citizen activism online* (NY: Columbia University Press, 2009), p. 225.

을 담은 사진들이 급속히 퍼졌다. 이 사건 역시 중국인들이 더 많은 권리와 이익보호를 요구하고 있음을 보여 준다. 이전에는 시위를 강력히 진압만 하던 중앙 및 지방정부도 여론을 고려하여 타협하는 경향이 짙어지고 있다.[48] 이런 시민 저항의 승리과정에서 '영리한 군중'은 인터넷을 이용하여 자신의 요구를 표출하고 집단행동을 성공적으로 조직화했다.

중국 정부의 우려는 샤먼 PX 사건과 같이 온라인을 통해 오프라인 시위가 조직화되어 집단 저항(군체성 사건, 群體性事件)이 급증할 경우 사회 안정을 위협할 수 있다는 것이다. 인터넷 확산에 따라 온라인 공간에서 집단 저항이 발생하여 새로운 사회 불안정 요인이 되었다. 중국에서 집단 저항 의미는 다음과 같다. 2004년 11월 8일 중공중앙 판공청과 국무원 판공청이 발표한 문건(關於積極妥善處理群體性事件的工作意見)에서 '군체성 사건'이란 명칭이 등장하기 시작했다. 군체성 사건은 세 유형으로 구분할 수 있다. 첫째, 군중이 조용히 상방(上訪), 파업, 수업 거부 등을 하는 것, 둘째, 불법 집회, 시위, 집단적으로 당정기관 및 주요 건물을 습격하고, 도로, 철도, 비행장 등을 점거하는 것, 셋째, 군중이 파괴, 약탈, 습격, 방화, 살인 등의 방식으로 사회혼란을 야기하는 것이다.[49]

군체성 사건은 다음 몇 가지 특징이 있다. 첫째, 참여자가 최저 5인 이상으로 일정 규모이다. 상방(上訪) 규정에 의하면 대표자가 5인 이상이면 불법 상방이다. 둘째, 군체성 사건은 법률이나 법규에 의하면 명백히 금지하는 것이다. 셋째, 모인 사람들이 공통의 목적이 있지 않고, 기본적 행동 방향만 있다. 넷째, 군체성 사건은 사회질서 유지 및 사회치안에 부정적 영향을 미친다.[50]

---

48 <新華通信>, 2011年 8月 14日; <한겨레>, 2011. 08. 18; <중앙일보>, 2011. 08. 17.

49 曾慶香·李 蔚 著,『群體性事件: 信息傳播與政府應對』, pp. 36-38 참조.

50 王國勤, "社會网絡視野下的集體行動," 中國人民大學 2008年 博士論文, p. 5; 于建嶸 , "當前我國群體性事件的 主要類型及其基本特徵," 『中國政法大學學報』, 2009年 第6期.

중국의 군체성 사건 발생은 1993년 8,700건에서 2005년 87,000건으로 10배 증가했으며, 2006년부터 5년간 약 2배로 늘어나 2010년에는 18만 건에 달했다.[51] 군체성 사건을 구분해 보면, 농민 권리 보호 35%, 노동자 권리 보호 30%, 시민 권리 보호 15%, 사회분규 10%, 사회혼란 5%, 조직적 범죄 5%이다. 2005년 발생한 비교적 큰 사회혼란 사건이 그 해 전체 군체성 사건의 5%를 차지했다.[52]

2000년대 후반부터 개인적 사건이 공적 이슈로 변화되는 과정에서 '온라인 공간'의 역할이 더욱 중요해졌다. 온라인에 글을 올리는 것은 온라인공간에서 빠른 시간 내에 대량의 정보 유통을 통해 사회 여론을 형성하고, 오프라인 집단 저항으로 이어질 가능성도 있다. 온라인 저항 과정은 개인 간의 충돌 → 개인과 일을 처리하는 공권력 담당자(공무원) 간의 충돌 → 집단과 행정부문 간의 충돌 → 집단과 정부 간의 충돌 → 일반 민중과 정부 간의 충돌로 변화된다.[53] 온라인 군체성 사건을 보면, 온라인 공공 영역에서 공공 여론 압력을 형성하여 공권력의 행사를 견제하고, 부정의·불공정·부당한 자원 분배를 바로잡기도 한다.

온라인 군체성 사건의 발생 과정은 현실생활에서 불만사건을 온라인에 올림 → 도덕성에 호소 → 여론 유도 → 정당성이 인정되면 공공 영역에서 이슈화 → 네티즌의 공감대 형성 및 분노 유발 → 현실 정부 관련 부문이 민의에 순응하여 문제 해결(미해결시 현실사회에서 군체성 사건으로 폭발 가능)로 이어진다.[54]

---

51 <중앙일보>, 2011. 08. 17.

52 于建嶸, "中國的動亂事件與管治危機" 美國加州大學伯克利(Berkeley)分校演講稿, 2007年 11月 6日.

53 曾慶香·李 蔚 著, 『群體性事件: 信息傳播與政府應對』, p. 179 표 참조.

54 曾慶香·李 蔚 著, 『群體性事件: 信息傳播與政府應對』, pp. 192-193 참조.

제13장

인터넷과 중국식 민주

제13장
인터넷과 중국식 민주

1. 인터넷이 어떻게 중국식 민주화를 촉진하는가?

인터넷이 정치 변화를 촉진시켜 중국을 개방된 사회와 민주체제로 만들 수 있는가? 인터넷은 국가와 사회 양자가 정치적 공간(political space)을 확대하기 위해 이용할 수 있는 수단이다. 비관론자들은 중국에서 인터넷은 정부의 통제수단에 불과하다고 본다. 인터넷이 중국의 민주화를 촉진하는 데 효과적이지 않고 오히려 공산당에게 효과적인 통제 수단을 제공한다는 것이다. 반면 낙관론자들은 인터넷이 중국에서 정부의 통제를 피해 자유 확대를 가져올 수 있는 잠재력을 강조한다. 중국 정부는 인터넷에 의한 자유로운 정보 유통이 정치체제 변화를 촉진할지 모른다고 우려하고 있다.[1]

중국 인터넷의 확산이 정치·사회적으로 어떤 영향을 주는지에 관해서는 인터넷의 '통제 가능성'과 '위험성'이라는 상반된 시각이 공존한다.

---

1 Xiaoling Zhang and Yongnian Zheng eds., *China's Information and Communications Technology Revolution: Social changes and state responses* (London and New York: Routledge, 2009).

'통제 가능성'을 강조하는 시각에서는 중국의 인터넷은 현대화의 강력한 무기로서 경제 발전을 촉진하여 국가 통합을 강화하며, 정부의 인터넷 위험 관리는 정치적으로 위협적이지 않을 만큼 성공적이라 본다. 즉, 중국 정부는 인터넷 서비스 제공 및 콘텐츠에 관한 다양한 규제들을 통해 민감한 정치적 이슈를 안전하게 통제하고 있다. 정치적 조직화에 인터넷을 이용하는 것은 발신자 주소 추적이 가능하기 때문에 보안의 문제가 따르므로 중국에서 인터넷 확산의 효과는 상상했던 것보다 심각하지 않다.[2]

물론 비판자들은 인터넷을 사용하여 상호 의견 및 정보를 교류하지만, 정보의 증가가 시민들로 하여금 위험을 감수하고 정부에 조직적인 저항을 하도록 만들 수 있는지는 의문이다. 중국 정부는 정보기술을 이용하여 '위로부터의 통제' 방식으로 인터넷의 부정적 영향을 효과적으로 통제할 수 있으며, 인터넷의 상업적 이익은 극대화할 수 있기 때문에 인터넷은 권위주의 체제에 치명적인 영향을 미치지 못한다.[3]

그러나 '위험성'을 강조하는 시각에 의하면, 중국 정부가 인터넷을 강력히 통제할지라도 인터넷은 권위주의적 정부의 정치적 변화에 영향을 미칠 수 있다고 본다. 개인이 인터넷을 통해 정치적 의견을 대중에게 보다 자유롭게 전달하여 정치·사회적 시스템에 심각한 위협이 될 수 있으므로 확산을 제한해야 한다는 주장이 제기되고 있다.[4] 특히 이메일 사용, 인터

2 Zixiang(Alex) Tan, "Regulation China's Internet: Convergence Toward a Coherent Regulatory Regime," *Telecommunications Policy*, Vol. 23, No. 2, 1999, p. 273; Richard Cullen and Pinky D. W. Choy, "The Internet in China," *Columbia Journal of Asian Law*, Vol. 13, No. 1, Spring, 1999, p. 133; Shanthi Kalathil, and Taylor C. Boas, *Open Networks Closed Regimes: The Impact of the Internet on Authoritarian Rul*e (Washington D.C.: Carnegie Endowment for International Peace, 2003); Nina Hachigian, "China's Cyber-Strategy," *Foreign Affairs*, 80-2, March/April, 2001, p. 118.

3 Tamara Renee Shie, "The Tangled Web: does the Internet offer promise or peril for the Chinese Communist party," *Journal of Contemporary China,* 13(40), August, 2004, pp. 537-538.

넷 채팅방, 전자게시판(BBS) 등이 여론 형성의 중요한 통로가 될 수 있으며, 시민사회 조직은 활동을 지원하기 위해 다목적으로 인터넷을 사용할 수 있다. 중국의 반대 세력은 인터넷을 이용하여 정부가 금지한 정보를 국내외에 유포시킬 수 있다. 일부 서구 학자들은 중국에서 인터넷 확산은 시민사회의 발전 및 정치적 민주화를 촉진할 것이라 주장하기도 한다.[5]

중국학자들은 선거 민주주의를 특징으로 하는 "서구식 민주"를 비판하고 국민의 정치 참여를 허용하는 "중국식 민주(Chinese-style democracy)"를 수립해야 한다고 강조한다.[6] 또한 정치 개혁은 정치적 민주화(democratization) 대신 '제도화(institutionalization)를 통한 정치안정'을 중시한다. 이런 중국에서 온라인 정보 유통이 일상화되고 온라인 여론의 영향력이 강해지면서 정치과정에 개혁의 바람이 서서히 일고 있다. 정보화 시대에 중국 정치에 어떤 변화가 일고 있는가?

서구 민주주의는 다음 두 가지 정의에 기초하고 있다. 첫째, 민주주의는 다당제에 기초하여 정기적 자유경쟁선거를 통해 주요 공직자를 충원하는 정치체제이다. 이것을 '선거민주주의'라고 부른다. 둘째, 국민의 포괄적 정치 참여와 언론·출판·집회·결사·사상의 자유 등 국민의 정치적·시민적 자유를 보장한다. 이것은 '자유민주주의'의 특징이다.[7] 민주화에

4 Zixiang(Alex) Tan, "Regulation China's Internet: Convergence Toward a Coherent Regulatory Regime," p. 265.

5 Shanthi Kalathil, and Taylor C. Boas, *Open Networks Closed Regimes: The Impact of the Internet on Authoritarian Rule*; Guobin Yang, "The Internet and Civil Society in China: a preliminary assessment," *Journal of Contemporary China*, 12(36), August, 2003; Guobin Yang, "The co-evolution of the internet and civil society in China," *Asian Survey*, Vol. XLIII, No. 3, May/June, 2003.

6 劉可平, "民主是共和國的生命," <人民網>, 2007年 11月 21日; 王绍光, "反思現代民主制度," <社會科學報>, 2010年 7月 21日; 吳建民, "中國需要什麻樣的民主," <人民網>, 2008年 2月 4日.

7 선거민주주의와 자유민주주의의 구분에 관해서는 다음 참조. Larry Diamond and Ramon H.

필요한 조치는 정기적 자유경쟁 선거의 실시와 함께 국민의 포괄적 정치 참여와 정치적·시민적 자유를 보장하는 것이다.

위의 민주주의 개념에 비추어 볼 때, 중국에서는 촌민자치를 제외하고는 '선거 민주주의'는 허용되지 않는다. 그러나 국민의 디지털 정치 참여와 정치적·시민적 자유 보장이 확대되고 있다는 점에서 '자유민주주의'의 특징이 정치과정에 나타나고 있다. 공산당 일당체제라는 점에서 다당제, 직선제, 삼권분립에 기초한 정치제도 개혁은 없지만, '정치과정'에는 변화가 시작되었다고 볼 수 있다.

중국에서 인터넷이 정치과정의 민주화에 미치는 영향은 다음 몇 가지로 정리할 수 있다. 첫째, 중국의 온라인 공간에서 시민들이 공적인 일을 논의할 수 있는 '디지털 공공 영역(digital public sphere)'이 만들어졌다. "중국에 어떤 공공 영역이 있는가? 하버마스의 공공 영역(public sphere) 이론은 현재 중국 변화의 힘(dynamics)을 해석하는 데 유용하다. 하버마스의 공공 영역 개념은 공적인 일에 대한 의사소통을 통한 시민 참여가 민주주의를 위해 중요하다고 본다. 그의 공공 영역 개념은 일반 시민과 개인이 자발적으로 공적인 일에 대한 이성적이고 비판적인 토론에 동참하는 것이다. 이런 의미에서 중국에도 공공 영역이 존재한다. 중국 공공 영역에서 토론되는 이슈는 사회정의, 도덕성, 국정수행, 관료부패, 일상생활 등이다."[8] 중국의 온라인 공간에 개설된 다양한 토론방이나 웨이보가 공적 이슈

Myers(eds.), *Elections and Democracy in Greater China* (Oxford: Oxford University, 2001), pp. 2-3; Larry Diamond, *Developing Democracy: Toward Consolidation* (Baltimore: Johns Hopkins University Press, 1999), pp, 9-10.

8 Helen Sun, *Internet Policy in China: A Field Study of Internet Cafés* (Plymouth: Lexington Books, 2010), pp. 161-162. 산업사회에서는 민간인들이 공적 이슈에 관해 함께 논의하기 위해서는 서로 얼굴을 마주하고 가까이에서 대화할 수 있는 공공장소로서 커피 하우스, 팝, 살롱 등이 필요했다. Helen Sun, *Internet Policy in China: A Field Study of Internet Cafés*, p. 161.

를 논의하고 공유하는 보이지 않는 '공공장소'로 부각되고 있다. 온라인 공간에서 네티즌이 어떤 사건을 공적 이슈화할 수 있게 된 것은 시민 참여를 기초로 하는 온라인 민주주의의 시작을 보여 준다고 볼 수 있다.

둘째, 온라인 공간에서 이슈 영역이 확대되고 있다. 온라인 공간에서 개인적 일에서 정치적 문제까지 다양한 이슈가 논의되고 있다. 2005년 이전 온라인 활동은 주로 '약자의 권리 보호' 차원에 머물렀다. 그러나 2000년대 후반부터 시민 권리 보호 및 정치적 이슈(관료 부정부패 폭로, 공공재정 지출 감시)로 영역이 확대되어 시민의 알 권리와 표현의 자유가 확대되었다. 예컨대 인터넷이 사회적 불만의 조직화와 신속한 정보 유통을 촉진함으로써 숨겨진 사회적 불의가 '공적 이슈화'되는 사례가 증가하고 있다. 이처럼 시민들의 온라인 이슈 영역이 확대된 것은 시민들의 디지털 정치 참여의 증가를 반영한다.

이전에는 금기시되던 이슈들이 공적 이슈화 되고, 합법적 저항의 경계도 변화되고 있다. 예컨대 2011년 원저우 고속철도 사고가 났을 때, 사고의 책임을 추궁하는 과정에서 철도부 비판에서 더 나아가 중국 정부 및 국무원 총리를 비판하기도 했다. 국무원 총리와 같은 국가 고위층 지도부에 대한 비판은 이례적인 것이었다. 또한 중선부(中宣部)의 보도 통제에 거부하는 언론매체들이 등장했고, 웨이보에 기자들이 보도할 수 없는 내용을 올림으로써 보도 통제가 온라인 공간에서는 무력함을 보여 주었다.

셋째, 인터넷은 시민의 '디지털 정치 참여'를 촉진하는 수단이 되었고, 디지털 정치 참여로 '정치적 효능감'도 강해지고 있다. 하버마스의 '공공영역(public sphere)' 이론이 사이버 공간에서 의사소통의 역할을 이해하고 분석하기 위해 사용되어 왔다. 하버마스의 '공공 영역' 이론에 의하면, 온라인 공동체 네트워크(electronic community network), 가상 정치공동체(virtual political communities) 형성, 공공 영역에서 시민들의 정치적 논의가 공식적인 정부의 정치과정에서 의제로서 논의되어야 한다.[9] 중국의 경우 온라인 공간에서 만들어진 공적 이슈(고속철 사건, 공공재정 예산 공개)가 전국인대나 국무원에서 중요한 정치적 의제로 다루어지고 있다는 점에서 시민의 인터넷 정치(Internet politics)가 시작되었다고 해석할 수 있다. 또한 '디지털 정치 참여'를 통해 정치적·시민적 자유를 보장하는 사례가 증가하면서 네티즌의 정치적 효능감이 강화되고 있다. 정치적·시민적 자유 보장을 반영하는 시민권 보호 운동, 언론자유 확대, 집회 및 결사의 자유 확대 등이 중국에서 나타나고 있다.

인터넷 확산에 따라 다양한 온라인 활동(이메일 보내기, 블로그에 글 올리기, 온라인 서명 운동, 캠페인 홈페이지 만들기, 온라인에서 오프라인 집회 조직화 등)을 통해 '디지털 정치 참여'가 활발해졌다. 특히 웨이보, 블로그, 이메일 등을 이용하여 정부 공공정책 결정에 시민의 영향력을 행사하는 사례가 증가했고, 온라인 시민 권리 보호 및 정치인의 부정부패 감시 사이트도 급증하고 있다. 이런 온라인 활동은 정부의 정책 결정을 변화시키고, 정부가 국민 의견을 수용하도록 하는 압력으로 작용한다는 점에서 정치적 영향력을 발휘하고 있다.

넷째, 인터넷은 정부의 국민 통치 방법을 '억압'에서 '설득 및 타협'으로 바꾸고 있다. 전통매체에서 다루기 어려운 이슈들이 인터넷을 이용하여 공적 이슈화되면 정부는 대중 여론을 의식하여 시민과 협상에 나서 상호 타협점을 모색하게 된다. 이런 면에서 중국의 정치·사회 변화는 온라인 공간에서 숙성되고 있다고 볼 수 있다. 온라인 공간에서 국가와 시민사회의 줄다리기 과정에서 '시민들의 공간이 확대'되어 왔다. 중국의 온라인 공간은 국민들이 표현의 자유를 실현하는 새로운 장소로서 점진적

---

9 Helen Sun, *Internet Policy in China: A Field Study of Internet Cafés*, p. 170, p. 174.

인 정치적 변화를 준비하는 학습장이 되고 있다. 중국에서 인터넷의 영향력이 증가함에 따라 공산당 지도부는 '인터넷 여론'에 주목하고 있다. 서구식 민주화를 피하면서 통치의 정당성을 얻기 위해 인터넷 여론을 수용해야 함을 공산당 지도부도 인식하고 있다.[10] 중국의 디지털 시민 참여는 중국 정치가 초대하지 않은 '비공식적 민주주의(Unofficial Democracy)'를 성숙시키고 있다고 하겠다.[11]

2. 중국식 민주의 성과와 한계

중국 정부의 인터넷 통제 상황 하에서도 인터넷으로 무장한 '영리한 군중'은 의견 표출 및 이익 보호를 위해 현명하게 활동하고 있다. 시민들의 권리의식의 증가는 온라인 공간에서 공적 문제에 관한 시민 참여를 확대했다. 온라인 활동은 기본적 시민권에 대한 국민의 열망을 반영하며, 정치 참여와 정부 투명성을 요구한다. 중국 정부는 온라인 여론 압력에 밀려 국민과 타협하고 정부 정책을 수정하고 있다. 디지털 정치 참여가 증가하고, 시민의 권리와 자유를 보호하기 위한 온라인 집단행동이 성공하는 사례가 증가하고 있다는 점에서 '정치과정의 민주화'가 시작되고 있다.

중국에서 '영리한 군중의 온라인 활동'은 다음 몇 가지 점에서 '정치과

10 Xiaoling Zhang and Yongnian Zheng eds., *China's Information and Communications Technology Revolution: Social changes and state responses.*

11 비공식적 민주주의에 관해서는 다음 참조. Guobin Yang, *The power of the internet in China: citizen activism online* (NY: Columbia University Press, 2009), p. 223.

정의 민주화'를 보여 준다. 첫째, 온저우 공무원 해외시찰단 비리 폭로를 계기로 '공공재정 지출의 투명화'를 쟁점 이슈화했다. 네티즌의 공공재정 지출 감시는 2011년 삼공(三公)예산 공개 결정을 유도해 냈고, 2011년 재정부 예산이 공개되었다. 온라인 여론이 국민의 알 권리를 확대하고 정책 결정에 영향을 미쳤다는 점에서 새로운 정치 변화이다.

둘째, 네티즌이 정부의 2011년 고속철 사고처리, 원자바오 총리와 철도부를 강하게 비판하는 과정에서 언론자유가 확대되었다. 2011년 고속철 사고 당시 일부 언론은 중선부의 보도 지침을 거부하는 새로운 변화가 있었다. 전통매체에 공개할 수 없는 내용을 기자들이 웨이보나 블로그를 통해 공개하기도 했다. 또한 중국 정부의 고속철 사고 처리 방식 변화, 사고로 인한 사망자 보상비의 증액, 고속철 관련 기존정책의 전면 수정은 온라인 시민권 보호운동의 승리이다. 중국에서 정치적·시민적 자유 보장을 반영하는 시민권 보호운동, 언론자유 확대, 집회 및 결사의 자유 확대 등이 나타나고 있는 셈이다. 온라인 여론 압력에 밀려 국민 의견을 정책 결정에 반영하는 사례가 증가하는 추세이고, 이런 변화는 중국의 정치과정을 변화시키고 있다.

셋째, 2007년 샤먼 PX 화학공장 이전 사건은 온라인 집단 저항을 이용하여 중앙 및 지방정부의 정책 결정을 변화시킴으로써 시민들의 권리를 보호한 대표 사례이다. 산보형식의 평화시위, 인터넷을 이용한 집단행동 조직화 등은 집회 및 결사의 자유가 온라인 공간에서 시작되고 있음을 보여 주었다. 샤먼 PX 사건은 시민 저항 및 시민 정치 참여의 성공을 보여주는 좋은 사례이다. 이 사건의 성공은 2011년 다롄 PX 공장 폐쇄에도 영향을 주었다. 온라인 활동의 성공사례가 다른 집단 저항을 유도하는 학습효과를 보인 셈이다.

중국에서 인터넷은 전국적 차원에서 국민을 연결하고 동원하는 수단이 되고 있다. 권력자의 횡포와 부패, 사회적 불의에 대항하여 말하고, 연결하고, 행동하고자 하는 시민들에게 인터넷은 새로운 매체이다. 중국 네티즌이 온라인 공간을 이용하여 특정 이슈에 대한 전국적 여론을 형성하고, 집단행동을 조직화하는 것은 중국 정부가 가장 우려하는 일이다. 중국 정부는 성(省)을 넘어선 국민들 간의 소통과 연합 활동에 민감하게 반응해 왔다. 문화대혁명 시기에도 홍위병들의 성(省)을 벗어난 집단행동은 강력히 통제했다. 그런데 이미 온저우(溫州) 공무원 해외 시찰단 사건, 온저우 고속철도 사고 사건은 온저우 지역 이슈에서 벗어나 전국적 이슈가 되었다. 전국에서 많은 네티즌들이 열람·펌질·리플 달기를 하며 정부를 비판하는 목소리를 높였다. 전국적 차원에서 공공재정 지출의 투명화와 고속철도 사고에 대한 정부 책임을 강조하는 목소리가 형성된 것이다. 이런 네티즌들의 정서적 공감대가 전국 곳곳에서 집단행동으로 이어질 경우 통제할 수 없는 사회 불안정을 유발할 가능성이 있다. 2011년부터 중국 정부가 인터넷 및 웨이보 통제를 더욱 강화한 것은 인터넷의 영향력과 통제의 필요성을 동시에 보여준다.

중국 정부의 인터넷 통제방식은 점차 '억압적인 통제(hard control)'에서 '제도화된 통제(soft control)'로 변화되고 있다. 시민들의 권리의식 증가는 공적 문제에 시민 참여를 확대하고 있다. 중국의 급속한 경제 성장은 시민들의 참여의 기회를 확대하지는 않았지만, 시민에 대한 통제력은 약화시켰다. 중국에서 시민들은 더 이상 정부를 신뢰할 수 없다고 깨달을 때 참여한다. 온라인 활동은 자유, 정의, 공동체를 위한 중국인들의 일상적 저항을 보여 주는 동시에 기본적 시민권에 대한 국민의 열망을 반영하고 있다. 이것은 또 다른 종류의 혁명이라 볼 수 있다.[12]

---

12 Guobin Yang, *The power of the internet in China: citizen activism online*, p. 225.

한편, 중국에서 활발한 온라인 활동을 통해 시민사회의 영향력이 확대되고 있음에도 불구하고 정치 개혁을 요구하는 SNS 혁명이 나타나지 않는 이유는 무엇인가? '베이징의 정치적 봄'은 왜 오지 않는가? 첫째, 중국 정부의 유연한 인터넷 통제와 활용이 상대적으로 효과적이다. 중국 정부는 2014년 2월 '중앙 인터넷 안전 및 정보화 영도소조'라는 인터넷 통제 지휘부를 만들었다. 이 지휘부를 중심으로 각 관련 기관들이 일사불란하게 인터넷 통제 수위를 정하고 협력하고 있다. 또한 온라인 공간을 이용하여 국민들의 여론을 파악하고 민의를 수렴하는 등 정부의 온라인 활동 역시 효과적이다. 정부의 온라인 활동은 정부입장을 반영한 여론을 조성하고 사회적 불안정을 억제하는 힘으로 작용하고 있다.

둘째, 중국은 일인 독재가 아니라 공산당 중앙정치국의 소수 지도자가 협의하여 통치하는 집단지도체제이다. 따라서 일인 독재에 비해 정당성이 높고 사회통제에 상대적으로 유연하다. 중국 정부는 억압, 설득 및 타협을 병행하며 저항 사건의 수위에 따라 적절히 대응하며 국민들의 전국적인 집단 저항을 예방하고 있다.

셋째, 공산당 체제 정당성을 중시하는 중앙정부와 현지 상황을 수습하고 대처해야 하는 지방정부의 입장과 역할이 다르다. 지방에서 대규모 집단 저항이 발생하여 전국적 이슈화 될 경우, 지방정부가 나서서 타협하고 수습한 후 책임지게 함으로써 중앙정부는 대중들의 공격의 화살을 피해 왔다. 그러나 지방정부가 나서서 수습하지 못할 정도로 전국적인 대규모 집단 저항이 발생할 경우 중앙정부와 지방정부의 책임 분리 정책이 언제까지 효과적일지 의문이다.

넷째, 인터넷과 전통 언론매체의 연결을 정부가 비교적 효과적으로 통제한다. 즉, 온라인 이슈가 오프라인에서 보도되고, 신문 및 방송에 보도된 내용이 인터넷에서 공감을 얻어 확산되어야 공적 이슈화되기 쉽다.

그런데 중국 정부는 민감한 정치적 이슈의 경우 이런 상호작용의 과정을 오프라인 언론을 통제함으로써 차단한다. 또한 중국판 트위터라 불리는 '웨이보'만을 허용하고, 해외의 트위터 및 페이스북과 연결을 차단하고 있으므로 국제 SNS의 영향을 상대적으로 잘 통제할 수 있다. 이런 중국적 특수성으로 인하여 집단적 저항의 증가, 사회 불평등 심화, 지역 격차 확대, 실업률의 증가 등 중국의 사회불안정이 증가하는 추세지만 사회불안정이 민주화 운동으로 이어지지는 않고 있다.

그러나 중국 정부는 온라인 공간에서 보이지 않는 적과 '여론 전쟁'을 하고 있는 셈이다. 온라인 공간에서 출현하는 '분산된 개인'은 사건이 발생하기 전까지는 누군지, 어느 사이트인지 실체를 알 수 없기 때문에 사전에 통제하거나 협상하기 어렵다. 이런 면에서 '온라인 여론 전쟁'은 보이지 않는 다수와의 힘겨운 싸움이라 할 수 있다. 정부가 다양한 기술적·법적 수단을 통해 인터넷을 통제할지라도 온라인 공간에서 벌어지는 술래잡기에서 술래를 맡은 정부는 숨은 사람들을 찾기가 쉽지 않다. 시민들은 정부의 통제에 대응하여 다양한 방법으로 숨을 곳을 찾아가면서 활동 공간을 넓히고 있기 때문에 이 술래잡기는 쉽게 끝날 수 없다. 결국 시간이 흐를수록 승자는 시민이 될 가능성도 높다. 또한 점진적 정치과정 변화가 숙성되면 정치체제 개혁 요구로 발전할 가능도 배제할 수 없다.

현재 중국 네티즌은 '선호위장(preference falsification: 독재정권 하에서 탄압을 피하기 위해 '변화에 대한 갈망을 숨기는' 경향)'을 하고 있다는 시각도 있다. 중국에서 체제 개혁의 조건이 성숙되었을 때 이런 숨겨진 저항의 힘이 표출될 경우 예상하지 못한 급격한 정치적 변화를 가져올 수도 있다. 2011년 아랍의 민주화도 발생하기 전까지는 아무도 예상하지 못한 일이었다.

참고문헌

강원택, "인터넷 정치 집단의 형성과 참여: 노사모를 중심으로," 『한국과 국제정치』, 제20권 제3호, 2004.

건홍리서치, 『중국 정보보호 정책동향 보고서』(서울: 건홍리서치, 2009).

고경민, "'독재자의 딜레마'인가 권위주의적 '사이버체제'인가?: 권위주의 체제에서 인터넷의 정치적 영향과 통제 메커니즘," 한국외국어대학교 외국학종합연구센터, 『국제지역연구』, 제12권 제3호(통권46호), 2008년 가을.

김상배, "정보화시대의 거버넌스: 탈집중 관리양식과 국가의 재조정," 『한국정치학회보』, 35집 4호, 2001.

김성옥ㆍ전명종, 『중국 인터넷산업의 개방화 추세분석』(진천: 정보통신정책연구원, 2013).

김승유, "인터넷 공간의 자유와 규제," 『사이버커뮤니케이션학보』, 제20호 4호, 2006년 12월.

대외경제정책연구원, 『중국 전략적 신흥 산업의 발전방향과 향후 전망』(서울: KIEP 지역경제 포커스, 2009).

뤄강, "중국의 인터넷 공공 공간 – 가능한 것과 불가능한 것," 임춘성·왕샤오밍 공편, 『포스트사회주의 중국의 문화연구』(서울: 현실문화연구, 2009).

방송통신위원회, 『중국의 방송통신융합 시장과 정책에 관한 연구』(서울: 방송통신위원회, 2008).

배영자, "미국과 중국의 IT 협력과 갈등: 반도체 산업과 인터넷 규제 사례," 『사이버커뮤니케이션학보』, 제28권 1호, 2011.

서민석, "소통방식의 변화를 주도하는 페이스북," 『SERI 경영노트』, 제75호, 삼성경제연구소, 2010년 10월 7일.

신경진, "중국 인터넷은 자유의 도구인가, 탄압의 도구인가," 중앙일보 중국연구소 지음, 『2010-2011 차이나 트렌드』(서울: 중앙books, 2010).

유진석, "중국 IT산업의 현황과 전망," 삼성경제연구소, 2001년 10월.

윤영도, "중국 인터넷 통제정책에 대한 풍자문화 연구," 『중국현대문학』, 제57호, 2011.

이민자, "중국 온라인 공간의 주도권 쟁탈전: 국가-사회의 경쟁," 『한국과 국제정치』, 20권 4호, 2004.

_____, "중국 정보산업화 과정에서 정부의 역할," 『국가전략』, 제11권 1호, 2005.

_____, "중국 정부의 인터넷 통제: 새장 속의 자유," 『중소연구』, 제37권 3호, 2013년 11월.

정보통신국제협력진흥원, "제17차 중국 공산당 전당대회와 중국의 정보화 정책," 정보통신국제협력진흥원, 2007.

정상은, "중국 통신산업의 새 강자, 차이나 유니콤(中國聯通)의 CDMA 전략," 삼성경제연구소, 2001년 8월 28일.

정의철, "인터넷 규제와 정치공론장 – 구글의 중국 진출 케이스를 중심으로," 『정치커뮤니케이션연구』, 통권 9호, 2008.

정재호, "파룬공, 인터넷과 중국 내부통제의 정치," 『한국정치학회보』, 제35집 3호, 2001.

鐘星·李剛, "텅쉰의 경쟁력과 모바일 인터넷 전략," 『SERI China Review』, 제10-19호, 삼성경제연구소, 2010년 9월 7일.

鐘星·張沈偉, "애플(Apple)의 사업전략과 시사점," 『SERI China Review』, 제10-14호, 삼성경제연구소, 2010년 7월 13일.

한국인터넷진흥원, 『국가별 방송·통신 현황 2009 (아시아/태평양Ⅱ)』 (서울: 한국인터넷진흥원, 2010).

한국정보화진흥원, 『2009 국가정보화백서』 (서울: 한국정보화진흥원, 2009).

홍주현·이창현, "중국의 인터넷 포털 게시판 댓글의 파동 분석," 『사이버커뮤니케이션학보』, 제28권 2호, 2011년 6월.

KOTRA、정보통신연구진흥원, 『주요국 정보통신 현황』 (서울: KOTRA、정보통신연구진흥원, 2010).

葛琳, "网絡輿論與网絡群體性事件," 『新聞愛好者』, 2008年 9月.

高志明·張德森, "和谐社会语境下的互联网发展与治理," 『太平洋学报』, 2010年 7期.

工業和信息化部, 『2009年 全國電信業統計公報』 (北京: 電子工業出版社, 2010).

工業和信息化部信息化推進司, 『轉型調整：中國信息化發展報告 2010』 (北京: 電子工業出版社, 2010).

郭 亮 著, 『微博将带来什么』 (三河: 中華工商聯合出版社, 2010).

邱建新, "爲 '网絡公衆輿論'正名-關於 '网上群體性事件' 概念適當性的思考," 『江蘇社會科學』, 2009年 第6期.

國家發展和改革委員會, "關于我國十二五信息化發展的基本思路," 中國工程院十二五規信息化專題組, 2009.
國務院新聞辦公室,『中國互聯网狀況』(北京: 人民出版社, 2010).
藍云, “厦門 PX短信事件報道始末,” 南方网, 2008年 12月 25日.
寧海林 著,『新聞圖像在現代傳播中的作用研究』(北京: 人民出版社, 2014).
段 俊 等 著,『从輿論喧器到理性回歸』(成都: 四川大學出版社, 2009).
段羨菊 著,『應對輿論做什麼』(北京: 新華出版社, 2012).
唐文彰·姜紅明 著,『當代中國國家安全問題』(北京: 中國社會科學出版社, 2010).
黨生翠 著,『網絡輿論蝴蝶效應研究』(北京: 中國人民大學出版社, 2013).
戴建中 主編,『北京社會發展報告』(北京: 社會科學文獻出版社, 2011).
戴元初 著,『大融合時代的傳媒規制變革』(北京: 人民日報出版社, 2014).
圖書情報工作雜誌社 編,『新媒體環境下的網絡輿情研究與傳播』(北京: 海軍出版社, 2014).
東 鳥 著,『中國輸不起的网絡戰爭』(長沙: 湖南人民出版社, 2010).
杜敬明·唐建国,『互联网时代的法律探索』(北京: 新華書店, 2004).
杜駿飛, “网絡群體性事件的類型判斷,”『國際新聞界』, 2009年 第7期.
鄧兆安·張 濤 著,『中國式网絡問政』(廣州: 南方日報出版社, 2010).
劉 瀅 著,『手機: 個性化的大衆媒體』(北京: 人民出版社, 2012).
劉文, “网絡時代政治參與的難題及對策,”『中州學刊』, 第6期 (總第138期), 2003.
劉上洋,『中外應對: 網絡輿情100例』(南昌: 百花洲文藝出版社, 2012).
劉少杰 主編,『中國網絡社會研究報告 2014』(北京: 中國人民大學出版社, 2014).
(美) 杰弗里 斯蒂伯 著, 李 昕 譯,『我們改變了互聯網, 還是互聯網改變了我們?』(北京: 中信出版社, 2010).
(美) 馬克 、 波斯特 著, 易 容 譯,『互聯網怎麼了?』(鄭州: 河南大學出版社, 2010).
(美) 曼紐爾 卡斯特爾 外 著, 傅玉輝 外 譯,『移動通信與社會變遷: 全球視角下的傳播變革』(北京: 清華大學出版社, 2014).
李小豹, “流行文化与当代青年群体的文化困境,”『中国青年研究』, 2011年 第6期.
李毅中,『我國工業和信息化發展的現狀展望』(北京: 工業和信息化部, 2009).
李長腥,『2009年中國電子政務發展報告』(北京: 中國經濟网, 2009).
李紅升,『信息化發展三十年：回顧反思』(北京: 國家行政學院電子政務專家委員會, 2010).
林毅夫·董先安, 『信息化和經濟增長與社會轉型』(北京: 國家安全信息化領導小組委托課題, 2003).
閔大洪, “互聯网傳播影向,” http://www.people.com.cn.
北京市互聯網信息辦公室 編,『互聯網信息安全與監管技術研究』(北京: 中國社會科學出版社, 2014).
北京市互聯網信息辦公室 編,『互聯網信息安全與監管技術研究』(北京: 中國社會科學出版社, 2014).
北京天則經濟研究所, "中國電信業立法建議研究報告," 張曙光 主編,『中國制度變遷的案例研究 第2輯』(北京: 中國財政經濟出版社, 1999).
史 達, "互联网政治生態系統構成及其互動機制研究,"『政治學研究』, 2010年 第3期.
謝新洲 主編,『輿論引擎網絡事件透視』(北京: 北京大學出版社, 2013).
沙勇忠·劉海娟 編選,『中國政治年報』(蘭州: 蘭州大學出版社, 2010).
薛國林 外 主編,『政府官員開微博的16個要訣』(廣州: 暨南大學出版社, 2013).
盛大林 著,『网站首页』(北京: 人民日報出版社, 2009).
盛洪, "競爭規則是如何形成的?," 張曙光 主編,『中國制度變遷的案例研究 第2輯』(北京: 中國財政經濟出版社, 1999).
巢乃鵬 主編,『中國网絡傳播研究 第4緝』(杭州: 浙江大學出版社, 2011).
孫東·周玉波, "中國電信企業如何適應WTO下的開放環境," 人民网 2002年 2月 28日. http://www.people.com.cn.
孫衛華 著,『網絡與網絡公民文化』(北京: 中國社會科學出版社, 2013).
燕道成 著,『群體性事件中的網絡輿情研究』(北京: 新華出版社, 2013).
蓮玉明·武建忠 主編,『中央領導關注什麽』(北京: 中國時代經濟出版社, 2011).
閻小培 著,『信息産業與城市發展』(北京: 科學出版社, 1999).
葉 皓 等 著,『正確應對网絡事件』(南京: 江蘇人民出版社, 2009).
葉 皓 著,『突發事件的輿論引導』(南京: 江蘇人民出版社, 2009).
鄔曉微 著,『走進人民网』(北京: 知識産權出版社, 2011).
吳興人 編選,『中國网評年選』(廣州: 花城出版社, 2011).
王 文, "中国媒體軟實力何時崛起,"『人民論叢』, 2011年 7月(上).
王健民, "中國新聞史的黑暗一葉," 多維新聞, 2004. 04. 09.http://www7.chinesenewsnet.com.
王國勤, "社會网絡視野下的集體行動," 中國人民大學 2008年 博士論文.
王德祿 主編,『區域創新: 中關村走向未來』(濟南: 山東教育出版社, 1999).
于建嶸, "當前我國群體性事件的主要類型及其基本特徵,"『中國政法大學學報』, 2009年 第6期.
_____, "正確認識和區分群體性事件的不同性質,"『時事報告』, 2009年 第11期.
_____, "中國的動亂事件與管治危機," 美國加州大學 伯克利(Berkeley) 分校演講稿, 2007年 11月 6日.

郁建興, “互联网与中国公民社会研究: 反思与展望,”『哲学研究』, 2011年 第5期.
俞可平 主編,『海外學者論中國經濟特區』(北京: 中央編譯出版社, 2002).
喻國明 主編,『中國傳媒發展指數報告』(北京: 中國人民大學出版社, 2013).
劉吉·金吾倫 等 著,『信息化如知識經濟』(北京: 社會科學文獻出版社, 2002).
尹韻工 主編,『中國新媒體發展報告(2011)』(北京: 社會科學文獻出版社, 2011).
李 濤 編著,『再造中關村』(北京: 中信出版社, 2000).
李 松,『底層民意』(北京: 新華出版社, 2014).
李建盛·陳 華·馬春玲 主編,『首都网絡文化發展報告 2009-2010』(北京: 人民出版社, 2010).
_____,『首都网絡文化發展報告 20011-2012』(北京: 人民出版社, 2012).
李永剛 著,『我們的防火墻』(桂林:廣西師範大學出版社, 2009).
李甬, “切開中國電信,”『財經』, 1998年 12月 5日.
李俊淸, “論互聯网絡在中國民主化進程中的作用,”『晋陽學刊』, 2004年 第2期.
人民網輿情監測室,『網絡輿情: 熱点面對面』(北京: 新華出版社, 2012).
人民出版社,『中共中央國務院關於“三農”工作的一號文件滙編』(北京: 人民出版社, 2014).
林楚方·趙淩, “南方周末: 人民网文章增加了偵破孫志剛案的決心,” 人民网 2004. 1. 9. http://www.people.com.cn
蔣淑媛 著,『網絡媒體社會功能論』(北京: 新華出版社, 2011).
张淑華 著,『网络民意与公共决策权利和权力的对话』(上海: 复旦大学出版社, 2010).
張智江 主編,『21世紀的信息化社區』(北京: 人民出版社, 2000).
張志安 主編,『中國新聞業年度觀察報告 2014』(北京: 人民日報出版社, 2014).
錢晉群·張毅·葉小忠, “電信業: 面向市場競爭,” 中國社會科學院公共政策研究中心編,『中國公共政策分析 2001年』(北京: 中國社會科學出版社, 2001).
鄭大兵·封海東·封飛虎, “网絡群體性事件的政府應對策略,”『信息化建設』, 2006年 第11期.
程玉紅 著,『網絡時代的政治參與和政黨變革研究』(北京: 知識産權出版社, 2013).
鐘 瑛 主編,『网絡新聞評析』(武漢: 武漢大學出版社, 2010).
周宏仁 主編,『中国信息化形势分析与预测 2011』(北京: 社會科學文獻出版社, 2011).
周莉 著,『重大突發公共事件的輿論傳播與管理』(武漢: 華中師範大學出版社, 2014).
周裕琼 著,『當代中國社會的網絡謠言研究』(北京: 商務印書館, 2012).
周漢華,『中國電子政務發展推動力分析』(北京: 中國社會科學院法學研究所, 2009).
中國信息年鑒編輯部,『中國信息年鑒 2009』(北京: 人民出版社, 2009).
中国互联网络信息中心(CNNIC), “第29次中国互联网络发展狀況統計報告,” 2012. 01.

http://www.cnnic.net.cn.

_____, "第33次中国互联网络发展狀况統計報告", 2014. 01.
http://www.cnnic.net.cn

_____, "第34次中国互联网络发展狀况統計報告,“ 2014. 07.
http://www.cnnic.net.cn

_____, "第35次中国互联网络发展狀况統計報告,“ 2015. 01.
http://www.cnnic.net.cn

_____,『中國互聯网絡年鑒 2002』(北京: 中國互聯网絡信息中心, 2002).

中國互聯网協會·中國互聯网絡信息中心編,『中國互聯网發展報告』(北京: 人民郵電出版社, 2002).

曾慶香·李 蔚 著,『群體性事件: 信息傳播與政府應對』(北京: 中國書籍出版社, 2010).

志灵, "短信扳倒厦門百亿工程是偶然事件," <東方早報>, 2007年 5月 31日.

陳文江·趙秉前 編選,『中國社會年報』(蘭州: 蘭州大學出版社, 2010).

陳旭輝,『互聯網情境下的傳播機制研究』(北京: 人民郵電出版社, 2014).

陳夷茁 主編,『民生新聞案例解讀』(重慶: 重慶大學出版社, 2011).

蔡 前 著,『以互聯网爲媒介的集體行動研究』(南昌: 江西人民出版社, 2009).

彭蘭 主編,『中國新媒體傳播學研究前沿』(北京: 中國人民大學出版社, 2010).

彭永强, "華南虎事件: 网民的一次偉大勝利," 大河网, 2008年 6月 29日, www.dahe.cn.

何霞 著,『敞則新: 面向信息社會的政策與制度創新』(北京: 商務印書館, 2014).

韓運榮·黃田圓 著,『我國當前社會問題輿論調控研究』(北京: 中國傳媒大學出版社, 2011).

胡凌, "中国网络实名制管理: 由来, 实践与反思," 巢乃鵬 主編,『中國网絡傳播研究』(杭州: 浙江大學出版社, 2011).

신문 및 인터넷 기사

"加入WTO后 電信企業如何應對挑戰," 人民网, 2001년 11월 19일. http://www.people.com.cn

"入世最大衝擊在電信監管體制改革," 人民网, 2002년 1월 9일. http://www.people.com.cn.

"入世了, 電信企業壓力有多大," 人民网, 2002년 11월 29일,
http://www.people.com.cn.

"智者共謀其利-從IBM與聯想合作所想到的," 人民网, 2004년 12월 20일, http://www.people.com.cn.

"IT企業如何面對入世后親規則的挑戰," 人民网, 2001년 11월 21일, http://www.people.com.cn.

"<南方都市報> 總編輯程益中造監控," 多維新聞, 2004. 1. 7. http://www7.chinesenewsnet.com.

"大學畢業生因无暫住證被收容并遭毒打致死," <南方都市報>, 2003年 4月 25日.

http://news.sohu.com
"大學畢業生因何命喪收容所," <北京青年報>, 2003年 4月 26日, http://news.sohu.com
"法律專家曹思源被警察24小時監控," 多維新聞, 2003. 3. 19. http://www7.chinesenewsnet.com
"北京大學三位法學博士/教師發出致胡錦濤, 溫家寶公開呼吁信," 多維新聞,
http://www7.chinesenewsnet.com
"北大一塌糊涂网站被中共關閉," 多維新聞, 2004. 9. 15. http://www7.chinesenewsnet.com
"北大网上論壇 [一塌糊涂]突被封," 多維新聞, 2004. 9. 24. http://www7.chinesenewsnet.com
"批評北韓北京知名雜誌停刊," <中國時報>, 2004, 9, 23, "三名法學傳家上書建議審查<收容遣送辦法>," <中國青年報>, 2003年 5月 16日, http://news,sohu,com
"孫志剛之死, 與論, 收容的法律問題," 人民网, 2003. 5. 20. http://www.people.com.cn
"新法出台已經醞釀多年," <揚子晚報>, 2003年 6月 23日, http://news.sohu.com
"我們暫住在這地球上." 人民网, 2003年 5月 5日, http://www.people.com.cn
"讓人口流動更加自由," <中國經濟時報>, 2003年 6月 22日, http://news.sohu.com
"一塌糊途网站最終導致關閉既在情理之中, 又有意料之外," 多維新聞, 2004. 9. 27.
http://www7.chinesenewsnet.com
"暫住證殺人 媒體與社會責任," 2003年 5月 23日, http://dynamic.sohu.com
"<戰略與管理> 因發表批朝文章被關閉," 多維新聞, 2004. 9. 21. http://www7.chinesenewsnet.com
"<戰略與管理> 並沒有因批金正日停刊," 多維新聞, 2004. 9. 24.
http://www7.chinesenewsnet.com
"<戰略與管理>雜誌停刊引發學者不滿," 多維新聞, 2004. 9. 23.
http://www7.chinesenewsnet.com
"提高黨的執政能力根本上是提高爲人民服務的能力," 人民网 强國論壇, 2004. 8. 26.
http://www.people.com.cn
"曹思源遭到當局監控," 多維新聞, 2003. 9. 5. http://www7.chinesenewsnet.com
"從'老辦法'到新辦法' 從權力政府到責任政府," <中國青年報>, 2003年 6月 23日.
http://news.sohu.com
"從南方都市報到一塌糊涂站被封," 多維新聞, 2004. 9. 25. http://www7.chinesenewsnet.com
"<中國農民調查>一書的作者遭起訴," 多維新聞, 2004. 7. 10.
http://www7.chinesenewsnet.com
"中國廢除收容遣送辦法." 多維新聞, 2003. 6. 19. http://www7.chinesenewsnet.com
"中共爲何嚴禁談論政改修憲六四平反, *My China News Digest.* (September 01),
http://my.cnd.org

"畢業生之死引起社會關注 誰爲非正常死亡負責?," <南方都市報>, 2003年 4月 25日, http://news.sohu.com

"歡迎參與"黨的執政能力建設"大家談." 人民网 强國論壇, 2004. 8. 24. http://www.people.com.cn

Agence France-Press, "23 officials punished over young man's death from beating," *South China Morning Post,* June 6. 2003.

Agence France-Press, "Leading Chinese political activist flees to US," *South China Morning Post,* March 19. 2004.

Back Aaron, "China Pulls Back From Edict On Web-Filtering Software," *The Wall Street Journal,* August 14. 2009.

Bing Zhang, "Assessing the WTO agreements on China's telecommunications regulatory reform and industrial liberalization," *Telecommunications Policy,* Vol. 25 No. 4. 2003.

Chan Ying,, "Microblogs reshape news in China," *China Media Project,* October 12. 2010.

Ching Kwan Lee, *Against the Law: Labor Protests in China's Rustbelt and Sunbelt* (Berkeley: University of California Press, 2007).

Christopher R. Hughes and Gudrun Wacker, *China and Internet: Politics of the Digital Leap Forward* (London: Routledge Curzon, 2003).

Coleman Stephen and Jay G. Blumler. *The Internet and Democratic Citizenship: Theory, Practice and Policy* (NY: Cambridge University Press, 2009).

Damm Jens and Simona Thomas eds, *Chinese Cyberspaces: Technological Changes and Political Effects* (NY: Routledge, 2008).

Daniel Kwan, "Police lose power over rural migrants," *South China Morning Post,* June 23. 2003.

Eric Harwit and Duncan Clark, "Shaping the Internet in China: Evolution of Political Control over Network Infrastructure and Content," *Asian Survey,* Vol. 41. No. 3. May/June 2001.

Evgeny Morozov, "Whither Internet Control?," *Journal of Democracy,* Vol. 22. No. 2. April. 2011.

Guobin Yang, "Contention in Cyberspace," Kevin J. O'brien ed, *Popular Protest in China* (Cambridge: Harvard University Press, 2008).

Guobin Yang, "The co-evolution of the internet and civil society in China," *Asian Survey,*

Vol. XLIII, No. 3, May/June, 2003.

Guobin Yang, "The Internet and Civil Society in China: a preliminary assessment," *Journal of Contemporary China,* 12(36), August, 2003.

Guobin Yang, *The Power of the Internet in China: Citizen Activism Online* (NY: Columbia University Press, 2009).

Harwit Eric, "Building China's Telecommunications Network: Industrial Policy and the Role of Chinese State-Owned, Foreign and Private Domestic Enterprises," *The China Quarterly,* No. 190, June, 2007.

Helen Sun, *Internet Policy in China: A Field Study of Internet Cafés* (Plymouth: Lexington Books, 2010),

Hess Steve, "Foreign Media Coverage and Protest Outcomes in China: The case of the 2011 Wukan rebellion," *Modern Asian Studies,* Vol. 49(1), Jan, 2015.

John Pomfret, "China Orders Halt to Debate on Reforms," *Washington Post,* August 27, 2003.

John Pomfret, "Chinese Newspaper Shut after Call for Reform," *Washington Post,* March 14, 2003.

Jonathan Unger, *Associations and the Chinese State Contested Spaces* (Armonk: M. E. Sharpe, 2008).

Joseph Kahn, "Police Raid China Newspaper That Reported New SARS Case," *New York Times,* January 8, 2004.

Kellee S. Tsai, *Capitalism without Democracy: the Private Sector in Contemporary China* (Ithaca: Cornell University Press, 2007).

Kevin J. O'Brien and Lianjiang Li, *Rightful Resistance in Rural China* (New York: Cambridge University Press, 2006).

Kevin J. O'Brien, *Popular Protest in China* (Cambridge: Harvard University Press, 2008).

Lacey Alford, *The Great Firewall of China: An evaluation of internet censorship in China,* 2010.

Marcus Franda, *China and India Online: Information Technology Politics and Diplomacy in the World's Two Largest Nations* (Lanham: Rowman & Littlefield, 2002),

Minja Lee, "Online Activism by Smart Mobs and Political Change in Southern China," *Issues & Studies,* December, 2012.

Markus Fredebeul-Krein & Andreas Freytag, "Telecommunications and WTO discipline,"

Telecommunications Policy, Vol. 21, No. 6, 1997.

Merritt T., Cooke, "The Politics of Greater China's Integration into the Global Info, Tech(IT) Supply Chain," *Journal of Contemporary China,* 13(40), August, 2004.

Nailene Chou Wiest, "Guangdong Seeks to Rein in Media," *South China Morning Post,* January 9, 2004.

Nailene Chou Wiest, "Radical magazine a no-show in capital," *South China Morning Post,* June 24, 2003.

Ngai-Ling Sum, "Re-Imagining 'Greater China': Silicon Valley and the strategy of siliconization," in Christopher R., Hughes and Gudrun Wacker eds., *China and Internet: Politics of the Digital Leap Forward* (London: Routledge Curzon, 2003).

Philip N., Howard Steve Jones, *Society Online: the internet in Context* (Thousand Oaks: SAGE Publications, 2004).

Philip P. Pan "China Frees Pioneering Journalist," *Washington Post,* August 28, 2004.

Ping Gao & Kalle Lyytinen. "Transformation of China's telecommunications sector: a macro perspective," *Telecommunications Policy.* 24. 2000.

Ray Cheung, "Beijing paper is closed after June 4 article," *South China Morning Post,* June 19, 2003.

Rebecca MacKinnon, "China' Networked Authoritarianism," *Journal of Democracy,* Vol. 22. No. 2, April 2011.

Richard Worf, "Speaking Out: The Internet in China," *Harvard International Review,* 23:4, 2002.

Sullivan Jonathan and Lei Xie, "Environmental Activism, Social Networks and the Internet," *The China Quarterly,* 198, June 2009.

Shanthi Kalathil, and Taylor C., Boss. *Open Networks Closed Regimes: The Impact of the Internet on Authoritarian Rule* (Washington D.C.: Carnegie Endowment for International Peace, 2003).

Tamara Renee Shie, "The Tangled Web: does the Internet offer promise or peril for the Chinese Communist party," *Journal of Contemporary China.* 13(40). August. 2004.

Teets Jessica C, "Post- Earthquake Relief and Reconstruction Efforts: The Emergence of Civil Society in China?," *The China Quarterly,* 198, June, 2009.

Wines Michael, "A Dirty Pun Tweaks China's Online Censors," *New York Times,* March 12, 2009.

Wong Bobson, "The Tug-of-War for Control of China's Internet," *China Right's Forum,* 2004.

Xiao Qiang, "The Battle for the Chinese Internet," *Journal of Democracy,* Vol, 22, No. 2, April 2011.

Xiao Qiang, "A List of Censored Words in Chinese Cyberspace," http://chinadigitaltimes.net/2004/08/the-words-you-never-see-in-chinese-cyberspace.

Xiaoling Zhang and Yongnian Zheng eds., *China's Information and Communications Technology Revolution: Social changes and state responses* (London and New Youk: Routledge, 2009).

Xiudian Dai., "Chinese Politics of the Internet: Control and Anti-Control," *Cambridge Review of International Affairs,* Vol. 13, No. 2, 2000.

Yadong Luo. *China's Service Sector* (Copenhagen: Copenhagen Business School Press, 2001).

Yongshun Cai. "Local Governments and the Suppression of Popular resistance in China," *The China Quarterly,* No. 193, March 2008.

Yongshun Cai. "Social Conflicts and Models of Action in China," *The China Journal,* No. 59, January 2008.

Yongshun Cai. *Collective Resistance in China* (Stanford: Stanford University Press, 2010).

Young Nam Cho. "Political Reform Without Substantial Change: An Assessment of the Hu-Wen Leadership in China," *Asian Perspective,* Vol. 28, No. 3, 2004.

Yongnian Zheng, *Technological Empowerment: The Internet, State, and Society in China* (Stanford: Stanford University Press, 2008).

Zhou Yongming, *Historicizing Online Politics: Telegraphy, the Internet, and Political Participation in China* (Stanford: Stanford University Press, 2006).

Zixiang(Alex) Tan, "Challenges to the MPT's monopoly," *Telecommunications Policy,* Vol. 18, No 3, 1994.

Zixiang Tan, "China's information superhighway: What is it and who is control it?" *Telecommunications Policy,* Vol. 19, No 9, 1995.

Zixiang Tan, "Regulation China's Internet: Convergence Toward a Coherent Regulatory Regime," *Telecommunications Policy,* Vol, 23, No. 2, 1999.

Zixiang Tan, "Product Cycle Theory and Telecommunications Industry- Foreign Direct Investment, Government Policy, and Indigenous Manufacturing in China,"

Telecommunications Policy, Vol. 26, No. 1-2, February-March, 2002.

Zixue Tai, *The Internet in China: Cyberspace and Civil Society* (New York: Routledge, 2006).

찾아보기

ㄱ

ㄴ

ㄷ

ㄹ

ㅁ

ㅂ

ㅅ

ㅇ

ㅈ

ㅊ

ㅋ

ㅌ

ㅍ

ㅎ